フランス―経済・社会・文化の実相

宮本　悟　編著

中央大学経済研究所
研究叢書 66

中央大学出版部

は し が き

　本書は，中央大学経済研究所「フランス経済社会研究部会」が刊行する 3 冊目の研究叢書である。

　経済・社会・文化など様々な領域のフランス研究を進めその実相に迫ることを目指して組織された「フランス経済社会研究部会」は，1989 年に故 岡田實先生・竹村孝雄先生（ともに中央大学名誉教授）をはじめとする 6 名の研究員により創設された「フランス経済・社会研究会」が前身であり，そこを起点とすると四半世紀余りの歴史がある。この間，佐藤清先生（中央大学名誉教授）のリーダーシップの下，2005 年に『フランス―経済・社会・文化の位相』（研究叢書 39），2010 年に『フランス―経済・社会・文化の諸相』（研究叢書 50）が公刊されており，先代からの襷をつなぎ一貫性を保つべく，2013〜2015 年度の研究期間の成果である本書についても従来と同じ編集方針を採用した。すなわち，研究部会メンバーはフランスを共通の研究対象としているもののそれぞれの研究分野は多岐にわたっているため，今回も統一テーマを設定することはあえて避け，各メンバーの専門性を尊重することとしたのである。寄せられた多彩な論考は，経済（第 1〜3 章）・社会（第 4〜7 章）・文化（第 8〜10 章）の領域ごとに整理して収録されている。以下では，各章の要旨を簡単に紹介しておきたい。

　第 1 章，広瀬義朗客員研究員の「所得税および社会保障負担構造の国際比較」は，フランスおよびカナダを中心とした先進資本主義諸国の福祉財源に関する国際比較研究である。本章では，各国の租税および福祉政策は異なるもののその財源構造に関しては類型化が可能であり，大別するとアングロ・サクソン諸国型とヨーロッパ諸国型の 2 つのグループに集約される，との認識が示される。その中で租税および社会保険料で特に対照的な負担の動向を示したのがカナダとフランスであり，この 2 カ国に焦点を絞って再分配政策の検証が行わ

れている。その結果，カナダでは所得税減税と社会保障給付の削減により所得再分配効果が弱まったのに対して，フランスのそれは大きく変化していない，と評価している。

第2章，五十畑浩平客員研究員の「フランスにおける職業教育の新たな潮流」は，高等教育機関における交互制職業教育（formation en alternance）の実態を分析したものである。フランスでは長い職業教育の歴史のなかで，いわゆるインターンシップ（stage en entreprise）とは別に，教育機関での理論的教育と企業での職場実践を組み合わせた交互制職業教育が発達してきた。本章では，もともと中等教育レベルの若年者を育成する目的で発展してきた交互制職業教育が，1987年の制度改革を契機に，高等教育の学生によっても活用されるようになった実態が明かされる。そして，大学やグランドゼコールによるこの制度の積極的活用の背景として，① 交互制職業教育制度を利用した若年者の就職率の高さ，② 大衆化し相対的に価値が低下したインターンシップの現状，が指摘されている。

第3章，小澤裕香客員研究員の「フランスにおける社会扶助受給者の就労経路」は，社会的アクティベーション政策の実態に迫ることを課題とした実証研究である。本章では，フランスの同政策は生活課題の解決や自尊感情の回復など社会参加の条件を幅広くとらえその獲得の上に就労が可能となるという考え方に基づいている，との認識が示される。その上で，生活困窮者が就労への道筋をつける際にどのようにして労働市場と結びつけられていくのかとの問題関心の下，執筆者自らがパリ市で実施した現地調査に基づき，総合相談体制の下で運用されている労働年齢層の社会扶助＝RSA制度の実態が解明され，社会的アクティベーションの内実が明らかにされている。

第4章，荻野セルマン・イザベル客員研究員の「ガリアの要塞集落とマリ・古代ジェンネからの展望」は，都市のあり方をめぐりヨーロッパ・アフリカ・アジアの3大陸を結ぶ壮大なスケールで論じた歴史研究である。本章では，今日，われわれが持っている都市についての一般的なイメージにはローマ文明の刻印が深く刻まれている，との指摘がなされる。現在のマリ共和国に位置し，

ニジェール川沿いに紀元前3世紀末から紀元後14世紀にかけて栄えたジェンネ・ジェノには，まさにネットワークとしての空間の住まい方，異なる階層化の価値体系を見出すことができる。考古学上のジェンネ・ジェノの発掘を行った考古学者R. マッキントッシュは，アフリカでも一般的とは言えないこの都市のあり方を古代中国の商の首都に見出そうとした。しかし千年以上も歴史を遡るまでもなく，ローマにとっての"辺境の地"であったガリアの地に，さらに身近な例を見出すことができる。ローマ帝国の支配以前の紀元前2世紀末，ケルト系の諸民族が居住していた大西洋岸からボヘミアに至るヨーロッパでは，にわかに新たな集住の形態が出現した。平地に集住して形作られていた各民族の拠点が，突如，高台や河が蛇行した防御に適した場所に移動するという現象が現れたのである。間もなくライン川以西地域に侵攻したユリウス・カエサルは，それらの集住地をローマ帝国の都市の意味でのurbsとは呼ばず，城砦を意味するoppidumと呼んだ。この城砦化以前のガリアの社会は，既に徴税とそのための貨幣を基にした階層化の過程にありながらも，いわゆる都市化を経験していなかったのである。ここに，社会・政治的な分節化が，都市化を前提としたローマ的な国家を形成しない形態を見出すことができる。ジェンネ・ジェノ，ローマ支配以前のガリア，そしてさらには古代中国の商ではなく，当時まだ商の勢力下に組み込まれていなかった山東沿岸地域を結ぶ節目がそこにあった，と論じている。

　第5章，宮本悟研究員の「フランス家庭内保育サービスの史的展開」は，フランス子育て支援策の中でも中核的保育サービスの1つである認定保育ママ制度に着目し，その前身の乳母の時代から今日までの歴史的展開を論じた実証研究である。本章では，フランスの家庭内保育制度は，19世紀に見られたような高い乳児死亡率を是正するべく，乳母・子守・認定保育ママ等の保育労働者に対する監督制度や資格制度を徐々に整備してきた，との指摘がなされる。他方，認定保育ママの呼称を導入した1977年法制定以来，労働者としての認定保育ママを保護・育成する法整備も進められてきたものの，その労働条件のさらなる改善が必要との主張がなされている。

iv

　第6章，泉慎一客員研究員の「普遍性と差異性の問題をめぐる日仏比較」は，日仏の憲法論と非正規雇用を題材にして，普遍性と差異性の問題に対する哲学的分析を試みたものである。本章の前半では，日仏憲法学の異同関係が検討される。フランスでは当初「普遍主義」的な近代人権原理が確立されてきたが次第に差異性を重視する傾向になっており，日本国憲法もいわゆる普遍性を標榜しているが，意見の多様性を参考にしつつ次第に差異性を考慮しなければならない状況にある，との見解が示される。後半では，日仏の非正規雇用に関する最近の動向を取り上げて多様性と差異性が考察され，多様性を重んじる傾向が強まるとの今後の見通しが示されている。

　第7章，北原零未客員研究員の「個人主義大国フランスにおける〈カップル主義〉と日本における〈婚姻の価値〉」は，日仏における婚姻制度の在り方を取り上げた論考である。本章では，日本の婚姻制度を「先進諸国と比べて狭量」と評し，法律婚カップルとそれ以外（事実婚・同性婚・別姓夫婦などのカップルおよび非婚）とが明確に区別されている実態が明らかにされる。フランスについては，1970年代に婚姻を望まない女性が出始め，1990年代には事実婚が平凡なライフスタイルとなり，その後，PaCS法（1999年）・同性婚法（2013年）の成立により今日のカップル形態は多様化したものの，「2人であること」へのこだわりは堅持されているとの分析がなされる。日仏の婚姻制度に通底している点として，結婚を推奨し国家管理の枠内に人々を置こうとする側面と，結婚を特権化してそこから排除される人間をつくり出そうとする側面の二面性が強調されている。

　第8章，大野一道客員研究員の「ジョルジュ・サンドにおける民衆の問題」は，フランス革命直後に生まれたサンドがなぜ民衆への強い関心を持ったかを考察したものである。本章では，貴族の父と平民の母との間に生まれた彼女が，庶子ではなく貴族の嫡子として認められたのは，革命という大事件があったから，との見方が示される。両親が正規に結婚する前，父方の祖母と，父と母との間に生じた葛藤を，サンドは「王政，革命，帝政の思想的闘いをも見事に描き出している」とし，それは「すべてを変え，高貴にし，純化する」「偉

大な愛」の勝利を教えると述べる。この出自から彼女独自の姿勢が生じる。つまり貴族やブルジョワといった社会的強者には民衆への侮蔑感を捨て，その素晴らしさに気付くようにと勧め，民衆にはよく学び自らの価値を高め，人間的誇りをもって生きるようにと呼びかける姿勢である。書簡でも評論でも小説の中でも終始そうした姿勢は貫かれる。それはつまるところ社会的友愛の呼びかけであり，いまなお学ぶべきものであろう，と結んでいる。

第9章，渡邉浩司研究員の「クレティアン・ド・トロワ作『聖杯の物語』前半における「血の滴る槍」の謎」は，季節神話と暦の関連から「血の滴る槍」の謎の解明を試みた論考である。「アーサー王物語」の実質的な創始者であるクレティアン・ド・トロワの遺作『ペルスヴァルまたは聖杯の物語』(1182年頃) は，「聖杯神話」を創り出した重要な作品である。物語前半の山場は，少年ペルスヴァルが従兄にあたる漁夫王の館で不思議な行列を目撃する場面であり，その行列では1人の小姓が「血の滴る槍」，美しい乙女が「聖杯（グラアル）」，別の乙女が「肉切板」を持っていた。この行列の解釈については，「キリスト教起源説」，「異教儀式説」，「ケルト起源説」など数多くの解釈が提出されてきたが，論者たちの関心は常に「聖杯」の起源に集中してきた。それに対して本章では，「血の滴る槍」に着目をしている。物語前半によると，漁夫王は戦いで怪我を負って不具の身となり，同時に王国が荒廃した。一方で時間的枠組みに注目すると，早春に展開する物語前半は，「赤錆病」が作物を襲う時期にあたる。したがって，ペルスヴァルが漁夫王の館で目撃した「槍」の先端から流れ出る「血」は，王の傷口から流れ出る「血」のみならず，作物を赤褐色に枯らす「赤錆」をも喚起し，王国を襲った荒廃のテーマともつながってくるのである。

第10章，伊藤洋司研究員の「リアリズムの挫折」は，フランス映画史におけるリアリズムの歴史を概観しながら，リアリズムの美学の限界を明らかにしようと試みたものである。本章では，フランスの映画批評家アンドレ・バザンが主張した実在世界の客観的再現を追求するリアリズムの美学は，同時代のみならず，現在に至るまで大きな影響を与えてきたが，この美学は明らかな問題

を抱えている，との見解が示される。リュミエール兄弟に始まり，ルイ・フイヤードやジャン・ヴィゴ，ジャン・ルノワールなどによってロケ撮影において追求されたリアリズムは，フランス映画においては常にマイナーなものであった。アンドレ・バザンの影響を受けたヌーヴェル・ヴァーグやポスト・ヌーヴェル・ヴァーグによってリアリズムは重要な美学的傾向となるが，その美学的探究はリアリズムそれ自体の困難と限界を露呈することになった。1990年代後半以降もリアリズムは形を変えて復活し続けているが，決定的な成果をあげることはできずにいる。世界の純粋無垢な表象などそもそも不可能であって，リアリズムは共同体にとって防御的な機能を担うフィクションの一形式に過ぎず，映画の美学的本質はむしろその虚構性にあることを，この論考は最後に結論として示している。

　各章の概要から明らかなように，シリーズ3冊目となる本書でもフランスを軸とした広範なジャンルの論考を取りまとめることができたように思う。フランスを共通の舞台としながら学問分野の垣根を越え自由に研究交流を進めるこのスタイルは，四半世紀余りの間，本研究会で受け継がれてきた。伝統と呼ぶにはいささか大げさの感もあるが，それぞれ異なるアプローチ方法でフランスを見つめる研究者が集い各人の問題関心を尊重しあうスタイルを確立できたのは，冒頭で紹介した研究会発足時のメンバーのご尽力によるところが大きい。

　その発足時メンバーのおひとりでいまもなお継続して研究会を支えて下さっている佐藤清先生には，今回，健康上の理由からご寄稿いただくことは叶わなかった。編集担当者としては誠に残念な思いであったが，ご快復を切に願いつつ，これまでに賜った学恩への感謝の意を込めて先生に本書を捧げたい。

　本研究叢書の刊行にあたっては，中央大学経済研究所の宮岡朋子氏に大変お世話になった。また，中央大学出版部の菱山尚子氏からは，的確なご助言と多大なるご配慮をいただいた。記して，感謝の気持ちを表しておきたい。

2016年8月

フランス経済社会研究部会主査　宮　本　　　悟

目　　次

はしがき

第1章　所得税および社会保障負担構造の国際比較
——1990年代後半以降のカナダ・フランスの
所得再分配政策を中心に——……………………広　瀬　義　朗…1

1. はじめに………………………………………………………………1
2. 先進諸国の負担別分類………………………………………………2
3. 所得税負担分析………………………………………………………5
4. 社会保障負担分析……………………………………………………12
5. 福祉国家財政と所得再分配政策——カナダおよびフランスを
   中心として……………………………………………………………17
6. おわりに………………………………………………………………36

第2章　フランスにおける職業教育の新たな潮流
——高等教育における交互制職業教育——………五十畑浩平…41

1. はじめに………………………………………………………………41
2. 若年者の雇用情勢とキャリア形成…………………………………44
3. 職業教育の変遷………………………………………………………47
4. 交互制職業教育の動向………………………………………………49
5. なぜいま交互制職業教育か…………………………………………53
6. おわりに………………………………………………………………56

第3章　フランスにおける社会扶助受給者の就労経路
　　　　——総合相談体制の果たす役割——　………………小　澤　裕　香…59

1.　は じ め に　………………………………………………………59

2.　RSA 制度の就労促進的な面　……………………………………60

3.　RSA 受給者の就労への経路　……………………………………68

4.　雇用可能性基準が及ぼす影響　…………………………………72

5.　お わ り に　………………………………………………………80

第4章　ガリアの要塞集落とマリ・古代ジェンネからの展望

　　　　Figures de l'urbanité : à partir des oppida de Gaule
　　　　et des satellites de Djenné-Djeno

　　　　………………………………荻野セルマン・イザベル
　　　　　　　　　　　　　　　　　　Isabelle SEELEMANN OGINO…85

1.　Le Mont Beuvray, le vin et la pierre　……………………………85

2.　Djenné-Djeno : cité en grappes de satellites　………………………90

3.　La Chine proto-historique : centre et périphérie　………………96

4.　Les oppida, premières villes au nord des Alpes?　………………98

5.　La vallée de l'Indus　………………………………………………104

6.　Conclusion　………………………………………………………106

第5章　フランス家庭内保育サービスの史的展開

　　　　——乳母から認定保育ママへ——………………宮　本　　悟…119

1.　は じ め に………………………………………………………119

2.　19 世紀における乳母産業の展開　………………………………122

3.　乳母に求められる役割の転換……………………………………127

4.　認定保育ママ制度の確立…………………………………………132

5.　おわりに ——フランス認定保育ママ制度の課題　………………137

目　次　ix

第6章　普遍性と差異性の問題をめぐる日仏比較
　　　　──憲法理念と非正規雇用を題材に──………泉　　慎　一…141

1. はじめに……………………………………………………………141
2. 憲法理念の日仏比較………………………………………………143
3. 非正規雇用の日仏比較……………………………………………153
4. おわりに……………………………………………………………164

第7章　個人主義大国フランスにおける〈カップル主義〉と
　　　　日本における〈婚姻の価値〉………………北　原　零　未…169

1. はじめに……………………………………………………………169
2. 日本における「家族」と婚姻制度………………………………170
3. フランスにおける婚姻の特権化と事実婚………………………182
4. フランスにおけるカップル主義…………………………………190
5. おわりに……………………………………………………………200

第8章　ジョルジュ・サンドにおける民衆の問題
　　　　…………………………………………………大　野　一　道…205

1. はじめに……………………………………………………………205
2. サンドの書簡にみる民衆への思い………………………………206
3. 評論にみる民衆への思い…………………………………………217
4. 小説にみる民衆への思い…………………………………………224
5. おわりに……………………………………………………………234

第9章　クレティアン・ド・トロワ作『聖杯の物語』
　　　　前半における「血の滴る槍」の謎…………渡　邉　浩　司…237

1. はじめに……………………………………………………………237
2. 『聖杯の物語』前半の時間上の枠組み …………………………239

3. 赤褐色の月 …………………………………………………242

4. ブランシュフルールと「天幕の乙女」…………………253

5. 「荒れ地」のテーマ ……………………………………257

6. 赤錆の神話 ………………………………………………264

7. おわりに …………………………………………………268

第10章 リアリズムの挫折
――フランス映画史再考―― ………………伊 藤 洋 司…271

1. はじめに…………………………………………………271

2. サイレント期……………………………………………272

3. 黄　金　期………………………………………………274

4. ヌーヴェル・ヴァーグ…………………………………277

5. ポスト・ヌーヴェル・ヴァーグ………………………278

6. 80年代以降 ………………………………………………280

7. おわりに…………………………………………………282

第 1 章

所得税および社会保障負担構造の国際比較
──1990 年代後半以降のカナダ・フランスの所得再分配政策を中心に──

広 瀬 義 朗

1. は じ め に

　本章の目的は，租税および社会保障負担（Social Security Contributions，社会保険料および社会保障税，社会保障税を給与税と示すこともある）の構造を国際比較し，カナダおよびフランスの福祉国家財政を論じることである。経済の低成長と少子高齢化の進展は，先進国共通の今日的課題である。先進諸国は，人間が日常生活をする上での生活保障として年金・医療・福祉などの財源を租税や社会保険料に求めてきた。経済の低成長が継続すれば，財源の確保は困難を極め，なおかつ少子化と高齢化の同時進行は，現役世代に過重な負担と公的支出の増大を招く。とりわけオイルショック後の 1970 年代以降の先進諸国は，福祉国家財政の見直しを迫られている。租税および社会保障の負担構造は，各国で異なるものの，各々のパターンは類似していると考えられる。そこで本章では，租税負担および社会保障負担に注目する。その中でカナダおよびフランスの福祉国家財政の特徴は何かを検討する。

　構成は，以下のとおりである。2 節では，租税負担および社会保障負担を国際比較する。3 節では，各国の所得税負担を分析し，4 節では社会保障の負担分析を行う。5 節では，カナダおよびフランスを中心とした税財政および社会

2

保障財政を比較検討し，双方の福祉国家財政と所得再分配政策を述べる。

2. 先進諸国の負担別分類

2-1 先 行 研 究

　代表的な先行研究には，エスピン－アンデルセン（2001）や飯島（2010）がある。エスピン－アンデルセン（2001）は，労働力の脱商品化，社会的階層化[1]を基準に掲げ，自由主義レジーム，保守主義レジーム，社会民主主義レジームの3つのレジームがクラスター化されていることを明らかにしている。飯島（2010）は，EU 諸国を中心にエスピン－アンデルセンに従い，3つに分類して分析している。エスピン－アンデルセン（2001）の3つの類型化と異なる研究論文として富永（2003）がある。富永（2003）は，社会保障を充実させたグループを5つに分け，第1のグループにスウェーデンを，第2のグループにデンマークやオランダを，第3のグループにはフランス，カナダ，西ドイツ，イギリスを，第4のグループにはニュージーランドを，最下位のグループにはアメリカ，日本，オーストラリア，イタリアを挙げている。片山(2008)は，EU 諸国の中で社会保障財源を国際比較し，社会保険料の比率の高いドイツやフランスなどをビスマルク型諸国とし，税財源により給付を行うスウェーデンやデンマークなどをベバリッジ型と呼び，ビスマルク型諸国では社会保険方式に競争原理を導入したドイツ，社会保障財源の租税代替化を行うフランス，ベバリッジ型諸国では国税を主要財源とするイギリス，地方税を主要財源とするスウェーデンの4つの国々を中心に社会保障の財源論を論じている。

　飯島（2010）は，エスピン－アンデルセンに従い，EU 諸国の社会保護制度に関するエスプロス（The European Systems of Integrated Social Protection Statistics: ESSPROS）の 2008 年度版データを使い，自由主義レジーム，保守主義レジー

---

1)　エスピン－アンデルセンは，福祉国家および社会的階層化のことを次のように述べる。「福祉国家は，サービスと所得保障を提供するが，同時にそれは社会的階層化のシステムでもある。福祉国家は，階級と社会的秩序を構造化する最も重要な制度である。」エスピン－アンデルセン（2001），62 ページ。

ム，社会民主主義レジームの3つに分けて分析しているが，その中でEU諸国の14カ国を取り上げているため，自由主義レジームにはアメリカやカナダ，オーストラリア，ニュージーランドが含まれていない。

エスピン-アンデルセンの言う自由主義レジームの中には，イギリスやカナダなど医療の財源を租税で賄っている国がある。また基礎年金部分では，オーストラリアやカナダがそうである。社会保障の財源に関する税方式の利点は，医療にせよ，年金にせよ普遍的なサービスを全国民に提供できることである。他方，保守主義レジームに含まれるドイツやフランスは，医療や年金の財源を社会保険料に求めている。社会保険方式の場合，負担と給付が一体となり負担の公平性や透明性は確保されるが，公共サービスでありながら保険料の負担がなければサービスを受けられず，排除性を有してしまう。これらの国々の福祉国家財政の特徴をすべて明らかにすることはできないが，各国の特徴を大別して比較検討することは可能である。以下では，アングロ・サクソン系の国々とヨーロッパの主要国に分けて所得税および社会保障の負担分析を行う。

2-2　一般政府収入の国際比較

高い経済成長が達成できた時期には，多くの先進国で所得税を中心に課税がなされてきた。しかし，2度のオイルショックを契機に，所得課税から消費課税へと課税主体がシフトするようになる。また先進諸国の中には，租税でなく社会保険料に収入を求める国もある。収入構造を比較検討すると，各国の福祉国家財政の特徴が表れる。ここでは，一般政府収入の国際比較を行う。本章では，林（1992）に従い福祉国家を再分配国家と定義する。

表1-1は，1998年度主要国の一般政府総収入に占める主な税収割合を比較したものである。この表から，第1に所得税や法人税の直接税中心主義の国々や社会保障負担中心の国々，双方に重点を置く国に分類できる。それらは，それぞれオーストラリア，カナダ，イギリス，ニュージーランド，アメリカのグループ，フランス，ドイツ，イタリア，日本のグループ，スウェーデンとなろう。

表 1-1　総収入に占める主要税収割合の国際比較，1998 年度　(単位：%)

	所得税	法人税	社会保障負担およびその他の社会保障税	資産課税
オーストラリア	43.3	15.2	6.6	9.5
カナダ	38.5	10.0	15.8	10.4
イギリス	27.5	11.0	17.6	10.7
ニュージーランド	41.8	10.9	0.9	5.7
アメリカ	40.5	9.0	23.7	10.6
フランス	17.4	5.9	39.5	7.3
ドイツ	25.0	4.4	40.4	2.4
イタリア	25.0	7.0	29.5	4.8
スウェーデン	35.0	5.7	33.5	3.7
日本	18.8	13.3	38.4	10.5

	財・サービス課税 (1)	(1) のうち一般消費税	その他の税	合計
オーストラリア	25.5	8.5	0.0	100.0
カナダ	24.7	14.0	0.6	100.0
イギリス	32.6	18.1	0.6	100.0
ニュージーランド	36.0	26.0	4.7	100.0
アメリカ	16.2	7.6	0.0	100.0
フランス	26.6	17.5	3.3	100.0
ドイツ	27.4	17.9	0.4	100.0
イタリア	27.4	14.2	6.3	100.0
スウェーデン	21.6	13.6	0.5	100.0
日本	18.8	8.9	0.2	100.0

（出所）OECD (2001), p. 11 より作成。

　第 2 に，殆どの国々で財・サービス課税が一般政府収入全体の 2〜3 割程度の割合を占めている。財・サービス課税のうち，とりわけ一般消費税の占める割合は高く，オーストラリア（33.3%），日本（47.3%），アメリカ（46.9%）を除く国々の割合は 50% を超えている。割合の高い国の多くは，EU 諸国である。その理由を考えると，EU 諸国の付加価値税の標準税率は，軽減税率を除けば 20% 程度と高い。加えてインボイス方式のため税の漏えいが少なく，多くの税収が見込めるからである。

　他方，税収割合の低い上記 3 カ国の理由を考える。オーストラリアには 2000 年に多段階の GST（Goods and Services Tax：財・サービス税）が導入されるまでに卸売売上税（Wholesale Tax：WST）が残存していたが，単段階課税の上にサービ

スにたいする課税がされていないため，課税ベースが狭く税収が増えないためであろう。また当時の日本は消費税が導入されている国の中で最低の 5% の税率であり，かつ帳簿方式を採用したため課税漏れが指摘できる。アメリカは州レベルで単段階の小売売上税（Retail Sales Tax : RST）を課しているものの，10 カ国中，国レベルで唯一消費税（付加価値税）を採用していないためである。

　第 3 に，オーストラリア，カナダ，日本，イギリス，アメリカの国々では，資産課税が 1 割前後の割合を占めている。これは，アングロ・サクソン系の国々に多くみられる傾向である。以下では，アングロ・サクソン系の国々とヨーロッパの主要国および日本に分けて所得税の負担分析を行う。なお本章では資料および紙幅の制約からイタリアを除き，またニュージーランドには従業員の社会保障負担はないため，以下では分析の対象外とした。

3. 所得税負担分析

　ここ 3 節では，所得階層別に単身者および家族の所得税負担をアングロ・サクソン系の国々とヨーロッパの主要国および日本に分けて分析する。

3-1　アングロ・サクソン系の国々

　2 節で検討したように，経済成長の鈍化から先進諸国において所得課税への軽減策が取られることになった。個人および法人所得にたいする課税の強化は，一国の経済成長を阻害してしまい，個人の勤労意欲をも失わせてしまう。このような考え方が，2 度のオイルショック後の 1980 年代以降次第に広まったのである。

　ここでは，1990 年代後半に所得税負担の変化がみられるため，分析期間はデータの制約から 1990 年代後半から 2000 年代とする。また所得税負担の実態をより詳しくみるために，まず所得階層別に分ける。次に，家族形態別に分けて所得税の負担分析を行う。さらに平均所得（average earnings）を中心に，片稼ぎおよび共稼ぎに分ける。なお共稼ぎの場合には，夫（又は妻）の所得を 100 ％（平均所得）とし，配偶者の所得を 3 分の 1 程度，3 分の 2 程度加えて分析

6

表1-2　単身者およびひとり親家庭の所得階層別所得税負担率の国際比較, 1997-2010年度

（単位：％）

		子供なし			子供2人
		所得の67%	所得の100%	所得の167%	所得の67%
カナダ	1997	17.7	22.1	29.5	▲1.0
	2000	16.2	20.7	27.3	9.7
	2005	13.1	16.6	22.5	5.1
	2010	11.4	14.9	21.5	0.7
イギリス	1997	13.6	16.7	19.2	11.1
	2000	12.6	15.8	18.3	▲9.7
	2005	15.0	17.4	23.1	0.9
	2010	14.5	16.3	22.8	1.2
オーストラリア	1997	17.9	23.3	31.8	12.9
	2000	18.4	22.8	30.3	17.4
	2005	20.3	24.0	31.7	20.3
	2010	14.7	21.6	27.5	12.6
アメリカ	1997	16.1	18.2	24.2	▲2.2
	2000	15.9	17.9	24.1	▲6.0
	2005	13.0	15.7	20.8	▲17.1
	2010	12.1	15.3	21.8	▲10.2

（注）表中の所得の100%とは，平均的な賃金を獲得している人を100とした場合，勤労者の所得税負担率を推計した。単身者およびひとり親家庭の場合，所得の67%とは，平均よりも低い所得（平均所得の3分の2）を示し，所得の167%とは，平均よりも高い所得（平均所得の3分の5）を示す。

（出所）OECD (1998), p. 33 ; (2002), p. 82 ; (2006), p. 47 ; (2011), p. 92 より作成。

する。

表1-2および表1-3は，1997年度から2010年度にかけて単身者およびひとり親家庭，家族の4カ国の所得階層別の所得税負担（所得税／総所得）を表したものである。表中の所得とは，勤労者全体の平均所得を示す。表1-2は単身者およびひとり親家庭の所得階層別所得税（taxes on income and profits）負担率を示し，表1-3は片稼ぎおよび夫婦共稼ぎのそれを示している。表1-3の所得の100〜0%というのは，夫（または妻）の片稼ぎの平均所得を表し，所得の100〜33%というのは，夫（または妻）の所得100%に対して配偶者の所得を3分の1程度加えたものである。所得の100〜67%というのは，夫（または妻）の所得100%に対して配偶者の所得を3分の2程度加えたことを表している。表1-2に該当する年齢層は，主に青年層と老齢層であるが，中には現役の中高年層も含まれる。表1-3に該当する年齢層は，主に中高年層である。分析の際，年代

第 1 章　所得税および社会保障負担構造の国際比較　7

表 1-3　家族の所得階層別所得税負担率の国際比較，1997-2010 年度

（単位：%）

		子供 2 人			子供なし
		片稼ぎ	共稼ぎ		
		所得の 100〜0%	所得の 100〜33%	所得の 100〜67%	所得の 100〜33%
カナダ	1997	12.6	16.4	19.1	19.1
	2000	16.4	17.7	18.9	17.7
	2005	12.3	13.9	15.2	13.9
	2010	8.0	10.7	12.6	11.9
イギリス	1997	15.1	12.7	14.5	12.7
	2000	13.3	12.6	14.5	12.6
	2005	15.4	13.6	15.3	15.0
	2010	14.8	13.3	15.6	14.5
オーストラリア	1997	20.8	19.1	20.5	20.0
	2000	22.8	19.3	21.0	19.3
	2005	24.0	20.8	22.5	20.8
	2010	20.4	16.7	18.1	17.6
アメリカ	1997	10.7	14.0	15.6	16.7
	2000	7.6	11.3	13.4	16.5
	2005	▲2.8	5.3	8.5	13.0
	2010	0.6	6.7	9.7	12.7

（出所）表 1-2 に同じ。

　を簡略化するために，青年層である若年世代を 25 歳未満，中高年層に相当する現役世代を 25 歳以上 65 歳未満，退職世代を 65 歳以上とする。

　アングロ・サクソン系の国々の特徴は，所得税に負担を求めていることである。しかし，先に述べたように経済成長の鈍化から，所得にたいする課税および負担率は各国においてそれぞれ異なる動向を示すことになる。

　子供なしおよび子供 2 人，ひとり親家庭において最も所得税負担の低かったイギリス，カナダと同程度の負担であったオーストラリアの負担率は 2000 年代半ばまで高まったのに対して，カナダでは一貫して負担が低くなっている。次に家族の場合をみると，単身者およびひとり親家庭ほどでないものの，イギリスや 2000 年代半ばまでのオーストラリアの所得税負担率が緩やかに高まった。それに対して，カナダではすべての所得層においてその負担率が低下した。オーストラリアでは 2010 年度に所得税負担の低下がみられるが，カナダに比べれば依然高い負担率である。アメリカの場合，他の 3 カ国に比べ所得税

8

負担率が最も低く，とりわけ家族において所得税負担率の低下は顕著である。アメリカの負担率にマイナスがみられるが，これは児童税額控除や勤労所得税額控除の影響である。

　次に，所得の100%（平均所得）を中心に分析する。所得の67%（平均所得の3分の2）および所得の167%（平均所得の3分の5）に分けて分析を行うと，オーストラリアとカナダでは，対照的な数値の変化がみられた。というのも，1997年度には双方の国の所得の167%層において所得税負担率は比較的高く，30%程度であった。その後2010年度にカナダの場合には所得税負担率は21.5%と相当低下したのに対して，オーストラリアのそれはカナダほど大きな低下はみられない（表1-2）。これは，カナダにおける1987年税制改革，2000年税制改革の影響である。1987年税制改革では，所得税減税，法人税増税，GST導入の3つが実行され，2000年改革では，経済の好調さも相俟って大幅な所得税の減税を行った。カナダでは，所得税を減税することにより経済の活性化を目指したのである[2]。

　表1-3の家族，子供2人，共稼ぎの所得の100〜33%（夫（または妻）の所得を100とした場合，配偶者のそれは3分の1程度）と所得の100〜67%（夫（または妻）の所得を100とした場合，配偶者のそれは3分の2程度）の所得税負担率の差を比較すると，アメリカの所得税負担率の差は最も拡大している（1997年度14.0%→15.6%（1.6%の上昇）から2010年度6.7%→9.7%（3.0%の上昇））。これは，妻（または夫）の所得が増えると同時に所得税の負担も増えるという累進的な租税負担構造であることを示している。ただしアメリカの場合，もともと負担率が相対的に低いことから，たとえ累進的であっても所得再分配効果は限定的なのである。なおアメリカを除き，カナダの子供2人片稼ぎ，所得の100%（平均所得）と子供2人共稼ぎの所得の100〜33%（夫（または妻）の所得を100とした場合，配偶者のそれは3分の1程度）の所得税負担率の差が大きい（2005年度12.3%→13.9%（1.6%の上昇）から2010年度8.0%→10.7%（2.7%の上昇））。他の

　2）　カナダの税制改革については，広瀬（2009）を参照されたい。

第1章　所得税および社会保障負担構造の国際比較　9

国々では，子供を扶養し，稼ぎ手が増えることで負担率は低下するのに対して，カナダの場合にはむしろ高まっている。この税負担を軽減するために，カナダでは還付付き GST 税額控除を所得税制に組み込み，低・中間所得層にたいして GST のみならず負の所得税すなわち所得税で逆進性対策を行っているのである。

3-2　ヨーロッパの主要国および日本

3-1 で検討したアングロ・サクソン系の国々は，所得税負担中心の国々であった。それに対して，ここではヨーロッパの主要国および日本の所得税負担について分析する。双方の比較分析を通じてここで明らかにしたいのは，ヨーロッパの主要国および日本はアングロ・サクソン系の国々に比べ所得税に負担を求めていないことである。

表 1-4 および表 1-5 は，表 1-2 および表 1-3 と同様，家族形態別に分けた 4 カ国の所得階層別の所得税負担を表したものである。4 カ国中，比較的所得税

表 1-4　単身者およびひとり親家庭の所得階層別所得税負担率の国際比較, 1997-2010 年度

(単位：%)

		子供なし			子供 2 人
		所得の 67%	所得の 100%	所得の 167%	所得の 67%
フランス	1997	6.3	10.5	15.3	3.7
	2000	8.8	13.4	18.0	7.6
	2005	12.0	15.4	20.1	7.4
	2010	12.2	14.1	20.2	7.4
ドイツ	1997	15.6	21.2	28.5	▲ 3.0
	2000	15.0	21.5	30.2	▲ 5.3
	2005	14.8	20.9	29.2	▲ 0.9
	2010	13.7	18.7	27.1	▲ 4.1
スウェーデン	1997	26.5	28.5	37.6	26.5
	2000	23.7	25.9	33.7	23.7
	2005	22.1	24.0	34.9	22.1
	2010	14.9	17.7	30.6	14.9
日本	1997	6.6	8.0	12.7	2.6
	2000	5.2	6.2	9.5	2.1
	2005	5.2	6.6	10.7	2.5
	2010	6.1	7.7	12.2	2.8

(出所) 表 1-2 に同じ。

表 1-5　家族の所得階層別所得税負担率の国際比較，1997-2010 年度

(単位：%)

		子供 2 人			子供なし
		片稼ぎ	共稼ぎ		
		所得の 100～0%	所得の 100～33%	所得の 100～67%	所得の 100～33%
フランス	1997	3.7	4.9	6.1	6.8
	2000	7.6	8.0	9.4	10.0
	2005	7.9	8.4	10.9	11.4
	2010	8.2	7.7	11.0	12.2
ドイツ	1997	1.0	8.6	13.2	15.6
	2000	▲ 0.9	6.8	12.1	15.0
	2005	1.4	7.7	12.4	14.8
	2010	▲ 0.6	5.5	9.9	13.7
スウェーデン	1997	28.5	27.9	27.7	27.9
	2000	25.9	24.7	25.0	24.7
	2005	24.0	22.2	23.2	22.2
	2010	17.7	15.4	16.6	15.4
日本	1997	2.6	4.7	5.7	6.9
	2000	2.0	3.7	4.5	5.3
	2005	3.5	4.2	4.7	5.8
	2010	4.0	4.8	5.5	6.8

(出所) 表 1-2 に同じ。

　負担率の低かったフランスは全体的にあらゆる所得層で次第に高くなっているが，その他の国々の負担率は低下傾向である。とりわけスウェーデンの所得税負担率の低下が，顕著である。また家族では，単身者およびひとり親家庭と同様にフランスの所得税の負担率が全体として高くなっているのに対し，これまで高負担であったスウェーデンは低下している。1995 年度以降のフランスでは，所得税負担率は速いテンポで上昇した。2008 年に発生したリーマンショックの影響から，サルコジ政権下（2007-2012 年）では経済状況の悪化を受けて低・中間所得層にたいしては所得税の減税を行った。2005 年度から 2010 年度にかけての負担率上昇が緩やかなのは，このためである。中でも表 1-5 の家族子供 2 人，共稼ぎ世帯では所得税の減税が負担率の低下として明確に表れている。

　ドイツは負担の増減を繰り返した。これは，1998 年に誕生した社会民主党と緑の党の連立政権が 2005 年までに行った所得税減税政策の影響である[3]。

日本は，全体として負担減から再び負担の増加に転じている。それでもなお，日本の所得税負担率は 4 カ国中最低で 10% にも満たない。

　次に，片稼ぎの所得の 100%（平均所得）を軸に分析を行う（表 1-4）。フランスでは，単身者で平均所得を下回る所得の 67%（平均所得の 3 分の 2 程度）の所得税負担率は，1997 年度から 2010 年度にかけて 2 倍となった。一方で負担率の大幅低下がみられたのは，上で述べたようにスウェーデンである。平均所得層を中心にみると，同時期ドイツの所得税負担率は 20% 程度と変わらないのに対して，フランスでは 1.4 倍〜1.5 倍の負担増となった。一方でスウェーデンは，所得の 67% 層と同様に負担率の低下がみられ，同時期 28.5% から 17.7% となった。所得の 167%（平均所得の 3 分の 5 程度）層では，20% 程度にまで所得税負担率を高めたフランス，30% 前後のドイツに対して，スウェーデンは 30% 程度まで負担を減らしたのである。

　家族の場合には，単身者およびひとり親家庭ほどでないもののフランスおよび日本では同時期に所得税の負担増となったのに対して，スウェーデンでは負担減であった。フランスの所得税負担率の上昇は，1991 年に社会保障目的税の一般社会税（Contribution Sociale Généralisée : CSG）の導入による影響である。これは，給与所得，遺産収入および資本収入を所得とし，所得にかかる税のことである[4]。

　スウェーデンの負担率は，20% 以下になったものの最も高いままである。所得の 100〜33% 層および所得の 100〜67% 層でみてもスウェーデンの負担率は平均所得層と同じく高い（表 1-5）。

　以上，所得税負担率に関して以下の点が明らかにされた。第 1 に，1997 年度から 2010 年度にかけてアングロ・サクソン系の国々の中でカナダは負担を低くしたのに対して，イギリスおよび 2000 年代半ばまでのオーストラリアでは負担を高めたこと，第 2 に，アメリカでは所得税負担の軽減がみられ，家族

3）　関野（2014），15 ページ。
4）　藤井（1999），23 ページ。

12

とりわけ子供のいる世帯にたいしては，所得税負担を多く求めていないこと，第3に，ヨーロッパの主要国および日本ではこの間全体的に低下傾向であるのに対して，フランスではすべての所得層で負担の上昇がみられたことである。これは，先に述べたように一般社会税（CSG）の導入によるものである。以下では，社会保障負担について検討する。

4.　社会保障負担分析

3節では，所得税負担の国際比較を行った。ここでは，所得税負担率の低かったヨーロッパの主要国および日本から順に社会保障負担分析を行う。というのも，ヨーロッパの主要国および日本は，アングロ・サクソン系の国々に比べ社会保障負担の大きい国々であるからである。

4-1　ヨーロッパの主要国および日本

ヨーロッパの主要国および日本は，所得税に多くの負担を求めずに福祉国家財政の財源を確保してきた。しかし，経済の低成長による収入減，少子高齢社会の到来による支出増など，収入より支出が上回る状況で財政を持続可能にしたのは，どのような政策によるものなのか。ここ4節では，3節と同様に家族形態別に分けた所得階層別の社会保障負担について考察する。

表1-6および表1-7は，1997年度から2010年度にかけて単身者およびひとり親家庭，家族の4カ国の所得階層別の社会保障の負担率（社会保険料および社会保障税（給与税）／総所得）を表したものである。2つの表を通じて，単身者およびひとり親家庭，家族双方の従業員に負担を求めるフランス，ドイツの国々と，10％に満たない，従業員負担率の低いスウェーデン，日本の国々に分かれる。ただしスウェーデンの場合には，賃金額の7％が税額控除され，事業主負担が高いために従業員の負担率は低く抑えられている。

その中でももともと負担の高かったドイツ，フランスの社会保障負担率が低下傾向を示す一方で，日本では次第に負担増となっている。しかも所得層に関わりなく負担が高まっていることから，社会保障負担において逆進性がみられ

第 1 章　所得税および社会保障負担構造の国際比較　13

表 1-6　単身者およびひとり親家庭の所得階層別社会保障負担率（従業員）の国際比較，1997-2010 年度

（単位：%）

		子供なし			子供 2 人
		所得の 67%	所得の 100%	所得の 167%	所得の 67%
フランス	1997	17. 7	17. 7	16. 1	17. 7
	2000	13. 4	13. 4	12. 5	13. 4
	2005	13. 6	13. 6	13. 0	13. 6
	2010	13. 7	13. 7	13. 1	13. 7
ドイツ	1997	21. 1	21. 1	19. 2	21. 1
	2000	20. 5	20. 5	18. 5	20. 5
	2005	20. 9	20. 9	16. 7	20. 9
	2010	20. 5	20. 5	16. 7	20. 2
スウェーデン	1997	6. 0	6. 0	4. 7	6. 0
	2000	7. 0	7. 0	5. 5	7. 0
	2005	7. 0	7. 0	4. 7	7. 0
	2010	7. 0	7. 0	4. 7	7. 0
日本	1997	7. 0	7. 0	5. 5	7. 0
	2000	10. 0	10. 0	10. 0	10. 0
	2005	11. 8	11. 8	11. 2	11. 8
	2009	13. 1	13. 1	12. 5	13. 1

（出所）OECD (1998), p. 34 ; (2002), p. 83 ; (2006), p. 48 ; (2011), p. 94 より作成。

表 1-7　家族の所得階層別社会保障負担率（従業員）の国際比較，1997-2010 年度

（単位：%）

		子供 2 人			子供なし
		片稼ぎ	共稼ぎ		
		所得の 100〜0%	所得の 100〜33%	所得の 100〜67%	所得の 100〜33%
フランス	1997	17. 7	17. 7	17. 7	17. 7
	2000	13. 4	13. 4	13. 4	13. 4
	2005	13. 6	13. 6	13. 6	13. 6
	2010	13. 7	13. 7	13. 7	13. 7
ドイツ	1997	21. 1	21. 1	21. 1	21. 1
	2000	20. 5	20. 5	20. 5	20. 5
	2005	20. 9	20. 9	20. 9	20. 9
	2010	20. 2	20. 2	20. 2	20. 5
スウェーデン	1997	6. 0	6. 0	6. 0	6. 0
	2000	7. 0	7. 0	7. 0	7. 0
	2005	7. 0	7. 0	7. 0	7. 0
	2010	7. 0	7. 0	7. 0	7. 0
日本	1995	7. 0	7. 0	7. 0	7. 0
	2000	10. 0	10. 0	10. 0	10. 0
	2005	11. 8	11. 8	11. 8	11. 8
	2010	13. 1	13. 1	13. 1	13. 1

（出所）表 1-6 に同じ。

14

る[5]。社会保障の主要項目である年金給付額および医療費は，高齢社会の進展[6]とともに従業員の負担率の上昇となって表れているのである。

なお，所得税負担率の場合には，所得の100％（平均所得）を軸に所得の67％（平均所得の3分の2程度）と所得の100〜33％（家族の場合，夫（または妻）の所得を100とした場合，配偶者の所得を3分の1程度追加），所得の167％（単身者の場合，平均所得の3分の5程度），所得の100〜67％（家族の場合，夫（または妻）の所得を100とした場合，配偶者の所得を3分の2程度追加）に分けて分析を行ったが，社会保障負担の負担率は殆ど変わらないため，一部の分析にとどめた。

4-2　アングロ・サクソン系の国々

4-1では社会保障負担において従業員に負担を求める国々と，そうでない国々を比較検討した。また社会保障負担の減少した国と増加した国に分かれることが明らかにされた。ここでは，アングロ・サクソン系の国々の社会保障負担について検討する。

表1-8および表1-9は，表1-6および表1-7と同様に家族形態別に分けた従業員の所得階層別社会保障負担の負担率を表したものである。2つの表から，4カ国の共通点は，社会保障の負担率が10％を超えない低負担の国々に分かれるということである。その中で，一貫して負担増となっているのは，カナダである。カナダの場合には，医療および基礎年金の財源を租税に求めるため，必然的に社会保障負担の数値は低く出がちである。

次に，カナダと同様に，イギリスにおいても社会保障負担で所得の高い層が低い層よりも軽い負担になっている。アメリカの社会保障負担率は10％を超えず，アメリカは負担の軽い国である。数値に大きな変化はみられず，社会保

---

5)　社会保障負担の逆進性については，栗原（2005）も同様に指摘している。法定最低賃金給与者の社会保障に含まれる社会保険料は，総給与の13.6％を占めるのに対して，3万フランを超える給与者のそれは8.7％に留まっている。栗原（2005），350ページ。

6)　広瀬（2012a），92–93ページ。

第 1 章　所得税および社会保障負担構造の国際比較　15

表 1-8　単身者およびひとり親家庭の所得階層別社会保障負担率（従業員）の国際比較，
1997-2010 年度

（単位：％）

		子供なし			子供 2 人
		所得の 67％	所得の 100％	所得の 167％	所得の 67％
カナダ	1997	5.4	5.6	3.7	5.4
	2000	5.7	5.9	3.8	5.7
	2005	6.8	7.0	4.3	6.8
	2010	7.1	7.3	5.0	7.1
イギリス	1997	7.7	8.5	7.7	7.7
	2000	6.8	7.9	7.8	6.8
	2005	8.2	9.1	6.8	8.2
	2010	8.3	9.2	7.4	8.3
オーストラリア	1997	1.5	1.5	1.5	0.0
	2000	0.0	0.0	0.0	0.0
	2005	0.0	0.0	0.0	0.0
	2010	0.0	0.0	0.0	0.0
アメリカ	1997	7.7	7.7	7.7	7.7
	2000	7.7	7.7	7.7	7.7
	2005	7.9	7.8	7.8	7.9
	2010	7.7	7.7	7.7	7.7

（出所）表 1-6 に同じ。

表 1-9　家族の所得階層別社会保障負担率（従業員）の国際比較，1997-2010 年度

（単位：％）

		子供 2 人			子供なし
		片稼ぎ	共稼ぎ		
		所得の 100～0％	所得の 100～33％	所得の 100～67％	所得の 100～33％
カナダ	1997	5.6	5.4	5.5	5.4
	2000	5.9	5.7	5.8	5.7
	2005	7.0	6.6	6.9	6.6
	2010	7.3	6.8	7.2	6.8
イギリス	1997	8.5	7.7	8.2	7.7
	2000	7.9	6.8	7.4	6.8
	2005	9.1	8.2	8.7	8.2
	2010	9.2	8.3	8.9	8.3
オーストラリア	1997	1.5	1.1	1.5	1.1
	2000	0.0	0.0	0.0	0.0
	2005	0.0	0.0	0.0	0.0
	2010	0.0	0.0	0.0	0.0
アメリカ	1997	7.7	7.7	7.7	7.7
	2000	7.7	7.7	7.7	7.7
	2005	7.8	7.9	7.9	7.9
	2010	7.7	7.7	7.7	7.7

（出所）表 1-6 に同じ。

16

障の負担率はそれぞれの家族形態ともに微増にとどまっている。

　次に，単身者で平均所得を基準に所得の 167%（平均所得の 3 分の 5 程度）と比較すると，殆ど同じ負担率なのはオーストラリアおよびアメリカである。オーストラリアの場合には，カナダと同様に年金の財源を租税に求めているため，社会保障の負担率は極めて低い。それに対してイギリスの場合には，いったん低下するものの負担が増大した。4 カ国中最も負担増となるのは，カナダである（表 1-8）。この社会保障負担の逆進性を緩和するために，カナダには還付付き GST 税額控除が設けられている。この制度の目的は，租税に限らずに社会保障の負担軽減も含まれるのである。

　以上，これらの比較を通じて次のことが言える。第 1 に，ヨーロッパの主要国および日本では，もともと社会保障負担率の高いフランスやドイツが低下傾向を示したのに対して日本だけがかなりの上昇傾向を示し，しかも所得に関わりなく一定の負担を求めていること，第 2 に，アングロ・サクソン系の国々では，カナダおよびイギリスにおいて負担率を高めたものの，カナダおよびイギリスの医療は税方式であるため，その割合は 10% に満たない上，所得の低い層よりもむしろ高い層において負担が軽減されていること，第 3 に，アングロ・サクソン系の国々の中でアメリカでは若干の負担増になったこと，である。さらに第 4 に，双方のグループにおいて所得税と社会保障の負担分析を比較すると，所得税では，扶養控除等で所得や子供の有無によって負担に明らかな違いが生じたが，社会保障では所得税ほどの大きな負担の変化はみられなかったこと，第 5 に，カナダでは社会保障に含まれる社会保険料率を引き上げることで，その財源調達を可能にした。そして，第 6 に，ヨーロッパの主要国および日本において，フランスの所得税負担の増加が各家族形態で顕著なことである。

　上の分析結果から，大まかにグループに分類したものの，各国によって福祉国家財政の動向は異なることが明らかにされた。次節では，各々のグループからカナダとフランスを取り上げる。というのも，カナダでは，所得税負担は減少し社会保障負担が増大したことから，社会保障に財源を求めるからである。

他方，フランスはカナダのそれと逆の動きをしており，福祉国家財政の財源調達をめぐって双方の方針が異なるためである。以下では，主にカナダとフランスの税財政・社会保障財政および所得再分配効果について検討する。

5. 福祉国家財政と所得再分配政策——カナダおよびフランスを中心として

まず，カナダは連邦制国家であるのに対して，フランスは単一制国家である。双方の国で国家の形成過程が異なることを念頭に置いて，両国の税制および財政，社会保障財政を比較し，所得再分配効果を検証する。

5-1 カナダ税制および財政の特徴

上で述べたように，カナダは連邦制国家であるため，連邦および州において個人所得税，法人所得税，GSTまたはRSTが別個に存在する。もともとカナダはフランスの植民地であり，ケベック州他，北部の州の住民は主にフランス語を話す。フランスは1760年，北アメリカ大陸での英仏戦争で敗北し，イギリスに領土を割譲されたため，現在カナダの国民の大半はイギリスの影響から英語を話すが，言語にみられるように一部にはフランスの影響も残る。一方の税制については，フランスよりもむしろイギリスの影響を多分に受けている。また新税の導入は，戦争と大きく関わってくる。カナダの連邦所得税は，第一次世界大戦中の1917年に創設された。

カナダ税制の特徴は，第1に所得税に関して包括的所得税を採用している点である。例えば，戦後カナダ税制の理論的支柱であるカーター委員会報告では，包括的所得税理論の立場から遺産税および贈与税の廃止を勧告した。その勧告を受けて，1971年にその2つの税は廃止された経緯を持つ[7]。また，まだ実現していないものの，カーター委員会報告では所得税および法人税の完全統合を提案している。

---

7) 広瀬（2016），176ページ。

18

　第2に，所得税および法人税を基幹税とする直接税中心主義である。この点に関しては，本国イギリスよりも隣国アメリカの影響を受けている。カナダの税収割合をみると，2節で述べたようにアングロ・サクソン系の中ではアメリカと同様に税収の約半分を上記の2つの税で占めている。

　第3に，連邦制国家であるが故に，課税権が州にかなり認められている点である。例えば，直接税に関する課税権は州なのに対して，間接税のそれは連邦にある。課税ベースが狭く，税制上の欠陥を抱えていた製造業者売上税（Manufacture's Sales Tax : MST）は，1991年に財のみならずサービスにたいする課税を含めた，課税ベースの広いGSTに変更された。これは連邦の間接税であるのに対して，一部の州ではRSTをそれぞれ別に直接税として課す。したがってカナダは，一般消費税に関して連邦レベルでGSTを，州レベルでRSTをそれぞれ別に課している。連邦のGSTと州のRSTの課税ベースを合わせてHST（Harmonized Sales Tax）としたところが一部の州でみられるが，いずれにせよ依然として複雑な租税体系を持っていることに違いはない。同じ一般消費税であっても，連邦と州とでは見解が異なるのである。

　第4に，冒頭で述べたように，地方においても所得税が課せられる点である。ここでカナダの地方税について述べる。カナダの州税は，個人所得税，法人所得税，財産税とそれに関連する税である。また天然資源に恵まれたアルバータ州を除いたすべての州では，RSTを課している[8]。これらが，州の主要な税目となる。

5–2　フランス税制および財政の特徴

　フランス所得税の導入は，イギリスから約100年以上後の第一次世界大戦前後である。具体的には，1914年に総合所得税，1917年に分類所得税が相次いで創設された。総合所得税に一本化されるまでには，戦後の1959年の税制改革まで待たなければならなかった。

8）　Canadian Tax Foundation (2011), Chapter 1, p. 3.

第1章 所得税および社会保障負担構造の国際比較　19

　しかし，現代フランスの税収に占める直接税，中でも所得税の割合は表1-1
でみたように先進10カ国中最低であり，法人税の割合も相当低い。したがっ
てフランス税制の特徴は，第1にアングロ・サクソン諸国に比べ直接税に依存
しない租税体系を持つ点である。

　第2に，間接税中心の租税体系を構築している点である。現在直接税と間接
税の割合は，およそ4対6であり，間接税が直接税の割合を上回っている。18
世紀末のナポレオン戦争を機に，イギリスが直接税たる所得税を導入した。こ
れを契機として，20世紀前半に第一次世界大戦の影響からアメリカ，カナダ，
フランスがそれに追随し所得税を導入したのに対して，フランスは間接税にお
いて第一次世界大戦後の財政難を理由に1920年に取引高税（Taxe Générale sur le
Chiffre d'Affaires）の導入に踏み切った。その後1925年に単段階税（Taxes Uniques
Spéciales la Production），1936年に生産税（Taxes Uniques Globale á la Production）の導
入を経て，1954年に他国に先駆けて付加価値税（Taxe sur la Valeur Ajoutée : TVA）
を導入した[9]。現在では，TVAは100カ国以上の国で採用されており，フラン
スが付加価値税の租税体系を形成したと言っても過言ではない。

　第3に，国税収入の中でTVA（1990年度決算44.8%），所得税（同21.2%），
法人税（同12.1%）に次ぐ税目として，目的税としての社会保障税（Taxe sur les
Salaries, Payroll Tax，給与税ともいう）（同2.4%）を持つ点である。これは，雇主に
課される税で，その支払い賃金を課税ベースとする。戦後の1948年に，源泉
徴収されていた給与所得への分類所得税を廃止する傍ら，社会保障税（給与税）
が新たに雇主にたいして課される税として創設された。雇主には，支払い賃金
の5%を負担させるものであった。また一般社会税は税率1.1%で1991年に

　9）　Blotnicki and Heckly (1998), p. 106. 尾崎（1993）は，フランス税制における直接税
　　について「大革命によって成立した収益体系は不動産に負担が偏っており，様々
　　な所得の把握に有効でなかった」と言う。また「財源としてはむしろ間接税に頼り
　　がちになっていたこと，その一方で外形標準課税主義や比例税率がフランス革命の
　　遺産ともいうべき「国家からの自由」の思想と合致したため近代的な所得税の採用
　　が遅れたことが原因となって生まれたものといえる」と述べている。尾崎（1993），
　　164-165ページ。

20

導入されたが，1994年に税率を2.4%，1995年に3.4%，さらに課税ベースを拡大した上で7.5%にそれぞれ引き上げたことにより，近年税収割合が高まっている。

第4に，地方税として既建築不動産税（Taxe Fonciére sur les Propriétés），未建築不動産税（Taxe Fonciére sur les Propriétés non Béties），住宅税（Taxe d'Habitation），職業税（Taxe Professinalle）の主要4税があった。しかし2011年より職業税は地方経済税（Contribution Économique Territoirale：CÉT）に改められた[10]。

5-3 カナダおよびフランスの税制改革

まず，カナダの税制改革について述べよう。カナダでは，先述のようにマルルーニ政権下（1984-1993年）で行われた1987年税制改革がある。これは，所得税減税，法人税増税，売上税増税の3つを同時に行い，税収中立を目指したものである。一方のクレティエン政権下（1993-2003年）で行われた2000年税制改革では，好景気を背景に所得税の減税を行った。

次に，フランスの税制改革について述べよう。フランスの財政学者であるBlotnicki and Heckly（1998）によると，フランスの主要な税制改革は1986年度から1993年度までに行われ，改革に至る経緯は過去20年間のフランス内外からの圧力による，と言う[11]。他の先進諸国と同様に経済成長の鈍化と失業の増加[12]が，改革を行うことになった主な要因である。改革の具体的内容は，例えば法人所得実効税率の緩やかな引下げ（50%→33.3%）や個人所得税における課税ベースの拡大等々である。

またフランスの場合には，ヨーロッパ特有の事情がある。というのも，税制改革を促したのは，ヨーロッパ単一市場構想であり，これによって改革を駆り

10）　篠原（2013），2ページ。職業税改革については，篠原（2013）を参照されたい。

11）　Blotnicki and Heckly (1998), p. 125.

12）　1997年度以降の失業率は，10%程度を推移している。参考までに，2015年度末のフランスの失業率は10.3%であり，15～24歳で24%，50歳以上で6.9%であった。ル・モンド（Le Monde）2016年3月3日。

立てられた面もあると言う。Blotnicki and Heckly（1998）によると，「単一市場になることで，租税回避や資本の流出を避けるために株式等の譲渡所得にたいする課税を他国と共通化することなどが必要であった。1990年所得税法(the Finance Act of 1990) の成立から，個人所得税率は徐々に引き下げられる方向に調整されてしまった」[13]という。

Blotnicki and Heckly（1998）によると，最も重要なのは，個人所得税制改革である。というのも，「所得税制はとても不公平であり，例外規定（exceptionally）も多く，煩雑でしかも税を十分徴収できていない。1990年の租税調査報告（the Tax Council in its report of 1990）には，特に源泉徴収制度（pay-as-you earn）の開始についてしばしば議論されたが，検討のみに終わった。しかし1990年のレ・エコ（Les Echos）紙の世論調査によると，納税者の53%は源泉徴収制度に好意的な態度を示した」という[14]。

また隣国イギリスのサッチャーリズムは，個人所得税率を引き下げ，課税ベースを拡大しブラケットを削減したが，フランスの個人所得税改革もそれらに追随し，ブラケットを13段階から7段階にし，最終目標は4段階か5段階にまで減らすことであった。それでも徹底されずに狭い課税ベースは残り，フランスの最高限界税率は先進諸国の中で未だに最も高い国の1つのままであった。所得税改革は，抜本的な改革とはならなかったのである。バラデュール首相は，シラク政権下（1995-2002年）でミッテラン大統領（1981-1995年）政権時に創設された富裕税を廃止したが，多くの批判を浴びたため，今回はそのようにせず与党公認の住宅控除プログラムの提案をしたのである。

CSGは，1990年にロカール首相により提案され，与党の中でも大きな批判を浴びたものの，翌1991年には新税のCSGが創設されることになる。社会保障負担を引き上げるということにたいして経済界から強い反対があり，CSGは社会保険料の引上げでなく最終的に税制を通じて社会保障支出の財源を賄うように設計されたのである。

---

13) *Ibid*., pp. 125-126.
14) *Ibid*., p. 126.

22

5-4　カナダの社会保障制度および社会保障財政の特徴

先述のように，カナダは連邦制国家であるため，社会保障に関して連邦と州によって役割が分担されている。例えば，年金の管轄は連邦であるが，医療や教育のそれは州にある。カナダの社会保障において特徴的なこととして，州が連邦に先駆けて社会保障制度を創設した点である。まず，公的医療保険制度から取り上げる。

サスカチュワン州では，1940年代半ばに地方選挙で社会主義政党の協同連邦党[15]（Cooperative Commonwealth Federation : CCF）が躍進し，協同連邦党党首ダグラスを中心とする政権が1946年に発足した。これは，北米では最初の社会主義政権の誕生となった。

この社会主義政党の誕生が，カナダの医療費無料の足がかりをつけた。ダグラス首相は，医療費の公費負担を主張したのである。この影響を受けて，1948年から連邦は州に対して補助金を与えることになり，カナダにおける公的医療制度はこの時期に確立したと言える。

次に公的年金について述べよう。カナダにおける公的年金制度の創設は，1927年である。先にみたように，年金制度の1層部分，無拠出すなわち税方式の老齢所得保障（Old Age Security : OAS）[16]の制度設計は，連邦の主導であった。確かにカナダの年金制度の場合，公的医療制度のように州が連邦より先に公的年金制度を創設した訳ではなかったが，2層部分には非常に特異な例がみられる。連邦は，1966年に社会保険方式のカナダ年金制度（Canada Pension Plan : CPP）を整備したのに対して，ケベック州では同時期にケベック年金制度（Quebec Pension Plan : QPP）を自ら創設した。州が，連邦と異なる年金を制度設計したのである。これは，連邦と州とで異なる年金制度を持つというように，連邦制国家故の特徴と言えよう。

---

15)　協同連邦党は，1961年に政党名を改め，新民主党（New Democratic Party : NDP）とした。

16)　老齢所得保障は，基本的に65歳以上の全高齢者に支給される。老齢所得保障の他，低所得者に対して補足所得保障（Guaranteed Income Security : GIS）および配偶者手当（Spouse's Allowance : SPA）が追加支給される。岩﨑（2008），137ページ。

第1章 所得税および社会保障負担構造の国際比較 23

表 1-10 医療と年金の負担割合と財源構成

	財源方式		負担割合	財政方式
	医療	年金	医療・年金	年金
カナダ	税方式	税方式（1層）	－	賦課方式と積立方式の組み合わせ
		社会保険方式（2，3層）	労使折半	
フランス	社会保険方式		雇主 被用者	賦課方式

（出所）丸山（1999），113-127 ページ，岩﨑（2008），10-14 ページ，カナダ貿易開発省 Donaghy 氏のインタビューより作成。

　カナダの社会保障財政の特徴は，第1に先述のように年金にせよ医療にせよ，制度設計において州が関与した点である。

　第2に，財源方式に関して医療や1層目の基礎年金部分で税方式を採用している点である（表 1-10）。社会保険方式では，社会保険料負担のない国民は年金給付を受けることができないのに対して税方式では全国民を給付対象とすることができる。要するに，カナダの社会保障では一部税方式を取り入れることで普遍性を追求しているのである。

　カナダの年金制度は3層構造であり，1層目が基礎年金部分に税方式を採用した老齢所得保障制度（OAS）と，2層目は社会保険方式で所得に比例した負担となるカナダ／ケベック年金制度（CPP/ QPP），3層目は2層目と同様に社会保険方式で個人対象の登録退職貯蓄年金制度（Registered Retirement Saving Plan : RRSP）および法人対象の登録企業年金制度（Registered Pension Plan : RPP）に分かれる。とりわけ2層目および3層目の社会保険料の負担の増加は，4節で述べたように社会保障負担率の増加となって表れているのである。その理由は，主に高齢化の進展によるものである[17]。

　第3に，上で述べたように年金では3層構造のうち2層目以降の財源方式は社会保険方式を採用している点である。そのため保険料の負担が発生するが，保険料の負担割合は労使折半であるため，他の先進国に比べ企業の負担は特に大きいという訳ではない。また賃金に対し，社会保障の目的税たる社会保障

17）広瀬（2012 a），92-93 ページ。

24

税[18]（給与税, taxes on payroll and workforce）を課す。社会保障税（給与税）は州税であり，雇主の全額負担で賃金総額に一定の税率が課せられる。税率は，州によって様々である。

　Lin, Picot and Beach（1996 a），（1996 b）は，カナダの社会保障税（給与税）の税率および税収全体に占める割合の低さを指摘している[19]。しかし，彼らは，社会保障負担と社会保障税（給与税）を合わせて分析しているため，両者を分離して考察する必要がある。筆者が OECD（2013）の分類に基づいて分析すると，社会保障税（給与税）を課す国の中で対 GDP 比の高い国は，2 節の 2 - 2 で取り上げた 10 カ国の中ではスウェーデン（10.0％），オーストラリア（5.2％），フランス（3.1％）の順であり，カナダ（2.1％）はこの 4 カ国中最下位である。今後，カナダでの社会保障税（給与税）の対 GDP 比が高まるのは必至とみられる。

　第 4 に，CPP/QPP の財政方式に関して，賦課方式から積立方式に制度変更され，現在では双方を組み合わせている点である。その理由は，特に CPP 財政の悪化である。① 人口構造の変化，② 実質賃金上昇率の低下に伴う保険料

18）　社会保障税（給与税）は，医療および教育サービス関連に課される。1993 年度カナダの社会保障税（給与税）の内訳は，失業保険（雇用保険）税 44.4％，カナダ／ケベック年金制度税 28.0％，労働者補償税 13.3％，州医療・高等教育税 14.3％ である。社会保障税（給与税）を課す州は，ニューファンドランド，ケベック，オンタリオ，マニトバの 4 州である。Lin, Garnett and Beach (1996 a), p. 8, p. 14. なお，失業保険は，1995 年度から雇用保険の一部に含まれるようになった。Canadian Tax Foundation (2011), Chapter 4, p. 18.

19）　Lin, Picot and Beach (1996 b) の研究によると，1993 年度カナダの社会保障税（給与税）を含めた社会保障負担の対 GDP 比は，G 7 中最下位である。Lin,Picot and Beach (1996 b), p. 1069.

　また Lin, Picot and Beach (1996 a) は，OECD 加盟国と比較した上でカナダの低位を示している。Lin, Picot and Beach (1996 a), pp. 19-20.

　さらに Lin (2000) によると，1980 年代から 1990 年代にかけてカナダの社会保障税（給与税）を含めた社会保障に関する収入は，急激に増えた。しかし，その増加額は主要先進国と比較すると決して多くないという。1996 年度には対 GDP 比 6.0％ となったが，これはアメリカよりも低く，G 7 では未だに最低の上，OECD 加盟国 29 カ国中 9 番目に低いことを指摘している。Lin (2000), p. 605.

第1章　所得税および社会保障負担構造の国際比較　25

収入の減少，③完全物価スライド制の導入や高齢化に伴う給付水準の高まり，
④障害者年金給付対象者の拡大や給付水準の高まり，等々である[20]。

5-5　フランスの社会保障制度および社会保障財政——医療と年金

　フランスの社会保障制度の背景にあるのは，第二次世界大戦後の福祉国家の
形成である。藤井 (1996) の言う福祉国家とは，「福祉国家は，福祉を経済活
動の周辺的あるいは余剰的地位から経済と対等な地位に引き上げて，福祉活動
と経済活動の相互的発展に立った経済社会システムをめざそうとするもの」で
ある。フランスは，経済社会システムの目標設定において他の先進諸国と異な
り，独自の展開をみせる。藤井 (1996) によると，フランスの独自展開とは，
①ドイツ占領下における対ドイツ協力政権の存在と対ドイツ抵抗勢力の影響
力，②戦前の人民戦線以来の経済政策および社会政策の影響，であると言う。
このような政治経済的，社会的な背景を基にして，フランスでは①基幹産業
の国有化，②経済社会システムの計画化，という目標が設定される[21]。

　経済社会システムの計画化に含まれる社会保障制度は，全国民を対象とした
社会保険構想である。しかし，当事者運営を支持する勢力が共産党や同党の支
持母体の労働組合を中心とした国家による統一的かつ集権的組織を支持する勢
力を上回り，1960 年代の自営業者年金制度や医療保険制度が創設されること
になる。「社会保障の一般化」が進むのは，1970 年代に入ってからであり，具
体的には 1974 年の法定基礎制度の財源調整，1975 年の家族手当をフランス在
住者すべてに拡大して適用することなどである。

　したがって，フランスの社会保障制度および財政の特徴は，第 1 に構想段階
では全国民を対象としたものの，実際には穏健労働組合・相互扶助組合・自営
業者の抵抗勢力の反対に合い，そのようにならなかった点である。

　第 2 に医療および年金の財源方式について社会保険方式を採用している点で
ある。社会保障に関して，フランスではカナダのように租税による普遍性の追

---

20)　丸山 (1999)，115–122 ページ。
21)　藤井 (1996)，1 ページ。

求でなく，社会保険料による受益と負担に合わせることを基本原則とする。

第3に，カナダと異なり，社会保険料負担について労使折半ではない点である。労働者（従業員）でなく企業の社会保障に関する負担割合が高い[22]ため，企業の負担は他の先進国に比べ大きくなる傾向にある[23]。従業員の負担割合が低下傾向を示すのは，表1-6，表1-7でみたとおりである。

第4に，年金の財政方式に関して賦課方式を採用している点である。1990年代前半に出された『年金白書』によると，「世代間の公平の確保」の観点から賦課方式から積立方式への転換が必要であると，繰り返し述べられている。しかし，白書では「積立方式への転換が世代間の公平の点でも同一世代内の公平の点でも許容不可能な結果となるという理由をあげて，白書は公的年金における賦課方式の維持を支持している」[24]。

第5に，年金の支給開始年齢が繰り下げられた点である。高齢化が進む先進諸国において，このような措置は極めて稀である。具体的には，支給開始が1983年5月に65歳から60歳に引き下げられた。この理由は，① 早い年金の支給を望んだブルーカラーの要求に応えたため，② 失業の増大に対応して増加する中高年失業者の早期退職年金など失業関連給付を退職年金に振り替えるため[25]，と考えられる。

第6に，負の所得税が社会保障制度に組み込まれた点である。具体的には，家族手当（給付）にみられるひとり親手当[26]と家族所得付加給付[27]である。

---

22) 「被用者制度でも公務員や特別制度は保険料の中でも雇主拠出がきわめて大きい」。藤井（1996），28ページ。

23) 矢野（1999）は，法人企業の公的負担（租税および社会保険料）が極めて高く，先進国の中で最も高い上に社会保険料の約3分の2を企業が負担していることを指摘している。矢野（1999），62ページ。

24) 藤井（1996），4ページ。

25) 藤井（1996），5，9ページ。

26) ひとり親手当は，2009年発足のRSAに統合された。http : www.caf.fr/sites/default/files /cnaf/Documents/Dser/PSF/113/PSF 1132-SCazain_et_ISiguret.pdf 参照。

27) 家族所得付加給付とは，第3子以上の家族に対して最低所得保証を行うものである。藤井（1996），117-118ページ。

第1章　所得税および社会保障負担構造の国際比較　27

5-6　税財政および社会保障財政の共通性と相違性

5-6-1　税　財　政

　ここで税制と社会保障制度および財政について，双方の国の共通性を述べる。第1に，所得税で総合課税制度を採用していること，第2にカナダではMST，フランスでは所得税のように主要な税制に大きな欠点を抱えていたこと，第3に隣国の税制改革の影響を強く受けたこと，とりわけ双方の国ともキャピタル・ゲインの課税強化を行ったことである。

　他方，相違性を述べると，第1に，カナダでは課税単位は個人であるのに対して，フランスのそれは世帯であり，とりわけフランスでは所得税に関してN分N乗方式を適用していること，第2にカナダでは1991年にGSTを導入し，直接税から間接税への転換を図ったのに対して，フランスでは同年にCSGを創設し，間接税から直接税への比重を徐々に移そうとしたこと，第3にカナダのGST，およびフランスのTVAでは前段階税額控除を認め，インボイス方式を採用した点である。

　第4に，カナダのGSTとフランスのTVAは一般消費税としては同じであるものの，逆進性対策が異なることである。カナダではゼロ税率や還付付き税額控除を採用しているのに対して，フランスでは軽減税率を間接税の逆進性対策とする。第5に，制度面の違いとしてカナダの年度開始は4月なのに対して，フランスは1月であることなどである。

　ただし，隣国の税制改革の影響を受けて税制改革を行った点では共通であったが，双方の国では異なる自国の事情がある。第6に，カナダは，隣国の税制改革に加えてカーター委員会報告に基づいて税制改革を行ったが，フランスではイギリスの所得税改革に影響を受けつつも，所得税改革が必要であった。というのも，例えばフランスのTVAは，導入当初から取引高税のように税の累積がなくすでに洗練された税であったのに対して，所得税には様々な税の欠陥を抱えていたために税制改革を行ったのである。しかし抜本的な改革とはならなかった[28]のは，すでに述べたとおりである。

---

28)　栗原（2005）は，「低所得者，家族を有する者に対する所得税の課税が優遇されて

図 1-1　カナダおよびフランスの1人当たり国民医療費の推移，1990-2012年度
（アメリカドル）

（出所）http://stats.oecd.org/index.aspx?DataCode=HEALTH_STAT より作成。

5-6-2　社会保障財政の差異——医療と年金

　カナダとフランスに限ったことではないが，双方の国とも少子高齢化にたいする財政的な懸念がある。これは，先進国共通の課題である。まず，高齢化が進展すると医療費の増加が考えられる。ここで，カナダとフランスの国民医療費をみてみよう。OECD（2015）によると，医療に関する公的社会支出の対GDP比は，1980年度から2010年度にかけてカナダが5.1％→8.4％なのに対して，同時期のフランスでは5.6％→7.6％と両国とも同程度の水準である。国民医療費に関して，双方の国で大きな支出の差はない。

　また1人当たりの国民医療費についてみると，もともと1960年度時点でカナダ112米ドル（以下ドル），フランス67ドルと双方の国では2倍近くの差があった。しかし，両国の差は次第に縮まり，図1-1に示されるように1995年

いる一方，フランスの所得税においては，高額所得者に納税負担が集中している」ことを指摘し，所得税制に歪みが生じていることを述べている。栗原（2005），414-421ページ。

度にはフランスがカナダを上回った[29]。カナダの 1 人当たりの国民医療費の伸びの鈍化は，クレティエン政権下の社会保障削減策の影響とみられる。

次に，年金をみてみよう。年金財政に関しては，カナダよりもフランスにおいてかなり深刻である。医療と年金が懸念材料として挙げられるのは，高齢化の財政的な問題を抱えているからである。まず，カナダから検討する。カナダの高齢化は，急速でないものの緩やかに進展している[30]。カナダでは，将来の若年労働者の減少の見込みから今後の高齢化社会に向けて高齢労働者を有効に活用することが必要となる。

一方でフランスの有力紙ル・モンドは，1950 年度の平均寿命は女性 69 歳，男性 63 歳であったのに対して，2015 年度には女性 85 歳，男性 79 歳にまで伸長したことを報道した。合計特殊出生率は，1950 年度に 2.5 であったのが，いったん低下したものの 2015 年度には 2.0 であり，2011 年度から比較的安定している[31]。フランスで問題となるのは，現在のところ回復基調にある合計特殊出生率でない。先に述べたように，早期退職による高齢者にたいする年金給付の拡大が懸念されているのである。

以上，双方の国の税財政と社会保障制度と財政の相違を述べた。まず税財政について簡潔にまとめると，カナダでは 1980 年代後半から 1990 年代前半にか

---

29) OECD Health Statistics 2015 (http://stats.oecd.org/Index.aspx?DataSetCode = SHA ; 2016 年 1 月アクセス）。

30) 全人口に占める高齢者（65 歳以上）の割合は 1985 年度に 10.2% であったものが，2010 年度には 14.1% に高まっている。一方で 0〜14 歳に相当する若年層は，1985 年度の 21.3% から 2010 年度には 16.5% にまで落ち込んでいる。広瀬（2012 a），92 −93 ページ。

31) 2015 年 9 月 9 日。Le Monde は，隣国イギリスやドイツの 2015 年度の平均寿命を参考として次のような記事を掲載している。イギリスの平均寿命は，女性 83 歳，男性 79 歳であるのに対して，ドイツの平均寿命は女性 83 歳，男性 78 歳である，という。また宮本（2010）によると，2008 年度にフランスの合計特殊出生率は速報値で 2.0 に達し，これは EU 域内で最高水準であったと指摘している。宮本（2010），153 ページ。

30

けて所得税を減税し，国税として GST を創設したことから，直接税から間接税へ租税体系の転換を図り，福祉国家財政の財源を確保した。一方のフランスは，1990 年代初頭に社会保障の財源を社会保険料の受益者負担原則から CSG 創設とともに一部租税に求め，福祉国家財政の転換を図ったのである。

　他方，社会保障ではどのような動きがみられたのかを簡潔にまとめると，カナダでは州によって一部負担はあるものの，連邦レベルでは原則自己負担を伴わない医療制度を構築した。したがって，カナダでは全国民を対象とした普遍的な医療サービスを供給できる。一方のフランスでは，保険料負担者を医療の対象としている。したがって，フランスでは全国民を対象としているものの，保険料負担の有無によって医療サービスを受けられない場合が発生してしまう。

　税財政と社会保障の特徴およびそれらの動向をふまえて，これらが負担率およびジニ係数にどのように影響したのか，1990 年代後半以降の所得再分配効果を以下で検証しよう。

5-7　ジニ係数および平準化係数

　所得の不平等度を測る指標としてジニ係数が，所得の再分配効果を表すものとして，平準化係数[32]がそれぞれ挙げられる。前節で明らかにされたように，所得税の負担増加はフランスで，社会保障のそれはカナダでそれぞれみられた。これらについてジニ係数および平準化係数を使ってさらに検討する。

　表 1-11 は，1994 年度から 2010 年度にかけての市場所得および可処分所得，平準化係数をアングロ・サクソン系の国々とヨーロッパおよび日本に分けて国際比較したものである。前者で大きく平準化係数が低下したのは，カナダやオーストラリア，スウェーデンである。他方，後者で平準化係数に大きな変化がみられないのは，フランスやドイツである。2 つのグループの中で，以下で

---

32)　市場所得のジニ係数を R_b，可処分所得を R_a とし，$\Phi = (R_b - R_a)R_b \times 100$ が式となる。Φ の値が大きければ大きいほど，社会保障および租税の再分配効果は高い。

第1章　所得税および社会保障負担構造の国際比較　31

表 1-11　市場所得および可処分所得のジニ係数, 平準化係数の国際比較, 1994-2010 年度

(単位：%)

アングロ・サクソン系の国々					
項目 ＼ 年度		1995	2000	2005	2010*
カナダ	市場所得	0.430	0.440	0.436	0.447
	可処分所得	0.289	0.315	0.317	0.319
	平準化係数	32.8	28.4	27.3	28.6
イギリス	市場所得	0.507*	0.512	0.503	0.523
	可処分所得	0.337*	0.352	0.335	0.341
	平準化係数	33.5*	31.3	33.4	34.8
オーストラリア	市場所得	0.467	0.476	0.465**	0.469
	可処分所得	0.309	0.317	0.315**	0.334
	平準化係数	33.8	33.4	32.3**	28.8
アメリカ	市場所得	0.477	0.476	0.486	0.499
	可処分所得	0.361	0.357	0.380	0.380
	平準化係数	24.3	25.0	21.8	23.8
ヨーロッパの主要国および日本					
フランス	市場所得	0.430***	0.490	0.485	0.505
	可処分所得	0.277***	0.315	0.317	0.319
	平準化係数	35.6***	35.7	34.6	36.8
ドイツ	市場所得	0.459	0.471	0.499	0.492
	可処分所得	0.266	0.264	0.297	0.286
	平準化係数	42.0	43.9	40.5	41.9
スウェーデン	市場所得	0.438	0.446	0.432	0.441
	可処分所得	0.211	0.243	0.234	0.269
	平準化係数	51.8	45.5	45.8	39.0
日本	市場所得	0.403	0.432	0.462****	0.488
	可処分所得	0.323	0.337	0.329****	0.336
	平準化係数	19.9	22.0	28.8****	31.1

(注)　＊イギリスは 1994 年度, ＊＊オーストラリアは 2004 年度, ＊＊＊フランスは 1996 年度,
　　　＊＊＊＊日本は 2006 年度, 2009 年度の値である。

(出所)　OECD Stat. Social Protection and Well－being, and Income Distribution and Poverty より作成(2016
　　　年 1 月アクセス)。

は平準化係数の低下傾向を示したカナダと大きな変化のみられなかったフラン
スを中心にその要因分析を行う。

　カナダの平準化係数の変化は, 先にみた社会保障負担の増加 (表 1-8 および
表 1-9), さらには社会保障給付費の削減や所得税減税の影響 (表 1-2, 表 1-3)
であると考えられる。とりわけ 1995 年度から 2000 年度にかけて平準化係数の
大幅な低下は, 先に述べたようにクレティエン政権時に行われた社会保障給付

32

表 1-12　世代別市場所得および可処分所得のジニ係数, 平準化係数の推移, 1995-2010 年度

（単位：％）

年齢 年度		18−64 歳			65 歳以上		
		市場所得	可処分所得	平準化係数	市場所得	可処分所得	平準化係数
カナダ	1995	0.402	0.292	27.4	0.603	0.261	56.7
	2000	0.415	0.323	22.2	0.569	0.257	54.8
	2005	0.410	0.321	21.7	0.555	0.271	51.2
	2010	0.420	0.323	23.1	0.573	0.290	49.4
フランス	1995*	0.430	0.280	34.9	0.664	0.262	60.5
	2000	0.441	0.288	34.7	0.729	0.284	61.0
	2005	0.430	0.288	33.0	0.762	0.283	62.9
	2010	0.449	0.310	31.0	0.776	0.297	61.7

　（注）＊フランスは 1996 年度の値である。
　（出所）表 1-11 に同じ。

費の削減である。一方で 2000 年代以降の係数の緩やかな変化は, 景気回復後に行われた 2000 年の所得税減税である。

　次に, 社会保障給付費の削減と所得税減税による平準化係数の変化は, どの世代でみられたのか。これを明らかにしたのが, 表 1-12 である。この表から, 1995 年度から 2000 年度にかけて平準化係数の低下は, 退職世代の年金給付の削減以上に現役世代にたいする失業給付の大幅削減によってもたらされたことが確認できよう[33]。ただし 2000 年代以降, 現役世代の係数の変化は緩やかになり, むしろ退職世代において係数の低下がみられた。これは, 現役世代では景気の回復により失業給付を受ける失業者数が減ったことや, 退職世代では先に述べた年金給付が削減されたこと, 退職世代が現役世代に比べ所得税減税の大きな恩恵を受けられなかったこと[34], 退職世代の大いに関わる医療費が抑制されたこと[35], 等々の影響である。

　他方, フランスの平準化係数は全体では大きく変化しなかったものの, 表 1-

33）　広瀬（2012 a）, 98 ページ。
34）　1997 年度の退職世代の所得の源泉は, 老齢所得保障（OAS）（28.7％）, カナダ年金制度（CPP/QPP）（21.4％）, 退職年金（20.6％）, 勤労所得（7.6％）の順である。高齢者の勤労所得は, 全体の収入の 10％ 以下に過ぎない。岩﨑（2008）, 159-160 ページ。
35）　Canadian Tax Foundation (2011), Chaper 7, p. 10.

12 のように世代別に分けたもので分析すると，退職世代の係数は比較的安定
しているのに対して現役世代のそれは緩やかに低下したことが明らかにされ
る。この理由は，この間付加価値税率の引上げ（1995 年 18.6%→20.6%），税
率 0.3% の社会税付加税の創設（2005 年），給与所得控除の廃止（2007 年），
社会税付加税率の引上げ（2009 年，0.3%→1.4%），年金給付の充実，子育て
支援の見直し等々の影響であろう。特に付加価値税の税率引上げは全世代に影
響を与えるものの，退職世代ではそれ以上に充実した年金の給付がなされたた
めである。フランスの年金の給付率は高く[36]，現役世代にたいしては多くの
子育て支援があるものの，それらの給付が整理・見直しされたためである[37]。

5-8 平準化係数および可処分所得

　カナダの平準化係数の低下は，可処分所得でみるとどの程度の差となって表
れるのであろうか。それを明らかにしたのが，表 1-13 である。高所得層（P
90）を低所得層（P 10）で割った値，すなわち両者の可処分所得の差（P 90/P 10）

表 1-13　可処分所得の格差，1995-2010 年度，トータルシェア

（単位：倍）

		1995*	2000	2005	2010
カナダ	P 90/P 10	3.8	4.0	4.1	4.1
	P 90/P 50	1.9	1.9	1.9	1.9
	P 50/P 10	2.1	2.1	2.1	2.1
フランス	P 90/P 10	3.4	3.5	3.4	3.6
	P 90/P 50	1.9	1.9	1.9	1.9
	P 50/P 10	1.8	1.8	1.8	1.9

　（注）＊フランスは 1996 年度の値である。
（出所）OECD Stat Social Protection and Well－being, Income Distribution and Poverty よ
　　　り作成（2016 年 1 月アクセス）。

---

36)　年金に関する公的社会支出の対 GDP 比をみると，1980 年度から 2010 年度にかけ
　　てのカナダでは 3.0%→4.6% なのに対し，同時期のフランスは 9.4%→13.0% であ
　　る。OECD (2015)。フランスの年金給付が充実しているのは，高齢者の引退を促し，
　　5-3 で述べたように失業率の高い若年労働者の雇用を確保する狙いがあるためであ
　　る。藤井（1999），128 ページ。
37)　藤井（1996）121 ページ；宮本（2010），133-135 ページ。

34

表 1-14　世代別可処分所得の格差，1995-2010 年度

(単位：倍)

			1995*	2000	2005	2010
カナダ	18〜64 歳	P 90/P 10	4.0	4.3	4.4	4.4
		P 90/P 50	1.8	1.9	1.9	1.9
		P 50/P 10	2.2	2.3	2.3	2.3
	65 歳以上	P 90/P 10	2.9	3.0	3.1	3.2
		P 90/P 50	1.9	1.9	1.9	1.9
		P 50/P 10	1.5	1.6	1.6	1.7
フランス	18〜64 歳	P 90/P 10	3.5	3.5	3.4	3.6
		P 90/P 50	1.9	1.9	1.9	1.9
		P 50/P 10	1.9	1.9	1.9	1.9
	65 歳以上	P 90/P 10	3.2	3.3	3.1	3.3
		P 90/P 50	1.9	2.0	2.0	2.0
		P 50/P 10	1.7	1.7	1.6	1.6

（注）＊フランスは 1996 年度の値である。
（出所）表 1-13 に同じ。

はこの間フランスで 3.5 倍前後なのに対して，カナダでは 3.8 倍から 4 倍を超えた。この理由は，カナダで所得税減税が行われ，その影響が高所得層に有利であったことや逆進性の残る社会保障の負担が低所得層で大きくなったことが挙げられる。一方のフランスでは，一般社会税の税率引上げが継続的に行われたものの，所得にかかる税のため幅広い所得層にたいして課税され，その上累進的な構造であるから平準化係数は 3.5 倍程度から大きく変化しなかったのである。

　また年代別に世代間の格差を表したものが表 1-14 である。カナダにおいて，18〜64 歳の可処分所得（P 90/P 10）の差は，1995 年度から 2000 年度の短期間で 4.0 倍から 4.3 倍に拡大した。一方の 65 歳以上のその差は，1995 年度から 2010 年度にかけてゆるやかに大きくなり，2.9 倍から 3.2 倍となった。

　次に，フランスの 18〜64 歳の可処分所得（P 90/P 10）の差は 1995 年度から 2010 年度にかけて 3.5 倍前後であり，65 歳以上は同時期せいぜい 3.1 倍から 3.3 倍までと全体と比べ大きく変わらない。フランスでは年代別に分けても倍率に差がみられないのに対して，カナダでは年代別での差が大きい。要するに，フランスに比べカナダの 18〜64 歳の可処分所得（P 90/P 10）の差は 65 歳

第 1 章　所得税および社会保障負担構造の国際比較　35

表 1-15　可処分所得の格差，1995-2010 年度，トータルシェア
(単位：%)

		1995*	2000	2005	2010
カナダ	S 80/S 20	4. 5	5. 1	5. 2	5. 2
	S 90/S 10	7. 2	8. 6	8. 6	8. 6
フランス	S 80/S 20	4. 1	4. 2	4. 2	4. 5
	S 90/S 10	6. 1	6. 3	6. 6	7. 2

　（注）　＊フランスは 1996 年度の値である。
（出所）表 1-13 に同じ。

表 1-16　世代別可処分所得の格差，1995-2010 年度，シェア
(単位：%)

			1995*	2000	2005	2010**
カナダ	18〜64 歳	S 80/S 20	4. 8	5. 5	5. 5	5. 6
		S 90/S 10	7. 7	9. 7	9. 6	9. 6
	65 歳以上	S 80/S 20	3. 4	3. 4	3. 7	4. 0
		S 90/S 10	4. 6	4. 6	5. 0	5. 7
フランス	18〜64 歳	S 80/S 20	4. 2	4. 3	4. 3	4. 6
		S 90/S 10	6. 4	6. 5	6. 9	7. 4
	65 歳以上	S 80/S 20	3. 7	4. 0	3. 9	4. 1
		S 90/S 10	5. 1	5. 7	5. 7	6. 0

　（注）　＊フランスは 1996 年度の値である。
　　　　＊＊フランスは 2008 年度の値である。
（出所）表 1-13 に同じ。

以上を上回り，短期間で顕著であったことが示された。さらに可処分所得の差をシェアでみたものが，表 1-15 である。高所得層（S 80）を低所得層（S 20）で，最高所得層（S 90）を最低所得層（S 10）で割った値を求め，そのシェアをみると，カナダは 1995 年度から 2000 年度にかけてシェアが双方とも大きくなっている。このシェア拡大は不平等を表すものであり，これはまさに先述のクレティエン政権が行った社会保障削減政策の影響である。

　一方フランスでは，カナダに比べゆるやかにそのシェアが高くなっている。さらに世代別に可処分所得の格差をクレティエン政権時に注目してみると（表1-16），カナダでは 18〜64 歳の高所得層（S 80）/低所得層（S 20）で 0.7％，最高所得層（S 90）/最低所得層（S 10）で 2.0％とシェアが高まり，特に後者において格差が広がっていることがわかる。他方で 65 歳以上をみると，2000 年代

からゆるやかに格差が拡大している。とりわけ最高所得層（S 90）/最低所得層
（S 10）がそうである。フランスの場合には，可処分所得の差としてはそれほど
顕在化しなかったが，18〜64歳では2000年代以降，65歳以上では特に最高所
得層（S 90）/最低所得層（S 10）のシェアでみると格差が広がったのである。こ
れは，シラク政権下の所得税率引下げの影響と考えられる。

6. お わ り に

　本章の目的は，租税および社会保障負担の構造を国際比較しながら負担分析
を行い，特に顕著な変化を示したカナダおよびフランスに焦点をあて，双方の
所得再分配の動向を解明することであった。本章で明らかになったことは，ア
ングロ・サクソン系の国々では所得税に負担を求めたことである。イギリスお
よびオーストラリアはこの間負担を高めたのに対して，カナダの場合にはその
負担を低くしたのである。この間カナダでは，1987年および2000年に所得税
改革が行われ，減税が実施されたのである。所得税負担の軽減はカナダに限ら
ず，アメリカにおいてもみられた。アメリカでは，家族とりわけ子供のいる世
帯にたいしては，所得税に多くを求めていなかった。

　ヨーロッパの主要国および日本では，日本が2010年度にわずかに上昇した
ものの，全体として所得税負担率は低下傾向を示した。その中でフランスだけ
が異なり，負担率の上昇がみられた。この負担率の上昇は，社会保障財源とし
て「所得」にかかる一般社会税が注目され，課税ベースの拡大および税率引上
げによってもたらされたのである。

　他方，社会保障負担の動向は，どうであろうか。もともとカナダの場合に
は，社会保障制度の根幹をなす基礎年金や医療の財源方式は税方式のため，社
会保障負担を国際比較した場合，極めて低い数値であった。そこでカナダは，
社会保障目的税である社会保障税（給与税）の税率を引き上げたり，社会保険
料率を引き上げたりした。社会保障負担率が上昇したということは，個人にた
いして社会保険料，企業に対して社会保障税（給与税）および社会保険料の負
担をそれぞれ増やした影響なのである。1990年代から2000年代にかけて，カ

ナダでは所得税の負担を減らし，社会保障負担とりわけ社会保障税（給与税）および社会保険料を増やすことで社会保障に関する財源を確保してきたのである。

　他方のフランスでは，すでに企業の公的負担は大きいため，企業に負担を求めるというよりも，個人の所得にたいして負担を求めたのである。

　カナダでは，福祉国家財政の財源を租税では GST の創設のみならず社会保険料に求め，一方のフランスは CSG に代表されるように社会保険料から租税に転換した。これが，租税および社会保障負担構造の変化，ひいては 5 節の分析でみられた所得再分配効果によって格差が顕在化したのである。

　今後の課題は，まだ複数残されている。まず間接税の負担分析を加えることである。ヨーロッパ諸国の中では，所得税よりも一般消費税に福祉国家財政の財源を求めている傾向がある。所得税に限らず，一般消費税を加えた租税負担分析が早晩必要となろう。

　次に，社会保障負担に含まれる年金について賦課方式および積立方式に分けて分析を行っていない。これを区別しての分析が，求められるであろう。また資料の制約から国税と地方税を合わせて分析を行っている。さらに平準化係数を求めたものの，租税による再分配効果か，あるいは社会保障による再分配効果の影響なのかが明らかでない。

　最後に，先行研究との明確な違いが十分でないので，社会保障に関する租税の役割や普遍主義等の指標を用いれば，先行研究と異なるクラスター化は可能である。

参 考 文 献

新井光吉（2002）『アメリカの福祉国家政策』九州大学出版会。

飯島大邦（2010）「グローバル化と EU 諸国の福祉資本主義」片桐・御船・横山編
　　『グローバル化財政の新展開』中央大学出版部，3-29 ページ。

池上岳彦（2006）「カナダにおける社会保障財政の政府間関係—医療財政を中心に
　　—」『フィナンシャル・レビュー』財務省財務総合政策研究所，31-57 ページ。

岩崎利彦（2008）『カナダの社会保障—医療・年金・介護—』財形福祉協会。

岩崎美紀子（2002）『行政改革と財政再建—カナダはなぜ改革に成功したのか』御

茶の水書房。

江島一彦（2015）『図説　日本の税制（平成 27 年度版）』財経詳報社。

G．エスピン－アンデルセン著　岡沢憲芙・宮本太郎監訳（2001）『福祉資本主義の三つの世界―比較福祉国家の理論と動態』ミネルヴァ書房。

岡本英男（2007）『福祉国家の可能性』東京大学出版会。

尾崎護（1993）『G 7 の税制―税制の国際的潮流はどうなっているのか―』ダイヤモンド社。

小澤義信（2010）「フランス福祉国家財政と社会保障財源政策」佐藤清編『フランス―経済・社会・文化の諸相』，181-207 ページ。

片桐正俊（2005）『アメリカ財政の構造転換―連邦・州・地方財政関係の再編―』東洋経済新報社。

片山信子（2008）「社会保障財政の国際比較―給付水準と財源構造―」『レファレンス』第 693 号。

加藤榮一（2006）『現代資本主義と福祉国家』ミネルヴァ書房。

加藤榮一（2007）『福祉国家システム』ミネルヴァ書房。

城戸喜子（1989）「財政の規模と構造―社会保障との関連を中心として―」社会保障研究所編『カナダの社会保障』東京大学出版会，15-47 ページ。

城戸喜子・塩野谷祐一編（1999）『先進諸国の社会保障 3　カナダ』東京大学出版会。

栗原毅（2005）『ユーロ時代のフランス経済―経済通貨統合下の経済政策の枠組みと運営』清文社。

小松隆二・塩野谷祐一編（1999）『先進諸国の社会保障 2　ニュージーランドオーストラリア』東京大学出版会。

渋谷博史（2005）『20 世紀アメリカ財政史（Ⅰ）（Ⅱ）（Ⅲ）』東京大学出版会。

篠原正博（2013）「フランスの 2010 年職業税改革―改革の背景および企業への影響を中心に―」『IERCU Discussion Paper No. 202』。

住澤整（2014）『図説　日本の税制（平成 26 年度版）』財経詳報社。

関野満夫（2014）『現代ドイツ税制改革論』税務経理協会。

関野満夫（2015）『福祉国家の財政と所得再分配』高菅出版。

武川正吾・塩野谷祐一編（1999）『先進諸国の社会保障 1　イギリス』東京大学出版会。

富永健一（2003）「福祉国家の分解と日本の国際的位置」社会保障研究所『海外社会保障研究』第 142 号，4-16 ページ。

畑農鋭矢・中東雅樹・北野祐一郎（2003）『租税構造の国際比較』財務省財務総合政策研究所研究部。

林健久（1992）『福祉国家の財政学』有斐閣。

林健久・加藤榮一編（1992）『福祉国家財政の国際比較』東京大学出版会。

林健久・加藤榮一・金澤史男・持田信樹編（2004）『グローバル化と福祉国家財政の再編』東京大学出版会。

広瀬義朗（2009）「カナダの所得税改革―1980 年代の改革後の租税負担構造の変化―」『カナダ研究年報』第 29 号，17-32 ページ。

広瀬義朗（2012 a）「カナダ福祉国家財政の再編―連邦の財政政策を中心に―」『国際公共経済研究』第 23 号，91-102 ページ。

広瀬義朗（2012 b）「カナダの連邦売上税改革による GST の導入と導入後の GST 負担構造の分析」『中央大学経済研究所年報』第 43 号，83-122 ページ。

広瀬義朗（2016）「カナダの普遍主義とアメリカの選別主義―所得税・社会保障負担構造および福祉国家財政の比較―」片桐正俊・御船洋・横山彰編『格差対応財政の新展開』中央大学経済研究所研究叢書 64，163-193 ページ。

藤井良治（1996）『現代フランスの社会保障』東京大学出版会。

藤井良治（1999）「総論―フランスの社会保障体系―」藤井・塩野谷編『先進諸国の社会保障 6　フランス』東京大学出版会，3-26 ページ。

藤井良治・塩野谷祐一編（1999）『先進諸国の社会保障 6　フランス』東京大学出版会。

藤田伍一・塩野谷祐一編（1999）『先進諸国の社会保障 7　アメリカ』東京大学出版会。

古瀬徹・塩野谷祐一編（1999）『先進諸国の社会保障 4　ドイツ』東京大学出版会。

丸尾直美・塩野谷祐一編（1999）『先進諸国の社会保障 5　スウェーデン』東京大学出版会。

丸山桂（1999）「年金制度」城戸・塩野谷編『先進諸国の社会保障 3　カナダ』東京大学出版会，113-130 ページ。

宮本悟（2010）「フランスにおける乳幼児受入れ給付導入の社会的影響」佐藤清編『フランス―経済・社会・文化の諸相』，133-154 ページ。

森恒夫（1967）『フランス資本主義と租税』東京大学出版会。

矢野秀利（1999）「財政制度と社会保障財政」藤井・塩野谷編『先進諸国の社会保障 6　フランス』東京大学出版会，47-80 ページ。

Arnold, Brian J.,Tim Edogar (1995), "Selected Aspects of Capital Gains Taxation in Australia, New Zealand, the United Kingdom and the United States", *Canadian Public Policy* XXI, pp. 58-76.

Asper, I. H. (1970), *The Benson Iceberg-A Critical Analysis of White Paper on Reform in Canada*, Clarke, Irwin & Company Limited.

Blotnicki, Laurence and Christophe Heckly (1998), "France", Messere, Ken, ed, *The Tax System in Industrialized Countries*, Oxford University Press.

Canadian Tax Foundation(2011), *Finances of the Nation 2010*.

Cataldo Ⅱ, Anthony J and Arline A. Savage (2001), *U.S. Individual Federal Income Taxation : Historical, Contemporary, and Prospective Policy Issues.*, An Imprint of Elsevier Science.

Department of Finance Canada (1987), *The White Paper Tax Reform 1987*.

Kinsella, Kevin and Yvonne J.Gist (1995), "Older Workers, Retirement, and Pensions-A Comparative International Chatbook", *U. S. Department of Commerce*.

Lin,Zhengxi, Garnett, Picot and Charles Beach (1996 a), "*The Evolution of Payroll Taxes in Canada : 1961-1993*", Statistics Canada, Reserch Paper Series No. 90, pp. 1-27.

Lin, Zhengxi, Garnett, Picot and Charles Beach (1996 b), "*What Has Happened to Payroll*

Taxes in Canada over the Last Three Decades ？"，*Canadian Tax Journal*, Vol. 44, No. 4, pp. 1052−1077.

Lin, Zhengxi (2000)，"Payroll Taxes in Canada Revisited : Structure, Statutory Parameters, and Recent Trends"，*Canadian Tax Journal, Vol. 48, No. 3*, pp. 577−625.

OECD (1998), *the Tax /Benefit Position of Employees*.

OECD (2001), *Tax and the Economy A Comparative Assessment of OECD Countries*.

OECD (2002), *the Taxing Wages 2000−2001*.

OECD (2006), *the Taxing Wages 2004−2005*.

OECD (2011), *Taxing Wages 2007−2010*.

OECD (2013), *Revenue Statistics 1965−2012*.

OECD (2015), *OECD Health Statistics 2015*.

Scherer, Peter and Marion Devaux (2010)，"The Challenge of Financing Health Care in the Current Crisis"，*OECD Health Working Papers* No. 49.

第 **2** 章

フランスにおける職業教育の新たな潮流
——高等教育における交互制職業教育——

五 十 畑 浩 平

1. は じ め に

　フランスでは長い職業教育の歴史の中で，いわゆるインターンシップ（stage あるいは stage en entreprise）とは別に，教育機関での理論的学習と職場での実践を交互に組み合わせた「交互制職業教育」（formation en alternance）が発達してきた。この制度は，もともと中等教育水準の若年者を育成するものとして発展してきたが，1987 年の制度改定を契機に，高等教育の学生がこの制度を活用する動きが活発化した結果，現在では高等教育の学生が全体の 4 分の 1 を占めるまでになっている。そこで，本章では，フランスの職業教育の中で起きているこの新たな潮流を踏まえ，現在フランス社会で注目を浴びている交互制職業教育制度に関し，高等教育における実態に迫るとともに，こうした新潮流の理由を探ってきたい。

　フランス語で職業教育を表す最も一般的な言葉は «formation professionnelle» である。この «formation» は，「形づくる」「（人格を）形成する」「育成する」「訓練する」という意味を持つ動詞 «former» の名詞形であり，「育成」「教育」「訓練」と訳される。とくに，「職業的な」という意味の «professionnel（le）» をつけた «formation professionnelle» は，「職業教育」あるいは「職業訓練」であ

る。ここでは，原則的には «formation» を「教育」と訳し «formation profession-
nelle» を「職業教育」と訳することにする。

　フランスでは，職業教育は，初期教育 (formation initiale) と継続教育 (formation
continue) とに二分される。初期教育とは，初等教育から高等教育までの学校教
育の中で行われる教育のことである。これには，本章で取り上げる交互制職業
教育も含まれている。一方，継続教育とは，労働者をはじめ，学校教育を卒業
した者を対象とした生涯にわたる教育のことである。

　フランスの職業教育の歴史は長く，その発端は遅くとも 19 世紀終わりにさ
かのぼることができる。詳細は後述するが，1919 年のアスティエ法 (Loi Ast-
ier) をきっかけとして本格的に職業教育制度が整備されることとなり，その
後，現在の職業教育制度に欠かせないディプロムを中心とした資格制度が戦後
できあがっていく。歴史的な経済成長を遂げる「栄光の 30 年」のはじめには，
職業教育の国家による統一化が成し遂げられ，あらゆる職業水準に対応し，全
国的に価値が保証されたディプロムにより公認された職業教育が受けられるよ
うな体制となった。とくに 60 年代中盤にかけては，中等教育における職業教
育の発達がめざましい。その後，60 年代以降には高等教育において職業教育
課程が次々と創設されることになっていく。

　こうした歴史と伝統あるフランスの職業教育であるが，一方で，同様に伝統
のある「エリート主義的意識」によって，普通教育にくらべ職業教育は周辺的
な扱いを受けてきたのも事実であり，この点には注意が必要である。フランス
の学校教育制度は従来，エリート主義的性格およびアカデミック志向が強いと
されてきた。すなわち，厳しい選抜を通じて少数のエリートを養成するグラン
ドゼコール (Grandes écoles) を頂点として，エリート選抜のプロセスが初等教
育段階からはじまっていると言われる。このように普通教育の威信が高く，進
学志向が強い結果として，初期教育において実践的な職業能力の形成は周辺的
な地位に置かれてきたということが，これまでしばしば指摘されている[1]。

---

1)　日本労働研究機構（1997）『フランスの職業教育訓練』日本労働研究機構，8 ペー
　　ジ。

フランスの職業教育は，たしかに，こうして周辺的な位置づけがなされてきたことも事実であるが，今日でも1世代当たり40％以上の生徒・学生が技術教育や職業教育を受けており[2]，その重要性を否定するものではない。むしろ，後述するような若年層の雇用情勢への対応策として，交互制職業教育制度をはじめとした職業教育に新たな注目が集まっているのである。

　その中でも本章で取り上げる交互制職業教育は，見習訓練センター（CFA：centre formation d'apprentis）などの教育機関での授業と企業や官公庁などの職場での実践を交互に行い，公認された資格を取得するものであり，その期間，受け入れ先の企業などと労働契約を結ぶことが特徴となっている。詳細は後述するが，同教育制度には，現在，原則16歳〜25歳の若年者のみを対象にした見習契約制度（Contrat d'apprentissage）と，26歳以上の求職者も対象に含んだ職業化契約制度（Contrat de professionnalisation）の2つが存在する。2014年，前者の見習契約制度の契約者数は年間でおよそ40万人にのぼるが，この契約者数を2017年までに年間50万人規模に引き上げる目標をかかげており[3]，政府は交互制職業教育へ期待を寄せていることがうかがえる。

　本章では，高等教育における交互制職業教育の実態を明らかにするため，第1に，同教育制度の対象となっている若年者の雇用情勢や彼らのキャリア形成について理解を深めていく。第2に，交互制職業教育の背景となったフランスの職業教育全般の歴史に関して，その変遷をたどっていく。第3に，交互制職業教育がどのように誕生し発展していったか，同教育制度の内容やこれまでの動向を詳らかにしていく。最後に，なぜいま交互制職業教育が注目を浴びているのか，その理由を検討していく。

　2）　Brucy, G.（2005 a），«L'enseignement technique et professionnel français - Histoire et politiques», *Cahiers de la recherche sur l'éducation et les savoirs*, n° 4, p. 13.

　3）　*Supplément Le Parisien Etudiant*, spécial alternance, du 13 avril 2015.

44

2. 若年者の雇用情勢とキャリア形成

2-1 雇用情勢

2014年の第1四半期において，フランスの若年者（15歳〜24歳）の失業率は22.8%[4]となった。これは，全年齢層の失業率（9.7%[5]）の2倍以上の数値となっている。しかも，彼らの雇用情勢は経済状況に大きく左右されるため，ひとたび景気が悪くなれば，その影響が若年者の雇用にダイレクトに響くのである。また，非正規の割合も若年層に限ってみれば,53.5%と，全年齢層の15.0%にくらべ3倍以上高く[6]，就職して得られる雇用に関しても，非正規雇用と不安定な雇用である割合が高いのである。

2-2 採用慣行

フランスでは，あるいはフランス以外の欧米諸国でも一般的であるが，日本のように職務経験のない新卒者を採用し人材を育成する慣行はなく，あくまで個人の保有する資格や職務経験によって採用される。とくに，ここ20〜30年間の人材の過剰によって，雇用主は「即戦力（prêt à l'emploi）」となる若年者を求めることに慣れていると指摘されている[7]。

こうした即戦力重視の採用では，したがって，働いたことのない学生は，必然的に一番不利になるのである。新卒一括採用制度の浸透している日本においては，そうした学生は即戦力が求められるいわゆる中途採用の人材とはべつに「新卒」として扱われるため，専門の資格や職務経験などはほとんど問われず，職務経験のある「中途」と競合せずに済む。しかし，フランスでは，「新卒」・「中途」の区別はない。すなわち，「新卒」だからといって日本のように働いた

---

4) INSEE, enquête Emploi.

5) INSEE, enquête Emploi.

6) Eurostat.

7) Proglio Henri, R. Djellal, et S. Talneau（2006）, *L'insertion des jeunes sortis de l'enseignement supérieur - Rapport du groupe de travail présidé par Henri Proglio*, Paris : Ministère de l'emploi, de la cohésion sociale et du logement, p. 2.

経験がなくてもいいということにはならず，あるポストに応募する場合，その
ポストに対応する資格や同様のポストに就いていた職務経験が重要視されるの
である。

こうした採用慣行のもとでは，職務経験の乏しいあるいはまったくない若年
者は，有期雇用（CDD：contrat à durée déterminée）や派遣（intérim）などの非正規
雇用を経験し，職務経験を積んだうえで，日本の正社員に相当する無期雇用
（CDI：contrat à durée indéterminée）にたどり着くことが求められる。こうして段階
的に労働市場に参入する慣行を「段階的参入」と呼んでいる。

非正規の職から正規の職へのこうした段階的な移行・キャリアパスは，日本
と対照的な特徴の1つである。日本の場合，最初から正社員として正規の職に
就くのが一般的となっており，それゆえ，逆に非正規から正規の職に就くのが
難しい。新卒一括採用制度のもと，日本の大学生は卒業前に正規の職を見つけ
るのが一般的だが，ひとたび就活のタイミング逸し卒業までに内定先を見つけ
られない場合は，「既卒」として扱われる傾向が強く，「新卒ブランド」を失っ
た大卒生は職務経験のないまま「中途」と競合せざるを得なくなる。そのた
め，正規の仕事を見つけようとしてもなかなか見つからず，非正規の職に就か
ざるを得ないケースも多くなる。このように日本の労働市場の特徴的な問題と
して，いったんこうした非正規の職に就くとキャリアパスが描けず，そこから
「脱出」するのが難しいことが指摘されている[8]。

一方で，フランスの場合，非正規の職から正規の職に徐々に移行するのが一
般的ととらえられている。そのため，非正規の職から正規の職へのキャリアパ
スは，日本よりたやすくできると言える。しかしながら，日本とくらべると最
初から正規の職に就くのは難しい状況である。卒業したての若者は経験不足で
あるため，すでに職務経験のある「中途」との競争に負け，やむを得ず非正規
の職に就かざるを得ないからである。

---

8) 本田由紀（2009）『教育の職業的意義―若者，学校，社会をつなぐ』筑摩書房，36-
38ページ。

46

2-3 キャリア形成

次に，若年者が一般的にどのようなキャリア形成を行っているのかを理解するため，前述した若年者の段階的参入の実態を詳細に検討していく。ジェネラシオン2004調査[9]によると，2004年に学業を終えて就職した若年者のうち，3人中2人にあたる66%が有期雇用や派遣などの非正規雇用からキャリアをスタートさせている（表2-1参照）。

3年後には正規雇用である無期雇用の割合が増え，正規のポストに就いているのは全体の63%となっている。言い換えると，この世代の6割以上が正規雇用に就けるようになるまで3年を費やさなければならないのである。このようにフランスにおける若年者のキャリア形成の特徴として，第1に，若年者は不安定な雇用を繰り返す中で職務経験を積み，段階的に労働市場に参入していくこと，第2に，若年者が安定した職に就けるまで一般的には3年から5年程度かかることが挙げられる。

表2-1　フランスにおける若年者の雇用形態

(%)

	初雇用	3年後の雇用
正規雇用	30	63
非正規雇用	66	33
有期雇用	*38*	*19*
派遣	*19*	*8*
雇用政策など	*9*	*6*
自営業など	4	4
計	100	100

（出所）　Céreq, *Enquête Génération 2004*.

---

9)　ジェネラシオン2004の調査とは，職業資格調査研究所（Céreq）が，2004年に労働市場に加わった若年者を一世代とみなし，彼らの参入後の就職状況を3年間にわたって追跡調査したものである。2004年に学校教育を終えた70万5,000人の若年者の中から，すべての教育水準，すべての専攻にわたって，6万5,000人の若年者を対象として調査を行った。

3. 職業教育の変遷

　こうした若年層の雇用情勢に対応するため，フランスでは交互制職業教育を
はじめとした職業教育が発達している。本節では，フランスにおける職業教育
の歴史を振り返ることにより，フランスの職業教育はどのような変遷をたどっ
てきたのかを理解していく。

　フランスの職業教育の歴史は100年以上にわたり，その発端は遅くとも19
世紀終わりにさかのぼることができる。第一次世界大戦によって多数の犠牲者
を出し，各種の産業を担う熟練労働者不足が深刻化する中で，政府は職業教育
制度の整備の必要性を認識し，1919年のアスティエ法を成立させた。この法
律は「技術教育憲章」(Charte de l'enseignement technique) とも呼ばれるように，職
業教育制度に関する初の体系的な法律であるとともに，その後の職業教育制度
の基礎を形成した。この法律により，各種職業教育機関の整備や職業資格制度
の整備が図られ，商工業に従事する18歳未満の徒弟にたいして，パートタイ
ムの職業教育を受けることが義務づけられた。

　とはいえ，アスティエ法成立当時は，政府は全国共通の教育施策を行ってい
たのではなく，地方ごとにその産業の特性に応じた施策が行われていた。すな
わち，「すべては職業によって，職業のために」というスローガンのもと，各
地方の雇用主たちは，自分たちの職業ニーズに適合した教育施策を自由につく
ることが許されていた[10]。

　このように，地方に大きく権限を委譲することによって，雇用主の喫緊の要
請に即した職業教育が行えた反面，地方ごとに教育内容に大きな格差が生じ
た。その結果として，労働力の全国的な流動性が制限される，また，全国レベ
ルでディプロムの信頼性が担保できないといった問題が発生した[11]。とくに，

10）　Brucy, G. (2005 a), *loc.cit.* ; Brucy,G. (2005 b), «De Jules Ferry aux Trente Glorieuses : regard historique sur l'adéquation», *Des formations pour quels emplois ?*, Paris : Editions La Découverte, p. 28.

11）　Brucy, G. (2005 a), p. 19.

1935 年には世界恐慌の影響を受け，フランスの失業率はピークに達し，失業の悪化によって，若年者の就職が社会問題化する中，就職におけるディプロムの価値が問題視されることになる。こうしたディプロムの価値の低下にたいし，政府があらゆるディプロムを管理し，ディプロムの価値を安定化させることにより事態の収拾を図った。そのため，学校がディプロムを発行し，中央政府がそれを保証する体制を整えると同時に，労働協約の中でディプロムの価値を認めさせることも行ったのである[12]。

このように職業教育の施策に関し地方に任せていた政府は，国家によるディプロムの一元管理をきっかけとして，職業教育の中央集権化を進めることになったのである。こうした中央集権化の流れは，第二次世界大戦中ドイツに占領されヴィシー政権となっても，中断するどころか，かえって加速する結果となる[13]。

1941 年には，地方の権限を弱める一方で，中央政府や政府機関の権限を強化するため，アスティエ法が改正された。また，職業資格の試験と交付の独占権を政府のみに与える法案が，1943 年 10 月に可決され，ドイツからの解放とともに施行された。その結果，政府は国内の労働市場において価値を保証するディプロムを交付できる唯一の機関となった。1945 年には，工員の階級別の賃金額を定めたパロディ・クロワザ賃金表ができ，1947 年には，職業・産業一覧がつくられた[14]。

そして，戦後，歴史的な経済成長を遂げる「栄光の 30 年」のはじめには，職業教育の国家による統一化が成し遂げられた。その後，あらゆる職業水準に対応し，全国的に価値が保証されたディプロムにより公認された職業教育がすべて公立学校で受けられる体制になる[15]。

「栄光の 30 年」という歴史的な経済成長期のさなか，戦後から 60 年代中盤

---

12) *Ibid.*, pp. 22–23.

13) *Ibid.*, p. 23.

14) *Ibid.*, p. 26.

15) *Ibid.*, pp. 25–26.

にかけて，中等教育における職業教育が発達する。Brucy（2005 b）によれば，現在の職業教育リセ（高校）にあたる技術教育コレージュ，国立職業学校（Ecole Nationale professionnelle），見習センター（Centre d'apprentissage）を合わせた生徒数は，1945 年には，17 万 5,151 人であったが，1959 年には，2. 3 倍にあたる 40 万 2,200 人にまで達した。とくに見習センターの伸びが著しく，1945 年には 8 万 200 人だった生徒数が，1959 年には 20 万 3,000 人に達した。

　60 年代以降には大学をはじめとした高等教育の大衆化が進み，それとともに高等教育における職業教育が発達する。1960 年には 21 万人だった学生数が，1970 年にはおよそ 3 倍の 64 万人に増加し，さらに 1980 年には 80 万人に達した[16]。こうした大衆化に対応するため，大学教育は職業対応をいっそう迫られることになっていったのである。このように，高等教育が大衆化することで，教育課程の職業教育化が進むこととなり，伝統的な教養・理論中心の教育から職業教育を中心とした実学を重視する傾向が強まった結果，職業教育課程が次々と創設されることになっていくのである。

　オイルショック後，若年雇用が問題化した 80 年以降，改めて，職業教育と雇用の関係が見直されることになる。フランスでは，«formation-emploi»「教育―雇用」問題として，あるいは，«insertion professionnelle»「職業的移行」問題や «insertion sociale»「社会的参入」問題として今日まで取り上げられている。

4. 交互制職業教育の動向

　100 年を超す歴史の中で，ディプロムを基盤とした職業教育が全国的に整備されるとともに，今日の「資格社会」が形成されてきたことが理解できる。また，戦後は中等教育において，60 年代からは高等教育において，職業教育が発展していった。こうした流れの中で，資格取得を目指し，当初は中等教育の生徒を念頭に置いた交互制職業教育が 1970 年代に新たに誕生する。交互制職業教育とは，若年者の技術向上を図りながら公認された資格を取得するために

16）　Ministère de l'Education nationale（国民教育省）。

表 2-2　見習生の報酬一覧

(%)

契約の経過年数	見習生の年齢		
	18 歳未満	18 歳以上 21 歳未満	21 歳以上
1 年目	25	41	53
2 年目	37	49	61
3 年目	53	65	78

(出所)　雇用省ホームページ。

教育機関での理論的学習と職場での実践を交互に組み合わせた職業教育であり，その代表的な制度に見習契約制度がある。

　この制度の対象となるのは，原則的に義務教育を修了したすべての 16 歳から 25 歳の若年者であるが，中等教育の第 1 課程（中学校）に就学している場合は 15 歳から契約締結が可能である。契約の形態は期限付きの有期限契約で，期間は目指す資格のレベルに応じて 1 年間から 3 年間となる。契約した若年者への報酬は，SMIC（法定最低賃金）の 25% から 78% に固定される。このパーセンテージは，契約者の年齢と，契約の経過年数による。（表 2-2 参照）。

　見習契約制度では，見習い訓練センター（CFA）などの教育機関において，一般と理論の授業を受講する一方で，1 つ以上の企業あるいは公共機関[17]において，契約の目的である資格に直接関係のある実務を行う。教育機関での学習期間は，年 400 時間以上である。ただし，1 年未満の契約の場合は，契約期間に応じて減少する。また，職業バカロレア（Baccalauréat professionnel）または BTS（Brevet de technicien supérieur：中級技術者養成課程修了免状）を取得する場合は，1,350 時間を 2 年間に振り分ける。見習生を受け入れる雇用主にはインセンティブが設けられ，① 社会保障の負担額の免除，② 請負補償手当の受給[18]，③ 税額控除[19]の 3 つの財政上の優遇を受けることができる。

---

17)　公共機関は，中央省庁および地方公共団体の行政機関，教育機関，医療機関，商業会議所，農業会議所，職業会議所など非工業・商業部門に限られる。

18)　契約を結んだ雇用主は事業所が所在する地方圏（région）から，毎年，請負補償手当を受けることができる。この手当給付の種類，水準，および条件は地方議会で決められるが，手当の最低水準は年 1,000 ユーロに固定されている。

19)　雇用主は雇用している見習生 1 人につき年 1,600 ユーロの見習税が控除される。障

第 2 章　フランスにおける職業教育の新たな潮流　51

図 2-1　見習契約件数の推移

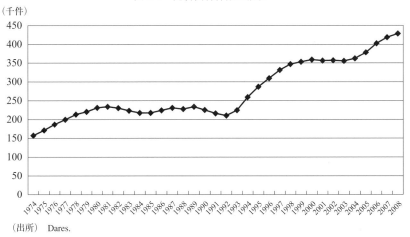

（出所）　Dares.

　1971 年に創設されたこの見習契約制度は，その後時代の変化に対応して契約者を増やしながら現在までの 40 年間以上途切れることなく継続されてきた。1974 年には 15 万 7,000 件の見習契約が実施されたのに対し，2008 年では，2.7 倍にあたる 42 万 9,000 件の見習契約が実施されており，1 年間で平均 7,771 件増えている計算である（図 2-1 参照）。1992 年までは，年平均で 2,824 件増加していたが，それ以降 2008 年までは年平均 1 万 2,822 件と 4.5 倍まで増加のスピードが上がっており，途中 2000 年から 2003 年の間には横ばい状態が続いたものの，ここ 17 年の契約数の増加は著しいことがわかる。

　また，ただ単に契約数が増加しただけではなく，その契約対象者の教育水準も多様化・高学歴化している。見習契約制度は，伝統的に中学・高校の中等教育レベルである教育水準 V，VI の若年者を対象にしてきた経緯があり，バカロレア取得者以上の高等教育レベルである教育水準 I ～ IV の契約者は少数であった。しかし，図 2-2 にみられるように，この 15 年で，年を追うごとに高等教育レベルの若年者の割合は上昇する傾向であり，1992 年には全体の 5.3％ に

　害者の見習生の場合，控除額が 2,200 ユーロとなる。見習生の人数は 1 カ月以上契約している見習生を対象に年平均で算定される。

図2-2 教育水準別見習契約者数

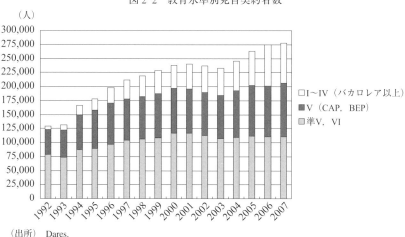

(出所) Dares.

とどまっていたのに対し，2007年には，5倍弱の25.8%を占めるまでとなった。人数としては，6,870人が7万1,644人と15年間で10倍以上となった。

このように，見習契約制度はもともと中等教育レベルのV，VIの若年者がほとんどであったが，近年は彼らのみならず，より教育水準の高いI～IVの若年者も参加するようになったことで，いまや4人に1人が高等教育レベルの若年者で占められており，高学歴の若年者もこの制度を利用するようになったと言うことができる。

契約者が多様化し高学歴化してきた傾向には，まず，1987年の法律改正により，CAP（Certificat d'aptitude professionnelle：職業適任証）以外の資格も取得できるようになったことが深く影響している。改正前までは，見習契約制度を通じて取得できる職業資格は，CAPに限定されていた。しかし，CAP以外のBEP（Brevet d'études professionnelles：職業教育免状），BTSといった教育課程を修了することで取得できる職業資格や，技術者資格をはじめとした全国職業証明目録（Répertoire national des certifications professionnelles）に掲載されている職業資格を取得することが可能になった。

また，近年，高等教育のカリキュラムの中に見習契約制度が組み込まれてき

たことも関係する。実際，エセック商科大学校(ESSEC)，パリ政治学院(Sciences Po)，パリ第9大学 (Université Paris – Dauphine) をはじめとしたフランスの数十のグランドゼコールや大学において，見習契約制度を通して資格を取得することができる[20]ようになっている。

例えば，エセック商科大学校では，1994年，商科系のグランドゼコールで初めて交互制職業教育を取り入れた。現在では，MBAをはじめとした5つのコースで同教育制度を採用している[21]。また，パリ・エスト・クレテイユ大学とパリ・エスト・マルヌ・ヴァレ大学が設立したエッフェル商科大学校(IAE Gustave Eiffel) では，3分の2のプログラムが交互制職業教育に関係しており，1,300人の学生のうち約600人が見習生となっている。リール・カソリック大学では，2014年，交互制職業教育を柱とした交互制法科大学校 (École de l'Alternance du Droit) を創設した[22]。こうした教育機関で見習生となった学生たちは，3週間から5週間の教育機関での授業と4週間から6週間の企業等での実習を繰り返す[23]。

5．なぜいま交互制職業教育か

以上のように高等教育の中で，交互制職業教育が注目を浴びているが，なぜいま同教育制度がここまで注目を浴びているのだろうか。最後に，この新潮流の理由を考察していきたい。

5-1　就職率の高さ

第1に，交互制職業教育制度を利用した若年者の就職率の高さが挙げられ

---

20) Ministère de l'emploi, de la cohésion sociale et du logement (2007), *Campagne de promotion 2007 de l'apprentissage, dans le cadre du plan de cohesion sociale «Apprentissage et alternance, un grand plus pour réussir»* , Paris : Ministère de l'emploi, de la cohésion sociale et du logement, p. 19.

21) *Ibid.*, p. 19.

22) *Supplément Le Parisien Etudiant*, spécial alternance, du 13 avril 2015.

23) *Supplément Le Parisien Etudiant*, spécial alternance, du 13 avril 2015.

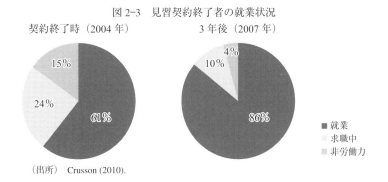

図 2-3 見習契約終了者の就業状況

(出所) Crusson (2010).

る。Crusson (2010) によると，2004年に見習契約が終了した若年者のうち，契約終了3年後に就職している若年者の割合は，終了直後では61％であったものが86％にまで上昇している(図2-3参照)。そのうち，65％が無期雇用，11％が有期雇用，派遣が8％となっている。

見習契約制度を終えた若年者は，こうして漸次就職していることがわかる。また，最初の仕事に就くまでの期間も，見習契約制度を利用しなかった若年者にくらべ短い。利用しなかった若年者が平均4.4カ月かかるところを，見習契約を終えた若年者は平均2.9カ月となっている[24]。このように，見習契約制度は，若年者のエンプロイアビリティを高める中で就業率を上げ，学業を修了してから就職までの移行を促進していることがわかる。とくに，高等教育の学生に限った場合，80％が受け入れ先の企業から採用のオファーをもらっている[25]。

5-2 大衆化したインターンシップ (stage) の限界

第2の理由として，交互制職業教育同様に教育機関での学習と職場での実践を行うインターンシップに代わる制度として注目を浴びていることが挙げられる。就職する手段として若年者に広まってきた交互制職業教育制度であるが，

---

24) Crusson, L. (2010), «Les apprentis sortis du système scolaire en 2004 : 86％ des jeunes en emploi trois ans après la fin du contrat d'apprentissage», *Dares Analyses*. No. 77, p. 6.
25) *Supplément Le Parisien Etudiant*, spécial alternance, du 13 avril 2015.

高等教育の学生にとって，この制度よりはるかに一般的な方法としてインターンシップが存在する。若年者とくに高等教育の学生は，インターンシップを広く活用しており，いまでは年間 120 万人が実施している。

　このように，現在では大衆化したインターンシップであるが，もともとは，18世紀後半から創設されていったグランドゼコールにおいてのみ行われていたものであり，換言すれば，エリートを対象としたものであった。およそ 2 世紀にわたりエリート向け実務体験として機能していたインターンシップが，大学をはじめとした他の高等教育機関に広まったのは，前述のように高等教育が大衆化しはじめる 1960 年代になってからである。大学付属機関の技術短期大学部（IUT : institut universitaire de technologie）では設立当初からインターンシップが取り入れられたほか，大学では，インターンシップが組み込まれた職業教育課程が次々と創設されていった。このように，60 年代から高等教育機関でインターンシップが一般化されていく中で，80 年代後半には，インターンシップが就職する際の必須条件になるほどまでに大衆化することになっていった。

　こうしたインターンシップの大衆化を背景に，インターンシップの質は相対的に低下している。現在，グランドゼコールで伝統的に行われてきたインターンシップのように教育的意義の高いものが存続している反面，インターンシップと言っても名ばかりで教育的意義に乏しいものも散見されており，フランスで実施されているインターンシップは玉石混交の状態にあると言える。こうした中，教育的効果および就職への効果に限界がみえてきたインターンシップに代わる制度として，交互制職業教育が注目され，高等教育の学生の利用が増える結果となった。

　実際，交互制職業教育はインターンシップとくらべると，資格が取得できる以外にも，法律上，契約や給与面において交互制職業教育のほうが学生にとって有利となっていることがわかる（表2-3 参照）。インターンシップの場合，あくまで学生の身分であるため労働契約は結べない。したがって，有給休暇や労働時間制限など労働法による保障も適用されることはない。また，報酬も必ずしも支払われない。一方で，交互制職業教育の場合，労働契約を結ぶため，身

表 2-3　インターンシップと交互制職業教育のちがい

	インターンシップ	交互制職業教育
資格取得	×	○
契約	法的拘束力のない協定	労働契約
身分	学生	労働者
給与	△（必ずしも払われない）	○
労働法による保障	×	○
企業の指導監督義務	×	○

（出所）　筆者作成。

分は労働者となるのである。労働者であるがゆえに，労働法による保障も適用される。また，前述のように契約期間や年齢に応じて，報酬を得ることもできるのである。さらに，インターンシップと違い，企業には見習生を指導し監督する義務があり，企業での労働時間数や実習内容も厳格に法律で決められている。

　このように，大衆化し相対的に価値が低下したインターンシップに代わり，法的に制度が整った交互制職業教育が注目され，積極的に同制度を活用する動きが強まっていったのである。

6．おわりに

　かつては中等教育の中に，しかも特定の技能を習得するために位置づけられていた交互制職業教育が，近年，新たに高等教育の中に位置づけられるとともに，この制度が対象とする職種も幅広くなった。もちろん，同教育制度の契約者は，いまだ中等教育の生徒が多数派を占めているが，同教育制度修了後の就職率の高さを背景に，交互制職業教育はインターンシップに代わる就職への「切り札」として注目を浴びており，高等教育の学生の利用が年々増加している。

　こうした流れは今後より顕著になる可能性も大いに予想されるため，今後は交互制職業教育を従前の研究のように単に中等教育の中に位置づけて検証するのみならず，高等教育の職業教育の一翼を担う教育制度として考察していく必要があるだろう。もちろん，交互制職業教育の高等教育におけるケースはいま

だ少数派であることは事実であり，それゆえ，その効果もいまだ未知数であるが，フランスやヨーロッパにおける高等教育の職業教育・キャリア教育の在り方に一石を投じることはたしかであり，今後の進展には十分留意して着目をしていきたい。

第 3 章

フランスにおける社会扶助受給者の就労経路
――総合相談体制の果たす役割――

小 澤 裕 香

1. はじめに

　先進国を中心に多くの国々では，社会扶助受給者に一般労働市場への参加を求めるようになり，労働政策と福祉政策を接近させる政策体系を構築してきた。いわゆるアクティベーションと言われる政策である。アクティベーション政策と一言で言っても国々によって異なった特徴を持つ。例えば「ワークフェア」型と言われるアメリカなどのアングロサクソン系諸国のアクティベーションの特徴は，給付の持つインセンティブ効果を懲罰的に利用することで就労へと動員していくものである。それに対して，本章で対象とするフランスのアクティベーションは「社会的アクティベーション」としてワークフェアとは区分される。社会的アクティベーションの特徴は「生活課題の解決に加え，社会とのつながりづくりや自尊感情の回復などによって社会参加に必要な諸条件を獲得したうえで（あるいはそれと並行しながら），就労体験・職業訓練へと導いていく」方法を採用していることとされる[1]。

---

1)　福原宏幸・中村健吾・柳原剛司（2015）『ユーロ危機と欧州福祉レジームの変容－アクティベーションと社会的包摂』，15 ページ。

60

　この様に概念的整理・特徴づけがなされているが，社会的アクティベーションと言われるフランスの社会扶助受給者への就労支援について，実際にどのような体制が敷かれ，どのような支援事業が提供されているのか具体的に実態を明らかにした研究はない[2]。

　翻って，フランスにおいて長期失業者など労働年齢層の生活困窮者にたいする社会扶助制度として RSA（Revenu de solidarité active）がある。RSA は 1988 年に創設された RMI（Revenu minimum d'insertion）に，ひとり親の社会扶助である API（Allocation de parent isolé）を統合させた制度であり，2008 年に法案が可決され 2009 年 6 月から施行されている。RMI から RSA への転換の目的は，低賃金で働く層へ給付対象を拡大することで労働年齢層の貧困削減を目指すこと，また就労していない旧 RMI 受給者を労働市場へ復帰させることにあった。

　そこで本章では，この RSA に焦点をあてて，社会扶助受給者が就労への道筋をつける場合に，就労にむけてどのように労働市場と結びつけられていくのか，すなわち就労への経路がどのように構築されているのかについて，パリ市における支援の運用実態に基づいて検討し，フランスの社会的アクティベーションを内実から明らかにすることを課題とする。

　第 2 節では，RSA における就労促進的な性格を前の制度である RMI との比較の中で明らかにする。第 3 節では，RSA 受給者への就労への経路の全体像を総合相談体制の中で描くとともに，「雇用可能性」基準という支援の中心的な考え方とその具体的な運用実態について，パリ市から入手した内部資料をもとに明らかにする。第 4 節では，雇用可能性基準により就労経路を定めていくことによって RSA 受給者にどのような影響を与えるのかを検討する。最後に，就労支援の経路を構築するにあたって総合相談体制の意義について述べる。

2.　RSA 制度の就労促進的な面

　1988 年 12 月に満場一致で可決された RMI 法とその制度は，20 年後の 2008

---

　2)　アメリカのワークフェアについての具体的な運用実態を分析したものとして例えば，久本貴志（2014）『アメリカの就労支援と貧困』日本経済新聞社がある。

年 12 月の RSA 法の可決により RSA へと引き継がれた。RSA が創設された背景には、子どもの貧困すなわち子どもの親である労働年齢層の貧困問題への対処が必要であったこと、また RMI 受給者の就労復帰が強く求められたことがある[3]。

　RSA の発案者であり、そして入閣を果たし RSA 創設へと主導した M. イルシュは「労働が RSA の哲学的基礎である。RSA と RMI と区別するのは労働である」と対談の中で述べているように、RMI から RSA への転換の意図は、就労復帰をより可能にする制度への転換と言える。このことは、RSA 法で RMI 法に定められた「貧困との闘いのために生存手段を保障すること」という目的に、「職業活動への復帰を支援する」という一文が加わったことに象徴的にあらわれている。本節ではまず、RMI と比べてどの点が就労促進的になったのかについて、RSA 手当と参入支援の両面から指摘する。

2-1　RSA 手当──活動 RSA の創設

　RSA 手当の対象者は RMI の時と同じように 25 歳以上のフランスに定住するすべての人である[4]。また、25 歳未満であっても妊娠または 3 歳未満の子どもを養育している場合は対象となる。収入要件においては、世帯構成によって定められる「最低所得基準」に照らして申請者の世帯収入[5]がこれに満たない場合に受給が認められる。これらの収入要件と年齢要件は RMI 手当と同様である。

---

3)　RSA 創設の経緯については小澤裕香（2010）「N.サルコジ政権下の貧困政策—RMI から RSA へ」佐藤清編著『フランス—経済・社会・文化の諸相』中央大学出版部を参照。

4)　なお、2010 年 8 月には 18 歳から 24 歳を対象とする「若者 RSA（RSA jeune）」が創設されている。

5)　収入認定されるのは労働所得（被用者の賃金、研修、職業訓練の報酬、失業保障給付など。健康保険や労災保険による現物給付は算定されない）のほか、家族手当（引越し手当および児童養育随意手当（complément de libre choix du mode de garde）を除く）、その他の社会諸手当（入学手当（allocation de rentrée scolaire）、障害児教育手当（allocation d'éducation de l'enfant handicapé）、奨学金などは除く）となっている。

表 3-1　RSA（旧 RMI）最低所得基準（2015 年 1 月改定）

（単位：ユーロ）

子どもの人数	単身	カップル	ひとり親（旧 API）
0 人	524.16	786.24	673.08（妊婦）
1 人	786.24	943.49	897.44
2 人	943.49	1153.14	1121.00
1 人増えるごとに	209.66		224.36

（注）　家族手当金庫（CAF）から住宅手当を受給している場合には，世帯構成員数に応じ
て一律に定められた「住宅手当みなし額（forfait logement）」が収入認定される。2015
年のみなし額は，単身世帯 62.90 ユーロ，2 人世帯 125.80 ユーロ，3 人世帯 155.67
ユーロとなっている。

（出所）　家族手当金庫 HP より筆者作成。

　RSA の最低所得基準は，旧 RMI のそれを引き継いだ設定となっている（API
を受給していて RSA に統合されたひとり親にたいしては，「加算」をして最低所得基準
を別途設けて以前の基準が維持されている）[6]。2015 年に適用されている基準は単
身者で子どもがいない場合には 524.16 ユーロである（表 3-1）。世帯収入と
「最低所得基準」の差額として支払われる RSA を「基礎 RSA」と呼ぶ。「基礎
RSA」の財源保障の責任は 2004 年の RMI の地方分権化改革により国から県に
移譲されており，それを引きついでいる[7]。

　他方で，RMI との違いは，RSA 受給者が収入を得た場合でも給付が維持さ
れるように制度退出の基準となる収入上限額をより高く設定したことである。
RSA の退出所得基準は，表 3-1 の RSA（旧 RMI）の最低所得基準に「労働所得
の 62％」を加えた額である。この水準は単身者の場合，およそ最低賃金（月
額）の 1.04 倍の水準であり，最低賃金と同等以下の低所得者の場合には労働
所得と RSA 手当が併給可能となった。なお，このように「基礎 RSA」と「労
働所得の 62％」との間で支給される低所得を補う RSA 手当を「活動 RSA」と
呼ぶ。活動 RSA の財源は国が新たに「積極的連帯国民基金（FNSA）」を作り
財源保障することとした。この基金は，資本所得（le revenu du capital）[8]に対する

---

6)　最低所得基準額は毎年消費者物価の変動に応じて改定される。

7)　ただし 2017 年 1 月からは国によって保障されることが決まっており，再中央集権
化の流れがみられる。

8)　株式の配当金や不動産収入（家賃収入），そして生命保険からもたらされる収入など。

図 3-1　労働所得と RSA 手当の関係（単身者の場合）

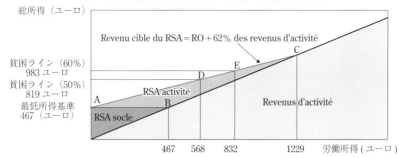

(注)　A：不就労時の保障所得（旧 RMI）
　　　B：基礎 RSA からの退出点
　　　C：RSA が支給停止になる点
　　　D：貧困脱却点（貧困ライン 50％）
　　　E：貧困脱却点（貧困ライン 60％）
(出所)　DGTPE (2009), p. 1 より転載。

1.1％の増税措置によって賄われている。この新たな課税徴収対象者は，最も高い資産を保有する上位 15％ の人々であるとされる[9]。このように，RSA では労働所得のある人でも低所得の場合には，労働所得と活動 RSA の併給を認めることによって就労インセンティブを高めるよう RSA 手当が設計される。

図 3-1 は，RSA 受給者で最も多い属性である単身者を例に挙げて，労働所得を得た場合の RSA 手当の変化を簡潔に表している。横軸には労働所得を，縦軸には RSA 手当を含む総所得が示されている。図から読み取れる RSA の制度設計は「基礎 RSA」のみを受給していたとしても（図中の A 地点），少しずつ就労を始めることにより「活動 RSA」を併給しながら総所得を増やしていき（図中 A→C。特に A→B では基礎 RSA と活動 RSA の併給期間となる），最低賃金の 1.04 倍に達すると RSA 手当が完全に打ち切られ制度から退出していくというものである（図中 C 地点）。特に新設された「活動 RSA」に期待された役割

---

[9]　RSA 手当の財源については，HCSACP (2009), *revenu de Solidarité active-dossier d'information sur la généralisation du sRa*, pp. 6-7, 並びに，Le secrétaire d'État de l'Industrie et de la Consommation, Porte‐Parole du Gouvernement (2008), «Le financement du RSA et les prélèvements obligatoires», *Clés actu*, pp. 1-2 を参照。

は，低賃金労働者層における新たな所得再分配（要申請）だけでなく，「基礎RSA」受給者にたいする就労インセンティブにあると言える。

　なお，図中のD点（中央値の50％）とE点（中央値の60％）はそれぞれ貧困ラインを表している。いずれも貧困ラインは基礎RSAと活動RSAの間に位置づく。すなわちRSAは，基礎RSAのみを受給していては貧困ラインを超えることはないが，就労することにより貧困ラインを超える所得水準を確保する「貧困脱却モデル」が想定されているといえる。このようにRSAの「貧困脱却モデル」は，就労による労働所得の獲得を前提としたものである。

2-2　参入支援──義務と権利概念の導入

　RSAのもう1つの柱である参入支援において，RMIと比べて就労促進的に変更された点は大きく2つある。

　第1に，参入支援に参加する基準を明確に法案に位置づけたことである。RMIにおいても手当受給後3カ月以内に参入契約を結び，契約内容に沿った参入支援を受けることと定められていたが実質上形骸化している側面があり，実際には参入契約を締結しなくとも手当は継続されているのが実態であった。しかし，RSA法第262-27条において「RSA受給者は，その受給者の必要に応じて社会的または職業的な相談援助を受ける権利を有する」と明記されて，参入支援に参加する権利を有する受給者は，雇用に就いていない受給者（基礎RSA受給者）および就労していても当該受給者を含む世帯員の労働所得が500ユーロ未満の場合（基礎RSAと活動RSAの併給者），前者は求職活動に取り組み，後者は収入増につながる仕事探しに取り組むとされた[10]。なお，活動RSAのみ受給者は参入支援の対象にならない。

　RSAの政策提案書である緑書では「新しい権利を開くということは新しい

---

10)　RMIが世帯で契約を結んでいたのにたいして，RSAでは個人で参入契約を結ぶことになった。それ故RSAにおいては，例えばカップルの世帯でどちらかが参入契約を順守しなかった場合には，世帯全員が中断に追い込まれるのではなく片方だけが中断となる。

表 3-2　RSA でカバーされている人（2014 年 12 月）

(1) 成人	2,608,587 人	
受給者	**2,187,202 人**	→このうち 1,880,134 人
旧 RMI	1,930,175 人	（義務と権利に従う人）
旧 API	249,825 人	
若者 RSA	7,202 人	
配偶者	421,385 人	
(2) 未成年の子ども	2,030,182 人	
(1) + (2) 合計	4,638,769 人	

（出所）　家族手当金庫 HP より筆者作成。

義務を明確にすることである」と述べているように，参入支援を受けることを権利として位置づけようとしている。一方で参入は権利であるということは，すなわち行政は権利を行使できるように受給者のニーズに対応した支援事業（社会資源）を動員しなければならないことを意味するが，他方で受給者にはそれを拒否できない義務としての側面を持ちあわせている。RSA 受給者の中で参入支援の権利を有する人はどのくらいいるのだろうか。これについては家族手当金庫が「義務と権利に従う人」という項目をたてて把握しており，2014年 2 月時点で受給者 218 万 7,202 人のうち参入支援の義務と権利に従う人は188 万 134 人あり，多数を占めている（表 3-2）。

　M. イルシュが法案説明で「RSA の創設は手当の権利と参入の義務との間の関連づけを再考する機会である」[11]と述べているように，参入支援への取組みにたいする制裁如何によっては，RSA 手当が代償的性格を帯びるようになるが，それについては次節の運用面から考察する。

　第 2 に，RMI では担当支援員による個別面談を実施する機関の選定基準において全国的統一基準を持っていなかったが，RSA になり「雇用可能性(distance à l'emploi)」を定めることとした[12]。すなわち，雇用との距離が近い（雇用可能

---

11)　Loi n° 2008-1249 du 1 er décembre 2008 généralisant le revenu de solidarité active et réformant les politiques d'insertion, Exposé des motifs.

12)　RMI 申請受付機関が自動的になる場合（10%），家族の状況に応じて県の福祉サービス局や市の福祉事務所がなる場合（20%），また雇用との距離によって雇用局や職業的参入支援専門員やアソシエーションがなる場合（25%），また面談等の診断によって決める場合（20%）など様々であった。

性が高い），社会的な問題を抱えているがそれが就労に大きな障害とならない程度（雇用可能性が中程度），就労以前に社会的問題の解決を優先する（雇用可能性が低い）という3つのグループに分け，それぞれに対応した参入支援機関につなげるということとなった。

雇用可能性基準を導入する意図は，雇用可能性が高い受給者を見つけ出し，速やかに就労支援につなげることにある。そのため，RSAでは雇用可能性が高いと判断された受給者の就労支援を受け入れる参入支援機関として，雇用局（日本のハローワーク）を設定した。従来は福祉行政機関のみがRMI受給者の参入支援の実施機関を構成していたが，就労支援を行える参入支援機関として雇用局が加えられた。

このように，RMIからRSAにおける参入支援体制の大きな変化は，雇用局が参入支援機関となり，そのことによって福祉行政機関と労働行政機関との連携の下，RSA受給者の参入支援が実施されることになったことである。なお，RSAではひとり親の扶助（API）を統合することになったため，家族手当金庫（CAF）も参入支援機関に加わっている。

雇用局に振り分けられた場合には，雇用局の職員が担当支援員として選定される。そして，参入契約として雇用局と「個別雇用アクセス計画（PPAE）」を締結する。この契約は雇用局で求就活動する一般の失業者も結ぶ契約であり，一般的な失業者と同じように求職活動をする[13]。そして，雇用可能性が中程度とされた受給者の場合は，雇用局以外の公的雇用センターが参入支援機関と

---

13) 「雇用局等の雇用促進・就職支援機関が，受給者の資格や職業経験，通勤距離等を考慮したうえで紹介する『適正な求人』を……2回以上断った場合」には，RSAの資格停止という制裁が課せられることも一般の失業者の扱いと同じである。「適切な求人」とは，求職登録してから3カ月の場合，求職者の資格および職業能力と合致し，従前給与の95％が保証される求人。6カ月登録者の場合は，求職者の資格および職業能力と合致し，加えて，失業保険や失業扶助の「代替所得」の水準と同レベルの給与が保証され，通勤時間が最長で1時間もしくは30キロ圏内にある求人を適正な求人とする。町田敦子（2010）「第2章フランス」独立行政法人労働政策研究・研修機構編『ドイツ・フランス・イギリスの失業扶助制度に関する調査』，54，68ページ参照。

なり，そこの職員が担当支援員となる。参入契約として，県議会と職業的参入に関する約束事項を列挙した「双務的寄添い契約（CER）」を締結する。さらに，雇用可能性が低いと判断された受給者にたいしては，健康や住宅などの困難な状況に合わせて，適切なアソシエーション，社会福祉事務所（SSDP），コミューン社会福祉センター（CCAS）など福祉行政機関や福祉関連のアソシエーションが参入支援機関となる。参入契約として，県議会と社会的参入に関する約束事項を列挙した「双務的寄添い契約（CER）」を締結する。

　上記の雇用可能性に応じた参入支援機関どうしが連携を図るために，これらの参入支援機関の代表者で構成される多領域専門チーム（Equipe pluridisciplinaire，以下，EP）が，組織されることとなった。EP は，RMI 時においても振分け委員会(Commission d'orientation)として存在していたが，新たに雇用局，そして RSA 受給者が当事者としてメンバーに加わることとなった。EP の役割は，第 1 に，受給者がいずれかの参入支援機関で必ず担当職員から参入支援が受けられるように振分けの調整を行うこと，第 2 に，受給者が正当な理由なく参入支援を行わなかった場合に，RSA 受給資格の停止を協議することである。2012 年 3 月，保守政党（UMP）のフィヨン（FILLON François）内閣の下で，義務と権利に従うべき者がこれに従わない場合の制裁に関するデクレを出した[14]。これにより，参入支援機関に対する制裁措置の具体的手続きを強化する動きが現れている。例えば本デクレによって，振分けの面談に行かなかった受給者については，自動的に第 1 次警告として RSA 手当（月額）から 100 ユーロが差し引かれることとなった。

　このように RSA において参入支援は権利であり義務と定義され，受給者の権利を保障するために行政には参入支援担当員の配置や支援事業の確保などが課された。他方で受給者には参入支援を断ることは制裁の対象となり参入支援自体を拒否しても手当の権利を正当に保持することが制度上難しくなってしまった。

---

14) Le décret n° 2012-294 de 1ᵉʳ mars 2012 relatif aux procédeures d'orientation, de suspension et de radiation applicables aux bénéficiaires du revenu de solidarité active.

こうして，RSA は RMI と比較し，手当の面また参入支援の面からみても，就労復帰を強く推進しようとする理念が強く現れていると言える。

3. RSA 受給者の就労への経路

前節では RSA が就労復帰を強調した制度設計になっていることを述べた。本節では，こうした法制度の変更に対応して，実際の現場レベルでどのような運営体制をとっているのか，就労強制的な性格が実際にはどの程度強まったのか，あるいは現場の運用によって受給者には大きな影響となっていないのかについて，とりわけパリ市の雇用可能性基準の運用が実際どのようになっているのかについて，参入支援機関への振分けのための総合相談体制に着目して考察する。その際，個々の多様化したニーズに対応するためにどのような相談体制を構築しているのか，特に，どのような基準で雇用可能性を判断し参入支援機関に振分けがなされているのか，参入支援機関はどのような機関が担っているのか，RSA 受給者にたいする就労促進はどのような形で進められているのかといったことに着目する。

まず受給者支援の流れを確認した後，パリ市の総合相談体制の運営に関する内部文書を用いて，具体的にどのような雇用可能性の判断基準を用いているのかを検討する。

3-1　受給者支援の流れ

まず簡単に受給者支援の流れがどうなっているのかをパリ市における事例をもとに示す（図 3-2）。RSA 手当の申請は福祉行政機関で行われる。福祉行政機関は受けつけた申請書や所得証明などの必要書類を受理し，審査機関である家族手当金庫に送付する（実際には家族手当金庫の職員は申請機関に出向しているので郵送する訳ではない）。受給決定がくだされた場合，家族手当金庫は所得証明を参考に参入支援に参加しなければならない受給者リストを作成し，申請機関である福祉行政機関に送ることになっている。そのリストをもとに受給者に呼出し状を送り，振分けのための面談を実施する。面談ではソーシャルワーカーと

図 3-2 雇用可能性に応じた参入支援機関と就労支援への経路（パリ市を事例に）

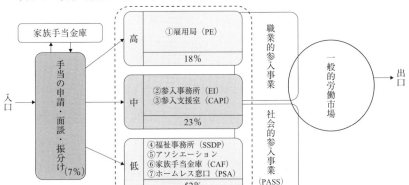

（注）パーセントの数字は，各機関で受け入れている受給者の構成比を示す。振り分けされていない 7% の RSA 受給者は RMI 創設当初からの受給者が多い。
（出所）Bureau du RSA の課長に対するヒアリング調査をもとに筆者作成。

　雇用局の職員によって社会面と職業面からのアセスメントを受け，雇用可能性を判断し適切な参入支援機関を決定する。図 3-2 の点線の枠内に示したように，パリ市では雇用可能性に応じて①～⑦の参入支援機関が受給者を受け入れることになっている[15]。それぞれの参入支援機関において社会的・職業的参入支援事業が盛り込まれた参入契約を締結し，それに基づいた支援が実施され，就労により所得が一定程度を超えた場合には RSA から退出していく。各参入支援機関では，住宅，医療，債務などに関するパリ市内の社会資源（制度・政策，各種事業）が収められた PASS（Portrait action sociale et solidaire）というデータベースが設置され，ソーシャルワーカーである担当支援員の個人的経験やつながりに左右されることなく支援を提供することができる。

3-2　雇用可能性の判断基準

　それでは，雇用可能性はどのように判断されているのだろうか。参入支援機関へ振分けをするにあたって，パリ市では「オリエンテーション協定（Convention

---

15) アソシエーション以外は行政機関である。アソシエーションを含めすべての参入支援機関ではソーシャルワーカーや心理士といった専門職が担当支援員となる。

d'orientation)」を参入支援機関どうしで締結している。オリエンテーション協定は，RSA 受給者の雇用可能性をどのように判断するか，雇用可能性のレベルに応じてどの参入支援機関が受け入れるかといった原則と振分け基準およびその手順を定めたものである。

パリ市から入手したオリエンテーション協定には，「雇用へのアクセスならびに職業活動への復帰がRSA 制度の目的であるため，雇用局への振分けが優先的に行われる。また，再振分けされる場合もこの原則のもとで行われるべきである」[16]と記されている。したがってまず雇用局へ振り分けられるかどうかを面談では判断することとなっている。雇用局へ振り分ける基準は（表 3-3）のようになっている。

受給者の状況が表の項目のどれか1つでも当てはまる場合には，雇用可能性が高いとは判断しないことになっている。雇用可能性の判断基準の特徴は，第1に年齢，第2に障がい，借金や子どもの養育，住宅問題などの生活状況が考慮されている。つまり，日常生活における困難を抱えている場合には，就労ではなくまずは適切な保護が優先されていることである。そして第3に就労経験や将来の就業希望状況，この3点についてより詳細に検討する。

第1の年齢という判断基準は，年金受給手前の高齢の労働者は就労に結びつきにくいことが考慮されていることを意味する。ソーシャルワーカーは「50

表 3-3　雇用局へ振り分けられないと判断される基準

年齢	・年齢が 56 歳と 6 カ月以上
社会生活	・障がいがある（AAH を受ける予定の人あるいは受給していた人） ・老齢年金や労災補償を受給する予定，また社会的保護を受給できていない ・借金が放置されたままの状態 ・住居がない
職業生活	・起業をした ・子どもの養育を理由とする就労不可，妊娠 ・5 年以上不就労期間がある

（出所）　14/15 区社会福祉事務所（SSDP）の所長 Catherine DEXCABILLOU 氏より提供された資料より筆者作成。

---

16)　Bureau du RSA (2009), p. 1.

歳を過ぎたら仕事はない」ため，本人が強く希望する場合を除き，一般就労を強要しないということを意味している。

第2の生活上の困難課題も雇用可能性を判断する基準に含まれている。具体的には，障がい，社会保護の権利未行使状態，借金の問題，子どもの養育により就労できない，そして住む場所がない場合は，一般就労は困難であると基本的には判断することとなっている。

第3の判断基準は就労に関することである。本人の持つ職業計画によって雇用可能性が変わってくることがわかる。例えば飲食店のウェイトレスを希望する職業計画を持っている場合には，労働市場の状況からすぐに就労可能と判断されるが，起業する場合には軌道に乗るまでに時間がかかるため雇用可能性は高いとは判断しない。また，受給者の不就労期間が長い場合も社会的な問題を抱えていた場合が少なくないため，雇用可能性を高いと判断しないのである。

次に，雇用可能性が高いと判断されなかった人を，雇用可能性が中程度か低いのかを判断するための基準が設けられている（表3-4）。表にある項目に2つ以上当てはまる場合には雇用可能性は低いと判断される。1つである場合には，雇用可能性は中程度と判断され，社会的困難を解決するのと同時に就労支援も受けていくことになる。

このような雇用可能性による振分けにより，結果的に図3-3に示したように，2011年時点で，雇用局を参入支援機関として支援を受けているのは2割弱（18％）となっている。半数以上は雇用可能性が低いとされ，また中程度と判断される人は23％となっている。

表3-4　雇用可能性が低いと判断される基準

社会生活	・健康の問題を抱えている ・ひとりで子どもを養育している ・フランス語の読み書き能力，理解力に困難がある ・なされるべき行政上の手続きがある ・住居の面で困難を抱えている
職業生活	・自営業で働いていた／社長として働いていた ・過去3年間に不就労期間がある

（出所）　表3-3に同じ。

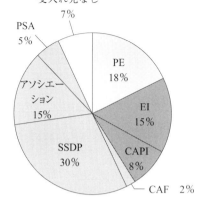

図 3-3　パリ市における参入支援機関受入れ状況

（注）受入れ先なしの受給者は RMI 創設時からの受給者。創設当時は参入支援が積極的に行われていなかったため，RSA へ移行しても参入支援の枠組みにのらない受給者が一定数存在している。

（出所）Bureau du RSA 提供資料より筆者作成（2011 年第 4 四半期の状況）。

　以上のように，雇用可能性を判断するために現場レベルで採用されている基準を検討すると，雇用可能性というのは，労働年齢層ということで一律に就労可能とみなしていないこと，労働市場の有効求人数との関係で決めているのではなく，受給者個々人の社会・職業生活の状況を総合して判断できるものとなっていることがわかる。

　この様に，職業的参入の前にまずは生活課題を解決するべきであるという社会的アクティベーションの考え方が制度の運用実態から確認された。

　このようにパリ市では，個々の受給者の状況を中心に考慮した雇用可能性の判断基準を採用し，さらに細かく 7 つの参入支援機関が組織されている。

4．雇用可能性基準が及ぼす影響

　前節では，雇用可能性という考え方が具体的にどのような指標をとり，実際にどのような運用体制でそれを判断しているのかについて，パリ市の運用体制から明らかにした。そのことを受けて本節では，具体的に雇用可能性ごとの各

参入支援機関で，具体的にどのような支援事業へどのようにアクセスしているのかについて，具体的な支援事例を用いて分析を行う。その検討を通じて，雇用可能性という判断基準の導入が受給者にたいしてどのような影響をもたらしているのかを明らかにする。

4-1 雇用可能性が低い受給者

雇用可能性が低いとされる RSA 受給者は前節の図 3-3 によれば受給者全体の 52% と半数以上を占めている。雇用可能性が低い受給者を受け入れる参入支援機関には，社会福祉事務所（SSDP）[17]，アソシエーション[18]，家族手当金庫（CAF）[19]，ホームレス窓口（PSA）と複数あるが，これらの支援機関に振り分けられるのは社会的な問題を抱えすぐには就労に結びつかないと判断される人たちであり，住宅，医療，負債問題などの支援に重点が置かれる。これらの機関には基本的に支援期間の限度は設けられておらず，就労の見込みのない者であっても長期的に RSA 手当を受け続けられる「場」として機能している。

そのような受給者が締結する参入契約には，50 歳半ばを過ぎている受給者の場合，例えば，仕事は見つかりにくいため，「年金受給まで健康に気を付けて過ごす」と記載される。また，健康問題を抱えている場合，「主治医を見つける」と記載される。この場合，参入契約の内容は必ずしも就労と関係のあるものではなく，個々人の状況に応じた生活をより良くすると期待される内容が本人の同意の下締結されるのである。ここで参入支援機関の 1 つである社会福祉事務所で支援を受けている女性の例を紹介する[20]。

---

17) SSDP は，いわゆる日本の福祉事務所の機能を果たしている機関で，高齢，子ども，障がいなど生活上の困難の理由に関係なく包括的な福祉サービスを提供している。RMI 創設時より参入支援機関として機能しているが，現在では子どもを養育中の受給者や住宅や健康の問題を抱える受給者を担当している。

18) アソシエーションは SSDP と同様に RMI 創設とともに参入支援を受け入れてきた，依存症や刑務所退所者など特別なニーズを抱えている受給者を受け入れる。参入支援機関となるアソシエーションは入札によって決まる。

19) CAF は 3 歳未満の子どもを持つひとり親の参入支援を担当する。

20) 14/15 区の SSDP 所長（当時）より情報提供（2011 年 9 月 1 日訪問）。

74

【事例A】

　A氏は44歳，女性，成人した娘を持つ，ひとり親世帯で，2004年9月以降，15区の社会福祉事務所（SSDP）で支援を受けている。A氏への支援は6年目に入っている。A氏は，解雇された後長期失業に陥り，家賃滞納で立ち退きを迫られたため，2004年4月以降，娘とともにホテル住まいである。A氏はエンジニアの資格を有し，比較的高度な情報部門の領域で10年ほど働いており，「管理職雇用協会（APEC）」[21]へ登録したが，自分の能力にみあったポストの提案は受けられなかった。

　A氏の19歳の娘は，2009年6月に芸術専攻のバカロレアに合格した。娘は次学期から大学の商業デザインコースで学ぶための準備をしているが，深刻な肥満という問題を抱えていた。数カ月前に，特別な施設に入所して専門的治療を受けたが，ホテルへ戻ると，若干減った体重は完全に戻ってしまった。ホテルでは料理をつくれないために，食事制限は容易ではなかった。

　A氏は15区の参入事務所（EI）に配属されている就労支援員との面談も受け，これまでの経験を活かすのではなく，別の（より低資格の，しかし労働市場ではより重要視される）職種での求職活動を拡大していく可能性を検討していた。というのも，就職先を見つければ，「Louez Solidaire 委員会」[22]にたいして，仮の住居の入居申請を行うことができるようになるからである。しかしA氏は参入事務所（EI）が幾度も面談を設定しても，その場に姿を現さなかった。そればかりか，A氏はホテルに住み続けるための更新手続きをする面談に

---

21)　管理職雇用協会（APEC）とは，民間管理職を代表する5つのナショナルセンターと経営者団体（MEDEF）が共同で運営するアソシエーションのことで，管理職および高等教育を修了した若者の転職・就職に関する情報提供と各種支援を行っている。

22)　Louez Solidaire は，パリ市が2007年6月に始めた施策。「連帯的に賃貸しましょう」の意。大家はアソシエーションにたいして部屋を貸し出し（家賃支払いや退去時の復旧が保証されるほか，税制上の優遇が得られる），アソシエーションはそこにホテル住まいの貧困家庭やその他のワーキングプアを最長18カ月間住まわせるとともに，安定した住居への転出を目指した相談援助支援を行う。2008年12月には国レベルで，パリの隣接3県を対象とする同様の施策（Solibail）が始まり，現在は他地域にも拡張されている。

来ず，電話にも出なかった。

　ようやく社会福祉事務所（SSDP）からの呼出し状に応じて再び面談が実現した時，A氏は「健康上の困難を抱えていて，短期の入院を何度も行う必要があり，治療法を変えなければならなかった」と弁明した。現在ではその治療法で落ち着いているのだという。SSDPは，面談に来なかった間にA氏が放置してきた行政的手続きすべてを，A氏とともに再開しているところである。例えば，パリ市住宅補足手当（ALCP）の更新，普遍的医療保障（CMU）の更新，就労支援員とのコンタクトの再開（しかしこの間に約束が守られた面談はたった1回だけだった），そして管理職雇用協会（APEC）への再登録である。

　社会福祉事務所（SSDP）は，国の住宅局がひとり親世帯のために住居を保障するという情報を得た。そこで2009年8月にLouez Solidaire委員会にたいしてA氏の入居申請を行った。それが受け入れられ，A氏は2009年12月，2部屋付の住居の賃貸契約にサインした。しかし，この件を担当したアソシエーションは，3カ月の間未入居状態が続いたという事実により，2010年4月1日をもって賃貸契約を打ち切ることにした。A氏には「資金援助パートナー（Partenaires Financeurs）」による家具購入費のための援助が決定されていたが，この援助もキャンセルされることになった。

　しかし，A氏はこの住居を手放すことで気が楽になったようである。この住居の申し出がSSDPからなされたのは，人材派遣会社を通したエンジニアの就職先との面談がいくつも重なった時期のことであり，就職にすべてのエネルギーを注がなければならなかったその時期，新しい部屋は，家具もなく空っぽだったことも相まって，A氏にとっては「小さいけれど静かなホテルの部屋」と比べ，不安をかき立てるようなものに感じられたというのである。

　SSDPは，A氏が入居にたいしてのブレーキになっているものを取り除こうと，この件を再び話題にしようと試みたが，それ以上話したがらなかった。そこで住宅申請は，「つなぐ家（Maison Relais）」[23]への許可申請へと一旦変更され

---

23)　Maison Relaisは，「つなぐ家」。Samu－socialの元代表のエマニュエリ（Emmanuelli

た。しかし，相応しい部屋を確保するためには長い時間がかかりかねないということで，もう一度 Louez Solidaire 委員会に申請するようにと「つなぐ家」から返答を受けたが，A 氏は職業的参入を果たしていないため，申請には至っていない。

A 氏は，行政手続き全般に関して「回避（心理学用語で，精神的トラブルを引き起こす原因になるような状況を意図して避けること）戦略」を行っていることを，率直に認めている。A 氏はそれにもかかわらず，精神的な面からの見守りを望んでいない。というのも，A 氏はそうしたことをもう十分に経験してきたとみなしているからである。A 氏は 12 歳から成人になるまで，「児童社会援助（Aide Sociale à l'Enfance）」[24] の保護下にあったからである。

重大な変化をもたらすような出来事を機に，A 氏の相談援助は限界を露呈してしまう。A 氏をめぐる上記の状況は，そうした事実の例証である。その上，深刻な断絶，あるいは長期にわたる不安定な居住期間があった人々にとっては，住居へのアクセスということは，常に自明の事柄であるとは限らないのである。それ故，当事者本人の完全な同意の下に，特別な相談援助がなされる期間が必要となるのである。

この A 氏の支援事例は，安定した住居を持たない貧困ひとり親世帯の事例である。A 氏は，管理職の地位で働いていたため，それにみあった次の仕事が見つからず長期失業にあったが，RSA は A 氏のこれまでの資格を維持した仕事につけるようにすることをできるだけ重視してきた。こうした長期にわたる不就労によって A 氏は雇用可能性が高いとみなされていないだけでなく，収入がないことによる医療や住宅の支援が優先され雇用可能性が判断されてい

X.）の主宰するワーキンググループの発意で実施されることになったものであり，1997 年以来の「家族の宿（Pensions de famille）」を引き継いで 2002 年に導入された。これは深刻な排除状況にある人々 10〜25 人が入居可能な小規模施設で，入居期間の制限はない。共有スペースがあり，社会的・感情的孤立からの脱却が促される。

24)　未成年者の保護を目的とする社会政策で，それを担う部署（service）のことも指す。子どもの養育上の困難を抱える家庭を支援したり，家庭にいられない未成年者を里親や施設に預けたりする。地方分権化以降は県の管轄となっている。

る。

　この支援事例から雇用可能性ということに関連してみえてくることは、第1に、RSA は、成人した子どもが同居しながらも母親は RSA を受け続けることができ、まずは住宅の安定的確保が優先されて支援をする行政の姿勢がうかがえる。第2に、Louez Solidaire 委員会のように一定期間の住宅確保と安定的な居住確保の相談支援が一体化した事業があるだけでなく、家具をそろえるための資金援助、「つなぐ家」という入居期間の制限のない小規模居住施設などへの入居支援など、住宅支援において多様な支援が提供できる状況にあることである。A 氏の住宅支援は結局失敗したものの、面談への参加が不十分であっても RSA 受給者としての支援が継続され、制度から排除されるような行政の働きかけは決してなされていない。事例を通しても生活課題の解決を優先する制度運営が確認できる。

4-2　雇用可能性が中程度の受給者

　次に、雇用可能性が中程度とされる受給者の支援についてみていく。中程度の受給者の参入支援機関は、参入事務所（EI）と参入支援室（CAPI）がある[25]。前者は受給者の 15% を受け入れ、後者は 8% の受給者を受け入れている。また、前者は最長 18 カ月、後者は 3 年間という支援期間が定められており、あくまで期間の限られた参入支援機関として役割を果たす。それでは雇用可能性が中程度の受給者への支援事例を紹介する。

【事例 B】

　B 氏は単身 28 歳、女性である。大規模流通業で商品のバイヤーとして働い

---

25)　2000 年代に入り、RMI 受給者が増加していくと徐々に参入支援を本格的に進める気運が高まり、まず CAPI が受給者の多い地区に設置された。その後、社会的参入支援と職業的参入支援の両方をワンストップで提供できる福祉行政機関として、参入事務所（EI）が原則全区へ配置されることとなった。EI における詳細な検討は、小澤裕香（2013）「RSA 受給者の社会参加と行政の役割—パリの参入支援機関を事例として—」『中央大学経済研究所年報』第 44 号を参照されたい。

ていたが，長時間労働，上司のハラスメントが原因で辞職した。自発的に仕事を辞めたため失業保険がすぐに受給できず，RSA 申請に至った。B 氏は学歴（短大卒，商業関係）や職業経験もあるため，雇用局へ振り分けるべきケースだったが，過酷な労働条件やハラスメントにより，心が傷つき疲れ果てている状態にあったため，再スタートのためにまず自信を取り戻す必要があると診断し，参入事務所（EI）での支援となった。健康や住宅などの問題はないため，支援は職業的支援を中心に行われた。

　B 氏の職業計画は，前職とは関係なく，もともと関心のあった自営で宝飾業（クリエイトから販売まで）を営むことにあった。そこで，就労支援の第 1 段階として，その「職業に関する調査（enquête metier）」をするように指示した。宝飾品の制作・販売にはどういうことが必要なのか（デザイン能力，材料となる宝石の買い付け，それを加工する道具や場所，流通させて市場に出すという複雑な行程）を理解することが必要であり，そのため，「宝飾品のクリエイターという職業についてまずは調査をしてはいかがですか，例えば職人組合に行って，直接職人に会って，実際にどういう職業なのか調べてきてみてください」という提案が行われた。早速 B 氏は，次回の面談までに職人組合のフォーラムに参加し，約 20 名の宝飾業に従事する職人への聞き取り調査を行った。

　B 氏のやる気を汲んだ就労支援員は次のステップとして，「起業支援組織（Boutique de Gestion）」に行くことを提案した。この組織は，参入支援事務所（EI）と協約を結び，職業計画を評価するサービスを展開している。このサービスでは，8 カ月間かけて，B 氏の計画の実行可能性と人物評価を行った。また，このサービスと並行して，就労支援員は「就業評価（EMT）」を受けるよう勧めた。就業評価（EMT）は，5 日間経営者（親方）の下で実習しながら，現場適応能力の評価を受けることができるものである。受給者には労災が保障されるが無給で，経営者側には謝礼（indemnité remerciement）が支払われる。B 氏は，宝飾品の製造から販売までを 1 人で手掛けているショップを見つけ，実習に従事した。

　その実習で B 氏は新たな可能性を見出すことになった。実習先の親方が書

類の整理，仕入れ伝票の管理，経理などの経営に必要な事務作業能力がない人であったことから，B氏はその書類整理を手伝う中で，中小企業や個人経営者の事務的なサポートをする事業を展開したいと思うようになったのである。

　そこで就労支援員は，B氏の職業計画の変更に対応した「中小企業経営アシスタント（Assistant gestion des PME）」という短期の職業訓練を提案した。この職業訓練は，アクセサリー製造業者を支援するために必要な実務能力の習得を目指すものである。就労支援員の役割は，地域圏が管轄する職業訓練センター（CARIF）でこの訓練を受けられるようパリ市に財政支援を申請し職業訓練への道を開くことである。パリ市はCARIFと協約を結んでいるため，県に認められれば授業料負担は非常に少なくてすむことになる。B氏は，4カ月の座学が終わった後，実際に起業した。起業1年目は，経営者負担金の減免措置，経営アドバイスの下経営状況を見守ってくれる「保育器（Couveuse d'entreprises）」という支援を受けた。B氏はこうして，1年半の相談援助期間を経て，2012年10月にRSAから退出した。

　B氏の支援事例は，ハラスメントによる辞職のため自己都合により失業保険が受給できずRSAを受けることになった事例である。B氏は十分な学歴や職業経験を持っていたが，精神的な回復の必要性や経験してきた職業とは異なる職業計画を持っていたことで，中程度と判断された。起業支援を受けてRSAを退出したケースである。支援の特徴として，第1にハラスメントを受けた受給者の心の傷も就労阻害要因とし，柔軟な対応がなされている点である。ハラスメントで辞職した自分を責めるようなふさぎ込んだ態度を観察し，就労にだけ焦点をあてた雇用局での支援ではうつ病になってしまう可能性があると判断し，ソーシャルワーカーもいる参入支援事務所（EI）で支援を受けられるという柔軟な対応がなされている点が特徴的である。第2に，労働市場へただやみくもに出すだけではなく，個人の職業計画を尊重している点である。ここでは起業支援だけでも6つの支援事業を適切なタイミングで受けられるような，全面的なサポート体制となっていた。支援の途中で本人の新たな適性が発掘さ

れ，それに応じて柔軟に支援メニューが選定されている。第3に，これらの多様な起業支援サービスは，管轄が雇用局であったり，地域圏の管轄であったりするが，県がそれらの組織と協約を結んでいることによって，参入支援事務所（EI）においてすべて利用できる点である。そしてこれらの支援は費用が不要，あるいは費用負担があっても少額の負担でアクセス可能である。

　以上みてきたように，RSAにおいて雇用可能性による振分けが実施されることとなり，また参入支援機関として雇用局が新たに加わったが，すぐに就労可能ではない人たちにたいする参入支援が就労一辺倒なものになるような相談支援は観察されなかった。

5．おわりに

　本章では，RSAの就労促進的性格を，RMIとの違いを意識し，RSA手当と参入支援の両側面から検討した。RSA手当の面からみると，活動RSAの創設により，低賃金労働者層に対象が拡大され再分配が行われると同時に，働かないで給付だけ受けているRSA受給者にとっては，就労インセンティブを高め就労促進を期待することが強調されている。また，参入支援において，義務と権利という考え方が導入され，参入支援の対象者が「500ユーロ未満の労働所得」という経済的基準で選定されることとなった。そして参入支援の対象者を3つの雇用可能性で区別し，それぞれのレベルの参入支援機関が対応するというアクティベーションを構築しようとした。

　こうしたRSAの就労促進的方向性が具体的にどのように進められているのか，パリ市の運用の例から分析を行い，RSA受給者の就労経路を明らかにした。その際明らかになったのは，「雇用可能性」という基準で受給者を分類し就労経路を設けていることであった。そこで雇用可能性が現場でどのような基準で判断されているのか，またそのことが就労可能性が高くないと判断された受給者にたいしてどのような影響を及ぼすのかを検討した。パリ市における内部文書を下に判断基準を検討した結果，年齢が高いこと，社会的な問題を抱えていること，不就労期間が長いことなどがある場合には，就労可能と判断され

ず，社会生活の回復が支援で優先されていることがわかった。すなわち雇用可能性が意味する範囲は労働市場における有効求人数などの数値ではなく，受給者個々人の社会・職業生活を総合して判断されるもので，受給者をRSA制度から強制的に排除しようとする意図とは異なるものであった。

　他方で，就労はすぐには困難と判断されたRSA受給者の就労経路は原則無期限での受入れ先である参入支援機関で，社会的な生活課題の解決を重視した支援が行われていた。契約内容も就労に関することがなくても認められることから，就労していないことによるRSAからの排除などは彼らの就労経路においても生じている訳ではないことが観察された。こうした面から，運用面からみても，社会的アクティベーションの性格を確認できた。

　さらに雇用可能性の高くないRSA受給者の参入支援の経路を個別事例から観察した結果，参入支援の豊富な社会的・職業的参入支援事業が存在することは注目に値する。社会扶助受給者への就労における総合相談体制は，行政の責任において支援事業などの社会資源の整備があってこそ効果的に機能する。このことは，RSA受給者の社会参加のために自己選択の幅を可能にするという点で大いに注目に値する。

　しかし，RMIからRSAへと転換した段階でも社会的アクティベーション的性格が維持されている側面は観察されたにしても，RSAの目指す貧困脱却路線には不安要素がある。本章では検討をしていないが，RSAが設計どおりに基礎RSAから活動RSAを経て制度から脱却したかについて，次のような実証研究がある。その研究は，家族手当金庫（CAF）のパネル調査の結果をもとに，「2010年1月に基礎RSA受給者のうち69％が，約1年後の同年12月においてもまだ基礎RSAを受けている状態であった」ことを指摘し，貧困脱却は実際には稀である。また，「基礎RSA受給者の15％は，活動RSAを経ずに制度から退出」しており，基礎RSA受給者が活動RSAを受給して制度から退出するという制度設計どおりにはいっていない。さらに，「活動RSAのみを受給していた受給者の3分の2が1年後に状況が変化したが，そのうち3分の1の人は基礎RSAへの転落」であった。転落とは，活動RSAの受給後にRSA

から退出するのではなく，失業により再び基礎 RSA に戻っている状況にある。したがって，就労によって貧困を脱却できるかという視点をふまえた運用分析を今後行っていく必要があるだろう。

付記　本研究は JSPS 科研費 24602003,16 K 17257 の助成を受けたものである。

参 考 文 献

池谷秀登（2013）『生活保護と就労支援—福祉事務所における自立支援の実践』山吹書房。

小澤裕香（2010）「N．サルコジ政権下の貧困政策—RMI から RSA へ」佐藤清編著『フランス—経済・社会・文化の諸相』中央大学出版部。

小澤裕香（2011）「RSA 改革を通じたフランスワークフェア政策の転換—権利・義務関係の再構築—」（『経済学論纂』第 51 巻第 1・2 号）。

小澤裕香（2013）「RSA 受給者の社会参加と行政の役割—パリの参入支援機関を事例として—」（『中央大学経済研究所年報』第 44 号）。

小澤裕香（2015）「フランスにおける生活困窮者に対する就労支援の政策的枠組み—「経済的活動による参入」政策を中心に—」（『金沢大学経済論集』第 37 巻第 1 号）。

加美嘉史（2014）「生活困窮者に必要な就労支援とは何か—生活保護制度改革と生活困窮者自立支援法における就労支援の問題点」（総合社会福祉研究所編『総合社会福祉研究』No. 43）。

筒井美紀・櫻井純理・本田由紀（2014）『就労支援を問い直す—自治体と地域の取組み』勁草書房。

都留民子（2002）『フランスの貧困と社会保護—参入最低限所得 RMI への途とその経験』法律文化社。

服部有希（2012）「フランスにおける最低所得保障改革—活動的連帯所得手当 RSA の概要」国立国会図書館調査及び立法考査局『外国の立法』。

布川日佐史（2006）『生活保護自立支援プログラム活用』山吹書店。

福原宏幸・中村健吾（2012）『21 正規のヨーロッパ福祉レジーム—アクティベーション改革の多様性と日本』糺の森書房。

福原宏幸・中村健吾・柳原剛司（2015）『ユーロ危機と欧州福祉レジームの変容—アクティベーションと社会的包摂』。

町田敦子（2010）「第 2 章 フランス」独立行政法人労働政策研究・研修機構編『ドイツ・フランス・イギリスの失業扶助制度に関する調査』。

脇田滋，矢野昌浩，木下秀雄（2014）『常態化する失業と労働・社会保障—危機下における法規制の課題』日本評論社。

Bureau du RSA (2009), *Convention d'orientation*.

Bregeon, P. (2012), *À quoi servent les professionnels de l'insertion ?*, L'Harmattan.

DARES (2003), *Les politiques de l'emploi et du marché du travail*. La découverte.

DASES (2010), *Rapport d'activité 2009*.

DASES(2011), *Rapport d'activité 2010*.

DASES(2012), *Rapport d'activité 2011*.

DASES / DDEEES (2010), *Programme Départemental pour l'Insertion*.

DASES / DDEEES(2012), *Communication du Maire relative au bilan d'étape 2011−2012 du Programme Départemental pour l'Insertion et pour l'Emploi 2011−2014*.

DGTPE (2009), «Le Revenu de Solidarité active : principles de construction et effets attendus», *Trésor-éco*, n°61.

Duvoux N. (2009), *L'autonomie des assistés : sociologie des politiques d'insertion*, PUF.

Duvoux N. (2012), *Le nouvel âge de la solidarité,paurrté, précarité et politiques publiques*, Seuil.

Eydoux, A. Tuchszirer, C. (2010), «Du RMI au RSA : les inflexions de la solidarité et de la gouvernance des poliques d'insertion», *CEE*, n° 134.

Gomel, B. et Méda, D. (2011), «Le RSA, innovation ou réforme technocratique ? Premier enseignements d'une monographie départementale», *CEE*, n° 152, pp. 1−38.

Gomel, B. et Méda, D. et Serverin, É. (2013), «Le pari perdu de la réduction de la pauvreté par le RSA», *CEE*.

Grenelle de l'insertion (2008), *Rapport général*.

HCSACP (2009), *revenu de Solidarité active-dossier d'information sur la généralisation du sRa*.

Le secrétaire d'Etat de l'Industrie et de la Consommation, Porte-Parole du Gouvernement (2008), «Le financement du RSA et les prélèvements obligatoires»,*Clés actu*.

Ministère des affaires sociales et de la santé (2012), *Rapports du Gouvernement sur la pauvreté en France*, La documentation française.

Palier, B. (2008), «Du welfare au workfare : les transformations des politiques de lutte contre la pauvreté », *Regards croisés sur l'économie*, n° 4.

Paraire, X. (2015), «Plus d'un tires des CDI sont rompus avant un an», *Dares Analyses,* n° 005.

SSDP (2010), *Rapport d'activités 2009 du SSDP 15*.

SSDP(2011), *Rapport d'activités 2010 du SSDP 15*.

SSDP(2012), *Rapport d'activités 2011 du SSDP 13*.

第 4 章

Figures de l'urbanité: à partir des oppida de Gaule et des satellites de Djenné-Djeno

Isabelle SEELEMANN OGINO

1. Le Mont Beuvray, le vin et la pierre

1-1 Introduction

L'urbanité: ce mot si onctueux à prononcer cache pourtant bien son jeu. Car s'il évoque en premier lieu la politesse, c'est par le biais d'un raisonnement qui associe moeurs citadines et raffinement comme idéal des relations sociales, depuis la Rome antique au moins. Rome devenue la métropole multiculturelle et surpeuplée de l'Empire, mais aussi, ne l'oublions pas, le modèle de toutes les «petites Romes» des Provinces, à commencer par Arles et Nîmes. Tout en employant ici «urbanité» au sens plus large de «manières de vivre la ville», je voudrais dès le début en dévoiler les présupposés. Car certaines villes ne répondent pas à l'idée implicite que l'on s'en fait, et comme Djenné dans l'actuel Mali, proposent d'autres façons d'habiter l'espace, et par conséquent, d'autres systèmes de valeur.

Pour présenter la cité plus que millénaire du Delta Intérieur du Niger avec le raccourci choisi par la NHK, on peut dire que Djenné est «un paradis de boue»[1]. Le paradis, trouvaille des lettrés musulmans du cru à partir de l'assonance avec le terme arabe "al-Janna", résulte de la «production [consciente] d'une ville sainte»[2]. Tandis

---

1) "Djenné: doronko no tengoku" dans la série Tanken Roman de la NHK, diffusé le 22 septembre 2007.

2) Gilles Holder: «Djenné, "la ville aux 313 Saints" Convocation des savoirs, "lutte des classe-

que la boue, ou plutôt l'argile fermentée, renvoie au matériau de construction des bâtiments, aussi appelé banco. Mais en réalité Djenné est double, même s'il reste peu de chose de sa soeur jumelle Djenné-Djeno distante d'à peine quelques kilomètres, et redécouverte à partir de 1977 par les archéologues Roderick et Susan MacIntosh. Et la singularité, d'abord topographique mais aussi sociale, de cette implantation pré-islamique en réseau, ou en «grappes de satellites», conduit à s'interroger sur les conditions de la naissance du phénomène urbain. S'agit-il à Djenné-Djeno d'une configuration exceptionnelle? Et si on lui trouvait des équivalents, cela ne remettrait-il pas en cause certains présupposés dans l'analyse des débuts de l'urbanisation, en clair l'ubiquité du modèle de la Cité-Etat? Roderick MacIntosh le premier s'est posé ces questions, et a cherché des points de comparaison dans la Chine de la confédération Shang[3], au coeur des futurs empires chinois. Mais on peut lui préférer d'autres exemples situés dans des zones qui furent «périphériques» en leur temps, et pourquoi pas dans la Gaule d'avant la conquête romaine.

1−2 La Bibracte gauloise au Mont Beuvray

Je voudrais commencer par évoquer le souvenir d'un voyage en Bourgogne à la Toussaint 1988, plus précisément au Mont Beuvray dans le Morvan, hauteur densément boisée sauf en son sommet aplati qui culmine à 883 mètres et offre un panorama varié sur les vallées de la Loire et de la Saône. En ce lieu perdu en pleine nature, assombri par le crépuscule et balayé d'un vent glacial, il était difficile de croire que l'on se trouvait à l'emplacement de la Bibracte gauloise, la capitale du peuple éduen[4]. Je me rappelle avoir tenté d'imaginer les conditions de vie et l'état d'esprit des habitants de jadis. J'admirais leur courage et les plaignais en même temps, tout en frissonnant de froid dans mes habits pourtant adaptés à la saison. J'ignorais alors que Bibracte venait d'être promue «site national» de par la volonté présidentielle trois ans auparavant, et qu'elle susciterait la polémique[5], du fait que les époux Mitterrand y avaient acquis une

---

ments" et production d'une ville sainte au Mali», *Cahiers d'Etudes africaines* LII (4), p. 758.

3) 商 : du 15ème au 11ème siècle avant notre ère.

4) Un des plus puissants de Gaule, à la tête d'une confédération réunissant Parisii, Carnutes (Orléanais), Bellovaques (Oise)..., allié de Rome et même gratifié par le Sénat du titre d' «ami du peuple romain».

5) lancée par le magazine *l'Evénement du Jeudi* du 18 août 1995, trois mois après l'achat.

第 4 章　Figures de l'urbanité: à partir des oppida de Gaule et des satellites de Djenné-Djeno　87

parcelle au pied d'un chêne dans l'intention de s'y faire enterrer.

Acte formellement interdit en dehors d'un cimetière! et encore plus dans un espace naturel protégé. Contraint de renoncer, l'ancien député-maire de Château-Chinon tout proche dut se contenter de voir aboutir un de ses grands projets : la création sur place du Centre Archéologique Européen de Glux-en-Glenne. Depuis, colloques sur colloques y ont été organisés. On a aussi reconstitué la porte d'accès principale, fortifiée, dite du Rebout. Tandis que dans le quartier gallo-romain, une curieuse auge-fontaine creusée selon un plan mathématique nargue les visiteurs, car sans système d'arrivée d'eau, son mode d'utilisation reste incompréhensible.

Pourtant, les connaissances sur le monde celte[6] ont globalement progressé, grâce entre autres aux programmes d'archéologie préventive. L'étape de la vulgarisation est amorcée, avec par exemple la manifestation «Les Gaulois, une expo renversante», organisée par la Cité des Sciences et de l'Industrie de La Villette en 2011-12 en direction du jeune public, avec pour but affiché de casser certains clichés qui parasitent l'imaginaire national depuis Napoléon III au moins. L'Empereur, qui se rêvait en historien de Jules César, avait lui-même défini les trois lieux emblématiques qui allaient concentrer l'essentiel de l'attention par la suite sous l'égide de la classe politique: Alésia-Alise Sainte Reine pour la IIIe République naissante en quête d'une revanche sur l'Allemagne, Gergovie pour Pétain, et Bibracte donc pour Mitterrand[7], laissant dans l'ombre la centaine d'oppida citées par Jules César.

Privilégier le Mont Beuvray qui se trouve en Bourgogne, patrie incontestée du bon vin, nous met toutefois par association d'idées sur la piste d'un phénomène hautement significatif: c'est justement le goût immodéré des Gaulois pour le vin de Grèce et d'Italie, consommé pur jusqu'à l'ivresse, qui fut le moteur des échanges entre les deux univers. Tandis que Marseille, colonie phocéenne, en était le principal intermédiaire depuis sa fondation au 6ème siècle avant notre ère. En dehors du vin lui-même, les biens

---

6）　Voir Barry Cunliffe «*Les Celtes*», Infolio éditions. On assimile habituellement l'Age du fer en Europe tempérée , dont les vestiges matériels sont homogènes de l'Atlantique à la Bohême et la Hongrie, à une «civilisation celte» au contenu anthropologique assez flou.

Il est admis que les Grecs et les Romains employaient presque indifféremment les termes Galates-Gaulois et Keltoï-Celtes.

7）　Voir Krzysztof Pomian «Francs et Gaulois» dans *Les Lieux de Mémoire* sous la direction de Pierre Nora, surtout p. 2247 et p. 2281.

importés du monde méditerranéen se limitaient à des services à boire. L'exemple le plus spectaculaire, un vase monumental forgé en Grande Grèce (Italie du Sud), a été retrouvé au pied de l'oppidum du Mont Lassois situé entre Seine et Saône, non loin de l'axe rhénan, dans la tombe féminine à char de Vix en Côte-d'Or[8]. La conquête militaire romaine vient donc en point d'orgue d'une période de contacts multi-séculaires. Plus précoces et intensifs autour de la basse vallée du Rhône, ils ont provoqué une évolution divergente de cette zone, marquée notamment par un urbanisme original[9]. (Oppidum de Nages, ANNEXE 3)

En revanche les «villes nouvelles» qui apparaissent à la fin du second siècle avant notre ère sur les hauteurs ou les lieux facilement défendables, ne furent pas reconnues comme urbaines par Jules César qui les baptisa oppida, d'un terme latin emprunté à une réalité étrangère, mais qui devait leur rester. Oppidum (le singulier d'oppida), signifie place forte et se rencontre plus d'une centaine de fois dans les *Commentaires sur la Guerre des Gaules,* contre quinze fois seulement pour castellum, qui donnera château, et semble-t-il, seulement deux fois pour urbs, la ville[10], en référence à la capitale du peuple biturige, Bourges-Avaricium, à l'étape finale des combats lorsque la population d'une vingtaine d'oppida du territoire s'y fut réfugiée.

C'est aussi à propos d'Avaricium que César décrit la fameuse technique du «murus gallicus» (mur gaulois), qui semble l'avoir impressionné, et qui se retrouve dans nombre d'oppida. Il s'agit d'une enceinte défensive construite en terre et en pierre, et renforcée dans le sens de l'épaisseur par des poutres entrecroisées dont les extrémités forment des motifs décoratifs géométriques. Dans la partie non visible du mur, les intersections de charpente sont consolidées par de longs clous en fer. Au vu des quantités retrouvées cela représente un travail du métal considérable, si peu éco-nomique qu'il faut imaginer d'autres finalités, la démonstration de l'excellence et du prestige des forgerons par exemple. En remplacement d'un murus gallicus, des fossés

---

8) Le vase est daté des années − 530 et la tombe, des années − 490.

9) Voir Michel Py «*Les Castels Oppidum de Nages*». Celui-ci se caractérise par des murailles élaborées en pierre sèche (également le matériau des habitations), un plan d'occupation selon des voies parallèles qui ne se croisent que très rarement, et un égalitarisme apparent.

10) A noter que César utilise également à propos de la Gaule le terme de Civitas = Etat, qui peut prendre aussi le sens de cité-état.

第 4 章 Figures de l'urbanité: à partir des oppida de Gaule et des satellites de Djenné-Djeno 89

avec murs de remblai en terre ont été utilisés pour les oppida du type Fécamp (Normandie), également très répandu.

1-3 L'urbanisme comme figuration concrète du pouvoir

Or, si Jules César identifiait des citadelles mais point de cités, cela peut être lié à deux clés d'interprétation: la première, l'usage de matériaux périssables pour les habitations gauloises construites en terre et en bois, à toit de chaume, par opposition à la trilogie latine brique-pierre-tuile; la seconde, la structuration de l'espace qui ne lui était pas clairement lisible: pas de plan organisé selon les quatre points cardinaux comme dans le monde romain, pas de forum ostentatoire bordé de monuments civiques autant que religieux. Ainsi «le discours étrange de Vitruve, qui associe pierre et civilisation, bois et barbarie, s'impose pour deux mille ans»[11].

Dans ce cadre de pensée, les monuments ne représentent pas qu'un embellissement de la ville: ils orientent l'espace en définissant les flux de circulation, et donnent à lire en quelque sorte la figuration concrète du pouvoir. D'ailleurs, cette symbolique se perpétue à travers le temps: ainsi la City de Londres, ancienne cité médiévale limitée par les vestiges de l'enceinte romaine, relevés intentionnellement pour en tirer prestige, et défendue par le Pont et la Tour de Londres, s'est-elle transformée en quartier des affaires. Elle abrite de nos jours les institutions de la haute finance, sous le vocable CBD (Central Business District) des urbanistes anglo-saxons, signe que le pouvoir politique a cédé le pas à l'économique.

Prenons le cas de Matsuyama dans l'île de Shikoku au Japon, port et ville de plaine dominée par la masse de la colline du château féodal, ruiné par le feu au 19ème siècle et qui a été restauré. Par une coïncidence qui n'est sans doute pas le fruit du hasard, le siège à coupole de bronze de la Préfecture est placé au pied du chemin principal d'accès à la forteresse[12]. Le lieu de la domination, physique et politique, ne varie pas. On pourrait multiplier les exemples, et en déduire que l'inscription de la trame urbaine s'effectue à la fois dans le temps et dans l'espace; la combinaison de ces

---

11) Olivier Buchsenschutz «Les Celtes et la formation de l'Empire romain» *Annales. Histoire, Sciences Sociales* 2004-2, p. 359.

12) Plus manifeste encore, dans la ville de Fukui (côte ouest, près de Kyoto), la Préfecture est installée dans l'emplacement, malcommode et entouré de douves, du château féodal détruit.

90

deux axes aboutit à la permanence comme idéal.

Les Romains ne sont pas loin d'une réussite absolue dans ce domaine: d'abord par leur influence sur les styles d'architecture ultérieurs, avec parfois le réemploi d'éléments tels quels[13], et aussi parce que les marges de leur empire sont toujours repérables spatialement par des constructions encore debout deux mille ans après, dans le Midi de la France, en Espagne, en Afrique du Nord et au Proche-Orient. L'usage de la pierre, gage de durée, et du plan d'urbanisme standardisé qui l'accompagnait, pouvait-il aller jusqu' à un espoir d'éternité? On comprend mieux la dépréciation de matériaux comme le bois et encore plus la terre qui ne permettent pas d'arriver à ce but. Certes, mais il faut alors se demander si d'autres conceptions de la ville ne s'assignaient pas d'autres fins que de symboliser spatialement le lieu du pouvoir. Nous tenons là un premier indice pour la compréhension de ces villes qu'on n'a pas réussi à reconnaître comme telles.

2. Djenné-Djeno: cité en grappes de satellites

2−1 Djenné et Djenné-Djeno

Pour changer d'horizon mais non de problématique, plus profond que l'aveugle-ment de César apparaît le déni des Européens arrivant en Afrique de l'Ouest au dix-neuvième siècle et n'y repérant aucune ville, seulement des huttes et des villages, alors que la tradition urbaine y était florissante, entre autres au Nigéria dans les cités-états Haoussa du nord et le pays Yoruba près de la côte. Il en va de même pour la ville plus que millénaire de Djenné, un temps au coeur des échanges trans-sahariens, mais complètement ignorée en Europe à l'inverse de la mythique Tombouctou[14], avec qui pourtant elle fonctionnait en binôme grâce au trafic fluvial sur le Niger. On ne con-naîtra sa localisation exacte qu'après le siège victorieux mené par l'armée française en 1893. Voir la carte en ANNEXE 1.

La position de Djenné en bordure de ce qu'on appelle le Delta Intérieur du Niger,

---

13) le cloître roman de St Trophime d'Arles et la grande mosquée de Cordoue parmi tant d'autres exemples ....

14) Le caractère urbain de Tombouctou n'était pas mis en doute du fait qu'on l'assimilait à une cité du monde arabo-musulman. Pourtant elle était bel et bien construite en briques de terre crue, avec seulement quelques arches de mosquée en pierre.

第 4 章　Figures de l'urbanité: à partir des oppida de Gaule et des satellites de Djenné-Djeno　91

une vaste plaine d'inondation fertilisée annuellement par des crues qui durent d'août à décembre, explique en partie son double rôle de chef-lieu d'une région riche en ressources vivrières (poissons‑riz[15]‑bétail), et de plaque tournante dans le commerce à longue distance, à l'interface du monde de la forêt et du monde de la savane, et en liaison avec le terminus caravanier en aval à 500 km plus au nord. Leo Africanus donne en 1550 une des premières descriptions publiées de Djenné:

«Il n'y a ni ville ni château. Seul un grand village est habité par le souverain, les prêtres, les docteurs, les marchands et les gens de qualité.»

La sous-estimation de Djenné provenait-elle de la difficulté à la distinguer visuellement des villages des alentours? Et pourquoi n'apparaît-elle pas nommément dans les récits des historiens de langue arabe où le Delta Intérieur est caractérisé comme le «pays de l'or»?[16] En revanche au 17ème siècle elle figure en bonne place dans le Tarikh es-Soudan composé par El-Sadi, natif de Tombouctou:

«le territoire de Djenné est fertile et peuplé (…) on assure qu'il contient 7077 villages très rapprochés les uns des autres».[17]

Cette chronique, remaniée ultérieurement à des fins politiques, doit de toute façon s'analyser avec une grille de lecture anthropologique et non pas purement historique[18]. Ici, le chiffre de 7077 est visiblement symbolique, tout comme les 313 Saints de Djenné ne sont qu'une réponse aux 333 Saints de Tombouctou. Néanmoins, les recherches archéologiques ont montré, tout au long de la Boucle du Niger et depuis les premières implantations néolithiques, une structuration particulière des habitats en réseau qui fait écho à ces observations.

15）　La culture du riz, domestiqué à partir de variétés africaines, a débuté au 1er siècle de notre ère à Djenné mais l'évolution climatique défavorable depuis quelques centaines d'années l'a rendue marginale.

16）　Ce point est commenté par Susan et Roderick MacIntosh (1981). Un marchand gênois, Malfante, cite Geni comme «civitate» dans une lettre de 1447, mais sans la décrire. La première mention connue de Djenné en arabe date des années 1490, et Leo Africanus, d'origine berbère, rédige son manuscrit à Rome en 1526.

17）　Leo Africanus et El-Sadi cités par Gilles Holder dans «Djenné, "la ville aux 313 Saints"», op. cit., p. 745 et p. 750.

18）　Voir le dossier «L'épigraphie africaine médiévale» dans la revue Afrique & Histoire, 2005 vol. 4, à propos de l'ouvrage de Paulo Fernando Moraes Farias qui porte ce titre, et l'entretien qu'il a accordé à Bertrand Hirsch: «Un historien entre trois mondes», p. 183.

Toutefois l'ancienneté et la continuité du peuplement humain à Djenné étaient absolument insoupçonnées. On se contentait d'admettre ou de rejeter la datation de El-Sadi du 8ème ou 9ème siècle de notre ère, jusqu'au début des années 1980 qui voient la publication des premiers rapports de fouilles sur le site de Djenné-Djeno («l'ancienne Djenné» en langue Songhay), une butte située à quelques kilomètres au sud-est et dont le souvenir avait été conservé par les traditions orales. En effet Djenné-Djeno a révélé une occupation ininterrompue de plus de 1600 ans, depuis le 3ème siècle avant notre ère jusqu'au 14ème siècle; elle a par conséquent coexisté plusieurs centaines d'années avec l'actuelle Djenné, qui aurait peut-être regroupé en majorité des adeptes de l'islam[19]. Deux autres points suscitent l'étonnement: tout d'abord les preuves de la présence dès l'origine de réseaux d'échange à longue distance[20]. Ensuite la croissance continue de Djenné-Djeno, qui atteignait 25 hectares vers le 5ème siècle, et son amplitude maximale de 33 hectares au 9ème siècle, sans que pour autant le voisinage ne se dépeuple, puisqu'au contraire les installations sur des toguere (le nom des buttes à l'abri de la crue) restent une constante jusqu'à l'an mille: on en compte une soixantaine dans un rayon de quatre kilomètres.

Ce phénomène a été baptisé par S. et R. MacIntosh «urbanisation en grappes de satellites». En effet une spécialisation fonctionnelle a pu être établie entre les sites, dédiés à une ou deux occupations parmi la poterie, la pêche, l'extraction du minerai, la métallurgie, le broyage des grains etc. Parmi eux Djenné-Djeno apparaît bien comme le point central regroupant le plus grand nombre d'activités. (Voir ANNEXE 4)

Toutefois on s'écarte du modèle classique du centre urbain dominant un arrière-pays, car à Djenné-Djeno point de concentration ostentatoire des richesses. On n'a pas décelé de quartiers plus luxueux que d'autres, les objets quotidiens sont d'une qualité standardisée (et de haute technicité pour la poterie) comme dans toute la plaine d'inondation, les rites funéraires, très variés, ne s'accompagnent que rarement et

---

19) Pour une discussion de leur chronologie relative, voir Isabelle Ogino (2014), «Djenné et le Ghana: deux modèles sociaux, et la question du commerce trans-saharien», *Publication annuelle du Centre d'Etudes économiques de l'université Chuo*.

20) On recense ainsi des ressources venues de loin: pierres d'outillage, minerai de fer et bois de chauffage nécessaire à la métallurgie, plus tard du cuivre au 5ème siècle, puis de l'or au 8ème siècle, sans compter les marchandises qui ne laissent pas de trace (sel, esclaves...).

第 4 章　Figures de l'urbanité: à partir des oppida de Gaule et des satellites de Djenné-Djeno　93

parcimonieusement d'objets déposés en offrande… Et surtout, on n'a retrouvé ni temple, ni palais, ni citadelle[21]. Le mur d'enceinte lui-même n'a été édifié qu'au 9ème siècle, en briques cylindriques de terre crue, dont l'usage s'étend à cette époque à l'ensemble des bâtiments.

2-2　Architectures de terre

Qu'implique sur le plan social une urbanisation aussi peu différenciée dans le paysage? L'analyse des modes de subsistance, qui n'ont d'ailleurs guère changé sur le long terme, apporte un précieux éclairage. Dans une région où l'imprévisibilité climatique est extrême, les cultivateurs ont fait le choix de la diversification couplée à l'innovation, afin de répartir les risques. Toutefois chacun ne pouvait espérer tomber sur la bonne combinaison à coup sûr; l'entraide entre voisins était donc la règle, ainsi que le recours aux cueillettes sauvages. La cohabitation entre éleveurs et agriculteurs devait aussi être organisée en période de hautes eaux. Ce mode de vie réclame donc comme qualités primordiales l'esprit d'initiative et la générosité. Or c'est justement le message implicite des mythes de fondation qui circulent encore aujourd'hui: par exemple celui de la jeune fille Tapama sacrifiée par les Bozo pour apaiser les esprits du fleuve au bénéfice des Marka; en sa mémoire, ces deux groupes se prêtent mutuellement assistance lors des travaux saisonniers.

Au niveau de l'ensemble des habitants cette fois, le festival du recrépissage de la Grande Mosquée en banco marque un des temps forts de l'année. Ici aussi se met en place un esprit de coopération teinté d'émulation, entre quartiers, entre groupes d'appartenance et entre hommes, femmes et enfants, les uns transportant l'argile, les secondes l'eau, et les plus jeunes piétinant la boue sans relâche tout en s'amusant. A une échelle plus modeste, chaque maison doit elle aussi être recrépie périodiquement, et les murs lissés par les paumes de main en acquièrent une texture presque vivante et inimitable. Ce mode de construction non seulement reflète les valeurs de l'organisation sociale, il paraît même dicté par elle. Mme Labelle Prussin[22] a proposé une typologie

---

21）　alors que la royauté africaine s'accompagne très souvent d'une ségrégation physique du souverain. Mais à Djenné le chef de la ville, désigné comme "sultan" en langue Songhay, semble avoir été un personnage effacé.

22）　En enseignant l'Histoire de l'architecture africaine aux Etats-Unis à partir des années 1970, des architectures de terre en fonction de ce critère. Ainsi le pisé, bien connu des Romains de l'Antiquité, et introduit en Gaule à partir de la région lyonnaise, ne se trouve nulle part en Afrique sub-saharienne, contrairement au Maghreb, Maroc surtout. En effet pour réaliser ces murs de terre solidifiés par compression dans une structure extérieure mobile, suivant le principe du béton coulé, la coordination d'un grand nombre de travailleurs s'avère indispensable, impliquant des modes d'organisation hiérarchisés. Par opposition, dans la bande sahélienne de l'Afrique de l'Ouest la technique de base s'inspire de celle des potiers, et chaque chef de famille devient maître d'oeuvre quand il s'agit de construire sa propre maison, à charge de revanche pour ses voisins venus l'aider. Le résultat aboutit à une habitation ronde dont les parois ont été montés en spirale par empilement de mottes de terre crue. La toiture se doit d'être légère et privilégie le chaume. Un autre mode opératoire consiste à dissocier la préparation du matériau de la phase de construction proprement dite. L'argile est d'abord choisie et laissée fermenter avec ajout de composants, puis transformée en briques séchées au soleil, soit moulées à la main — coniques autour du lac Tchad et cylindriques à Djenné, soit faites en série dans des moules rectangulaires en bois. C'est ce qu'on appelle le banco, terme générique bambara. L'expertise de maçons professionnels devient nécessaire pour diriger l'étape finale selon un plan d'ensemble, ils forment à Djenné la corporation des bari.

Il est remarquable que la brique de forme cylindrique se soit conservée depuis les temps reculés de Djenné-Djeno. Par ailleurs elle ne se rencontre que dans la région même de Djenné, sauf là où des bari ont transmis leur savoir-faire comme pour le palais royal de Ségou (18ème siècle) plus en amont sur le Niger. La réputation de Djenné et de ses bâtisseurs ne fera que croître à l'ère coloniale. Le journaliste Felix Dubois la décrit en effet comme une «ville, au sens européen du mot, et non plus ces agglomérations désordonnées de cases»[23]. En plus de sa prospérité économique résiduelle, et du prestige de la Grande Mosquée en banco de 20 mètres de haut, et bien que le

---

elle a joué un rôle pionnier pour la réappréciation des architectures indigènes d'Afrique. Insistant sur le rôle social, symbolique et spirituel des habitations traditionnelles, y compris nomades, elle a mis en évidence leur influence sur l'architecture «noble» des mosquées haoussa ou marocaines.

[23] passage sur Djenné dans le livre *Tombouctou la mystérieuse*, Flammarion (1897), p. 94.

Maison traditionnelle à Djenné

Source: Wikipedia Photo: Olivier Epron.

monument ne fut alors plus que ruines[24], les Français ont-ils été sensibles à l'harmonie et à la verticalité des façades à frontons rythmées par des piliers de terre conçus pour répartir la pression?

L'administration française, non seulement s'emploiera à favoriser la reconstruction de la Grande Mosquée, achevée en 1907, mais aussi choisira l'architecture djenneké comme prototype du style «soudano-sahélien» qu'elle allait promouvoir dans toute la région pour ses édifices publics, et jusqu'au marché couvert de Bamako et à la mosquée rose de Fréjus (Var) de 1928. Mais paradoxalement la France accélérera le déclin de Djenné en réorientant le trafic fluvial vers Mopti, accessible par la route. Alors, que reste-t-il aujourd'hui de cet extraordinaire modèle urbanistique et social? Un attachement profond des habitants à leur ville, maintes fois personnifiée dans des chants de louange, et que «l'on chérit plus que son lieu de naissance». Et aussi une décentralisation manifeste: c'est une pure illusion de penser que la vaste esplanade

---

[24] Sa destruction «naturelle» sous l'effet du bouchage de tous les conduits d'évacuation des eaux, avait en effet été ordonnée vers 1820 par le conquérant Sekou Amadou, chef de l'Etat théocratique des Peuls du Macina.

96

devant la Grande Mosquée[25], point de convergence visuelle, aurait un rôle fédérateur. Il ne s'y passe rien, en dehors du marché hebdomadaire. La vie politique locale se disperse dans les vestibules des chefs de quartier cooptés, et à la périphérie sur les portes de la ville qui sont aussi autant de ports[26].

3. La Chine proto-historique: centre et périphérie

3-1 Les capitales Shang (商)

Roderick MacIntosh a identifié par la suite d'autres exemples de cette urbanisation «en grappes de satellites» tout au long de la Courbe du Niger. Et s'interrogeant sur l'unicité de cette configuration, il a cherché des points de comparaison avec la Chine du second millénaire avant notre ère. Dans son article "Early urban clusters in China and Africa - The arbitration of social ambiguity"[27], le Delta Intérieur du Niger représente l'Afrique, et la période Shang (商) de l'Age du Bronze, la Chine. Mais d'emblée on sent que sa démonstration doit forcer le trait. Certes, l'archéologie a mis au jour vers ZhengZhou (鄭州) et AnYang (安陽) dans le bassin du Fleuve Jaune (province du Henan (河南) Carte en ANNEXE 2) des quartiers périphériques regroupant des artisans autour de résidences de type élitiste, en dehors des murailles bâties justement en pisé, qui renfermaient des plateformes de terre compressée : hang tu (夯土), servant de soubassement aux palais et aux lieux de culte.

Mais ces capitales des Shang instaurent par leur taille même la monumentalité comme objectif: le mur intérieur de ZhengZhou, de 22 mètres de large à sa base, s'étendait sur 7 kilomètres et se trouvait doublé d'une enceinte extérieure, incomplète. On imagine la quantité de main-d'oeuvre à mobiliser pour ces travaux, d'autant que le siège de la dynastie migrait périodiquement[28] ! Ainsi, ZhengZhou a été abandonnée pour Huanbei (洹北) à 200 km plus au nord, puis pour YinXu (殷墟) juste en face par rapport à la rivière Huan (洹). Actuellement, toutes deux sont englobées dans la

---

25） Si les mosquées de quartier sont inexistantes, c'est qu'elles aussi ont été détruites à l'époque de Sekou Amadou. Voir Holder, *op.cit.*

26） Le centre historique de l'actuelle Djenné devient une île accessible par bac pendant les hautes eaux.

27） *Journal of field archaeology* no. 18, 1991.

28） en moyenne tous les 200 ans, mais parfois au bout de 15 ans à peine. Wang Haicheng (2015), "Writing and the city in early China".

第 4 章　Figures de l'urbanité: à partir des oppida de Gaule et des satellites de Djenné-Djeno　97

banlieue nord-ouest de AnYang. A noter que YinXu ne possédait pas de murailles, mais qu'elle aurait pu être défendue par le cours d'eau sur deux côtés.

Le déplacement de la capitale, accompagné de migrations de population, implique tout d'abord que le savoir-faire urbanistique se soit transmis, et aussi que le plan de la ville ait été reproductible, selon un schéma probablement cosmogonique, et qui préexistait à sa matérialisation. En cela, il représentait bien une imago mundi (image du monde), et d'autant plus quand il s'agissait d'une fondation ex nihilo, à l'inverse de Djenné-Djeno qui s'est développée de façon auto-régulée, et pour ainsi dire organique, sans schéma directeur. L'impression d'ensemble qui se dégage de l'organisation sociale diffère aussi fondamentalement. Cela ne saurait surprendre si l'on songe que cette portion de la Plaine du nord se situe au coeur des futurs Empires chinois. Plusieurs caractéristiques de la culture classique existent déjà en germe chez les Shang, comme le recours à la divination et la vaisselle rituelle standardisée, tandis que la différentiation sociale transparaît dans les objets de luxe et les sacrifices humains ensevelis dans les tombes. Mais même en remontant plus loin dans le temps jusqu'à l'ère LongShan[29] (龍 山) au 3ème millénaire, les divergences prennent toujours le pas sur les affinités. On remarque certes une hiérarchisation des sites chinois en trois ou quatre niveaux, mais l'implantation principale est presque toujours fortifiée par des murs d'enceinte puissants percés de portes bien défendues, ou sinon protégées par l'eau dans le delta du Fleuve Bleu. Et les sacrifices humains et les signes de violence sociale demeurent la règle[30].

3-2　L'est du Shandong (山東)

Pour arriver à une comparaison plus adéquate, il faut regarder au loin vers une province chinoise périphérique, ce qui paraît logique après tout dans la mesure où Djenné aussi est demeurée en lisière des constructions étatiques dominantes que furent l'empire du Ghana (du milieu du premier millénaire au 12ème siècle) et du Mali (13ème-16ème

---

29）　Elle tire son nom d'un toponyme dans l'ouest de la province du Shandong. En fait on regroupe sous ce terme générique une série de cultures régionales du troisième millénaire avant Jésus-Christ. Voir Paola Demattè (1999), "LongShan-era urbanism: the role of cities in predynastic China".

30）　Paola Demattè, ibid.

siècles). La région côtière du Shandong au sud de Qingdao (青島) offre un exemple intéressant de ce qui a pu se passer en dehors de la zone d'influence de la confédération Shang. Tout d'abord, contrairement à l'ouest, la partie est de la péninsule du Shandong, isolée par un massif montagneux, est restée autonome jusqu'à l'époque des Han (漢). Elle abritait dès le début de l'ère LongShan deux entités politiques en partie contemporaines aux environs de la ville moderne de Rizhao (日照). C'est justement l'étude de l'habitat à l'échelle régionale qui nous renseigne sur l'organisation socio-politique près de la mer[31]. Les sites y sont répartis selon une hiérarchie à quatre niveaux, et coiffés par deux centres, l'un au nord, l'autre au sud, tandis que la présence humaine plus clairsemée au milieu indique l'existence d'une zone tampon servant de frontière.

La localisation préférentielle au bord des rivières donne à penser qu'une partie des échanges avait lieu par voie d'eau. La possibilité de travaux d'irrigation est évoquée, mais selon un mode coercitif ou coopératif? Pour tenter d'en savoir plus, la répartition des céramiques a été analysée. Les plus raffinées, de couleur noire, se retrouvent en quantité dans les centres importants, mais aussi parfois dans les agglomérations plus modestes. On suppose qu'il s'agit là de cadeaux de prestige destinés à des chefs subalternes, dans le but de renforcer les obligations réciproques. De la même façon, les grandes cérémonies accompagnées de festins, servis dans cette même vaisselle rituelle, servaient à raviver périodiquement ces liens d'inter dépendance ou de vassalité, on ne le sait pas au juste.

4. Les oppida, premières villes au nord des Alpes?

4-1 En pays arverne

On retrouve justement cette caractéristique du banquet fédérateur, amplifiée, dans le monde gaulois, où nobles et guerriers se réunissaient à l'intérieur de l'enceinte des temples pour y consommer des animaux domestiques sacrifiés en grandes quantités aux divinités. On servait comme boisson du vin pur (et non coupé d'eau comme chez les Gréco-Romains), afin de rechercher les effets de l'ivresse. Ces temples servaient aussi à l'exposition des trophées de guerre sur les palissades entourant les fossés extérieurs: têtes coupées des ennemis, et leurs armes que l'on brisait rituellement par la suite

---

31) Anne Underhill (2008), "changes in regional settlement patterns and the development of complex societies in southeastern Shandong".

第 4 章　Figures de l'urbanité: à partir des oppida de Gaule et des satellites de Djenné-Djeno　99

lorsqu'elles finissaient par tomber à terre. Seule une petite construction abritait le foyer ou la fosse sacrificielle; la divinité était censée résider en plein air, dans un bosquet adjacent[32]. Les grands sanctuaires de ce type ont été retrouvés en majorité au nord de la Seine, comme à Gournay sur Aronde dans l'Oise, mais aussi chez les Celto-Ligures de Provence, à Entremont à côté d'Aix. Dans le siècle précédant la conquête romaine, il semble que ces pratiques de banquets s'étendent à une plus large fraction du corps social, et deviennent même un instrument de propagande électorale pour les candidats aux postes de magistrats, comme le chef arverne Luern qui tenait table ouverte (il prit pour symbole l'animal associé à son nom, le renard).

Mais en ce qui concerne l'urbanisme, comment savoir si la cité d'un peuple gaulois s'organisait en fonction de ses lieux de culte et de pratiques civiques et politiques? La confusion règne à ce sujet. D'abord parce que de nombreux oppida se sont transformés en villes gallo-romaines, dont les strates les plus profondes sont difficiles à analyser. C'est le cas même à Bibracte, et ce malgré son déclin suite à la fondation de la ville nouvelle d'Augustodunum (Autun) dès le début de l'Empire, puisque des structures gallo-romaines: forum, temples et villas, y rendent la topographie d'origine illisible. Il semble tout de même que deux enceintes s'y soient succédé, la plus ancienne à mi-pente étant curieusement la plus vaste de beaucoup. D'ailleurs le Mont Beuvray continuera d'attirer périodiquement les foules pour des foires jusqu'au Moyen-Age.

Une autre capitale, celle des Arvernes d'Auvergne, réserve bien des surprises dans sa topographie. Non pas à l'emplacement de Gergovie, décrété lieu historique par la volonté de Napoléon III, et qui se révèle, pour l'instant, principalement un camp militaire. Mais parce que l'on comprend maintenant que trois oppida ont coexisté simultanément au premier siècle avant notre ère dans un mouchoir de poche! (Voir ANNEXE 5) Elles se situent en effet aux sommets d'un triangle équilatéral d'à peine 6 kilomètres de côté: Gergovie à l'ouest vers le plateau montagneux, Corent au sud à proximité de l'Allier, et Gondole à l'est, adossée au confluent de l'Allier et de l'Auzon et reliée à ses voisines par deux axes divergents bordés de palissades.

Les fouilles à Corent[33] ont dégagé un grand temple avec d'innombrables restes

---

32）　Le chef gaulois Brennus, venu piller Delphes dans la période troublée qui suivit la mort d'Alexandre, aurait éclaté d'un rire incrédule à la vue des statues du dieu à l'intérieur du temple.

d'animaux de boucherie et d'amphores décapitées. Celui-ci donne sur une place publique d'où les festivités pouvaient s'admirer de loin, bordée de boutiques-ateliers, de tavernes, de structures à portiques peut-être utilisées les jours de vote, et même d'un «théâtre» gaulois en bois, lieu d'assemblée publique? Toutefois ce déploiement d'urbanisme pourrait aussi s'expliquer par l'imitation d'un modèle étranger[34], vu l'ancienneté des relations économiques avec la péninsule italique, attestées par la présence de commerçants acculturés, voire expatriés.

La juxtaposition de ces trois oppida, particulièrement intrigante, pose la question de la place relative de chacune: concurrentes, complémentaires, ou évoluant de l'un à l'autre? On pourrait imaginer une répartition fonctionnelle des sites dans l'esprit de Djenné, avec un pôle religieux, un port fluvial et un bastion militaire, mais cela reste du domaine de l'hypothèse. On note aussi que le centre de gravité de cette région extrêmement fertile de par ses terres volcaniques s'est déplacé vers le sud avec l'apparition soudaine des places fortifiées, puisqu'aux 3ème et 2ème siècles avant notre ère, des implantations de plaine non défendues étaient bien présentes dans la banlieue de l'actuelle Clermont-Ferrand (édifiée à l'emplacement de la ville romaine), principalement dans le faubourg est. Sur le site de La Grande Borne-Aulnat, on observe déjà à cette époque une concentration de produits d'origine méditerranéenne, et des signes d'une structuration de l'espace, avec une trame régulière d'îlots séparés par une voirie empierrée. Il est aussi frappant de constater que les espaces investis auparavant au Néolithique, nécropoles et champs de menhirs, ont été respectés en évitant que l'on ne s'y installe, signe que la mémoire collective continuait d'y attacher de l'importance.

4−2 Le perchement de l'habitat: un phénomène novateur à l'échelle de l'Europe tempérée

Cet abandon généralisé des agglomérations de plaine pour se rassembler sur des sites fortifiés à la fin du 2ème siècle avant notre ère, se lit clairement sur la carte des environs de Clermont-Ferrand en annexe 5. Mais en réalité ce phénomène s'est produit de façon simultanée à l'échelle de l'Europe tempérée[35] dans l'ensemble du «monde

---

33) Matthieu Poux et alii «Corent, petite "Pompéi arverne"», *L'Archéologue,* n° 95.

34) On a retrouvé des tuiles à Bibracte, ainsi que des pots pour frire à l'huile en Bourgogne éduenne, pour des dates précédant la conquête.

第 4 章　Figures de l'urbanité: à partir des oppida de Gaule et des satellites de Djenné-Djeno　101

celte»[36], en l'espace d'une génération à peine! Et sans que l'on puisse véritablement s'expliquer les causes d'un changement d'une telle ampleur. Ainsi, même les vastes regroupements d'artisans, du type de Levroux dans l'Indre (Berry) ou de Bâle (Suisse rhénane), migrent soit vers les hauteurs, soit vers les méandres ou confluents de rivières, «barrés» d'une muraille du côté non protégé naturellement. La limite nord des oppida dessine une courbe en forme de S couché qui, partant du Pas-de-Calais, inclut le Luxembourg (Titelberg) et remonte vers l'Allemagne moyenne pour finir en Bohême (Zàvist). On peut attester de leur présence par l'étymologie, grâce aux noms composés à partir du toponyme celtique «dun», comme Issoudun, Loudun, Châteaudun, Verdun... et Lyon-Lugdunum.

Ces «villes nouvelles» que sont donc les oppida, ont parfois réinvesti d'anciens bastions fortifiés du Premier Age du Fer, mais le plus souvent elles ont surgi ex nihilo. L'exemple de Condé sur Suippe au nord de Reims, habité pendant quarante ans à peine, permet d'imaginer l'oppidum de référence, bâti en terrain dégagé. Les deux côtés non protégés par la rivière sont défendus par deux remparts placés à angle droit. A l'intérieur, deux axes parallèles de dix mètres de large, probablement des voies de circulation, esquissent un plan d'urbanisme présent dès l'installation, avec des places, et des lieux de stockage. Mais à Condé sur Suippe comme ailleurs, l'inconnue porte sur le degré de remplissage des îlots et sur la densité de population. Ne s'agissait-il pas de «campagne à la ville»? C'est visiblement le cas des oppida les plus vastes comme Manching en Bavière ou Villejoubert en Limousin, qui dépassaient les 300 hectares et dont certains secteurs n'ont jamais été occupés.

Par ailleurs, étant donné le développement des activités artisanales celtes dans des ateliers aux dimensions pré-industrielles et à la production de qualité standard (travail de l'étain, du fer, du bois, de la corne, du tissu de laine à Reims, du verre en Bohême), cet éloignement subit des axes de communication apparaît contre-productif. Il faut que le désavantage économique ait été compensé d'une autre manière ─ au plan politique ou idéologique? Doit-on y voir le signe d'une hiérarchisation sociale plus poussée? Au

---

35） au sens climatique, c'est à dire comprise entre les zones méditerranéennes et nordiques. A cette époque on cultivait plutôt l'orge et autres céréales rustiques, peu à peu remplacées par le seigle et le blé, et on commençait à faucher les prés pour nourrir le bétail.

36） Voir note 6.

profit d'une élite, ou d'un groupe plus large ? On doit ici mettre en évidence l'investissement collectif que représente la construction et l'entretien des fortifications, en main-d'oeuvre et en temps soustrait à d'autres occupations, comme en matières premières, bois et clous de fer dont le gaspillage a été souligné plus haut. On peut donc s'interroger sur la place respective des besoins réels de protection, et des fonctions symboliques que remplirait la muraille (en tout état de cause le monument clé d'un oppidum). Soit qu'elle isole spatialement une population donnée, soit que son prestige rejaillisse sur la communauté entière, soit aussi que l'important soit l'acte de son édification marquant la cohésion du groupe, plutôt que le résultat final. On note plusieurs exemples[37] où la visibilité des enceintes du côté de l'accès principal primait sur leur efficacité réelle, les autres directions restant dégarnies, tandis qu'à Vernon dans l'Eure (vallée de la Seine), le matériau calcaire adossé à des silex ne formait qu'un «décor architectural fragile».

On peut tenter d'expliquer le perchement de l'habitat par les considérations suivantes: «L'installation paradoxale de centres commerciaux sur des hauteurs écartées des carrefours, avait l'intérêt d'ancrer ce projet novateur dans les traditions les plus anciennes. (...) Pour que le paysan gaulois puisse venir vendre ses produits "en ville", on lui faisait emprunter le chemin escarpé qu'il suivait peut-être auparavant pour se rendre à des cérémonies dont nous n'avons pas conservé la trace.»[38]

Mais en fin de compte, comment conclure sur le caractère urbain, ou non, des oppida? Pour les uns, il s'agit bien des «premières villes au nord des Alpes» (titre de l'ouvrage de John Collis, qui se propose de contre-balancer la vision ethnocentrée héritée des Humanités gréco-latines). Tandis que d'autres, comme Greg Woolf, rejettent catégoriquement cette possibilité. Certes ce dernier va jusqu'à nier l'existence de lieux

---

37) A Ulaca près d'Avila, et même à Bibracte. John Collis "Why do we still dig Iron Age ramparts?" Actes du colloque des 11 et 12 octobre 2006 à Glux-en-Glenne, p. 31.

38) Olivier Buchsenschutz (2004), «Les Celtes et la formation de l'Empire romain» Annales Histoire, Sciences Sociales, p. 348.

Annie Laval, présidente de l'Association pour la sauvegarde de Clédat en Limousin, m'a fait remarquer que le chemin de Saint-Jacques qui passe par ce village aujourd'hui abandonné, emprunte à travers marécages et lignes de crête le seul passage possible pour les grands animaux, et donc aussi pour les hommes préhistoriques qui suivaient leur piste.

第 4 章　Figures de l'urbanité: à partir des oppida de Gaule et des satellites de Djenné-Djeno　103

de culte et d'espaces publics au sein des oppida, mais en revanche ses remarques sur les constantes perceptibles dans la longue durée donnent à réfléchir. A propos du nombre réduit et de la taille modeste des villes européennes jusqu'aux Temps modernes, il suggère d'y voir le résultat des contraintes physiques d'une masse continentale «mieux dotée en ressources naturelles qu'en voies de communication[39]». La ville serait donc à peine nécessaire dans l'économie agricole quasi-autosuffisante de l'Europe tempérée...

A l'évidence, la réponse à la question posée dépend avant tout du sens que l'on donne aux mots. Et puisque le critère de la hiérarchie fonctionnelle des sites entre eux à l'échelle d'une région, utilisé dans les études sur la Boucle du Niger et le Shandong, ne fonctionne guère pour les territoires gaulois les mieux prospectés comme l'Auvergne, le Berry, et le nord de la Picardie, les auteurs de «Processus d'urbanisation dans la vallée de l'Aisne» [40] ont été amenés à proposer une définition moins contraignante:

« Une ville est une agglomération permanente de population et d'activités destinées à favoriser le développement local et régional des relations sociales: (...) au niveau régional et au-delà, une ville valorise une situation dans un réseau.»

Il est bien sûr intéressant de faire le rapprochement avec la terminologie employée par Susan MacIntosh d'après l'anthropologue Bruce Trigger: «en relation avec son arrière-pays, une cité exerce des fonctions spécialisées, de nature économique, comme la production et l'exportation de biens et de services, ou d'aspect social, comme la création de nouvelles institutions ou les échanges d'informations[41].»

L'accent est mis dans les deux cas sur l'idéologie et sur l'espace des représentations collectives, en minorant les aspects concrets et visibles. Toutefois le caractère vague de ces définitions se trouve justifié par la diversité des formes que l'on rencontre dès qu'on s'éloigne du modèle standard autocratique de la cité-état, celui de la Mésopotamie et de l'Egypte (et donc de la Bible), du monde gréco-romain et de l'Amérique pré-colombienne. On serait en effet bien en peine de recenser les traits fondamentaux simultanément présents dans le Shandong, dans la Boucle du Niger et

---

39) Greg Woolf (1993), "Rethinking the oppida", *Oxford Journal of Archaeology*.

40) Patrice Brun, Michèle Chartier et Patrick Pion (2000). Cette définition s'inspire de la géographe Denise Pumain.

41) Susan et Roderick MacIntosh (1984), "The early city in West Africa: towards an understanding", *The African Archaeological review*. Susan MacIntosh insiste sur ce point: l'important est ce que fait une ville ("emphasis has shifted from what a city is, to what a city does").

dans les oppida bien que des points communs apparaissent au coup par coup. On pourrait même opposer les «citadelles sans cités», du monde celte, à des «cités sans citadelles». Et avancer l'hypothèse d'Etats sans cités d'un côté, de cités sans l'Etat de l'autre.

5. La vallée de l'Indus

5-1 Mohenjo-Daro et Harappa

En quête d'un point de comparaison pour un urbanisme sans monuments ni symbolisation spatiale du pouvoir, tournons-nous vers la vallée de l'Indus où a fleuri de 2600 à 1900 avant notre ère une civilisation dont l'Inde historique a recueilli une partie de l'héritage. Bien documentée par des fouilles depuis les années 1920 bien qu'aucun texte antique n'en ait fait mention, elle est symbolisée par les deux centres de Mohenjo-Daro et Harappa, distants de 650 km par voie d'eau.

Les sites de cette culture se rencontrent majoritairement au Pakistan sur une aire géographique en arc de cercle, deux fois plus vaste que l'Egypte ou la Mésopotamie, le long du fleuve Indus et de ses affluents, avec des extensions vers le Gujarat et vers le golfe d'Oman. Ils ont succédé à des implantations «pré-harappéennes» de façon subite et simultanée, et leur identification ne laisse pas place au doute tant leur homogénéité est frappante: le maître-mot pour les décrire serait standardisation.

Standardisation d'un plan d'urbanisme régulier orthogonal, orienté selon l'axe nord-sud avec de larges voies pavées et un système d'adduction d'eau; standardisation aussi de la taille des briques employées - les poids, les mesures et les sceaux étant par ailleurs des objets partout présents. Deux zones sont presque toujours identifiables, l'une d'habitation à l'est, l'autre administrative à l'ouest, surélevées par des plate-formes artificielles en briques de terre crue. Quand les deux tells jumeaux font place à un seul, celui-ci est scindé par un mur qui matérialise cette division fonctionnelle, y compris pour les implantations de taille modeste[42]. On a par conséquent pu écrire que cette civilisation «n'avait pas de "villages" au plan morphologique[43]», puisquils

---

42) Mais à Lothal, port fluvial du Gujarat, exceptionnellement la partie «administrative» occupe l'angle sud-est.

43) Daniel Miller (1985), "Ideology and the Harappan civilization", *Journal of anthropological archaeology*, p. 47.

第 4 章　Figures de l'urbanité: à partir des oppida de Gaule et des satellites de Djenné-Djeno　105

imitent la structure duale des centres principaux.

Tout comme à Djenné, il n'apparaît pas de monuments imposants, temples ou palais, ni de quartiers plus luxueux que d'autres. Les maisons, qui disposaient d'un espace pour la toilette, et parfois d'un puits, étaient confortables mais peu décorées. A Mohenjo-Daro, elles suivaient à 90% l'un de ces deux types de plan: soit un patio centré sur la face nord, avec des chambres sur trois côtés, soit un patio d'angle bordé de chambres sur deux côtés. Les habitations plus petites étant construites avec le même soin que les autres, on en déduit que leur taille reflétait simplement celle de la famille qui y vivait, sans considération de hiérarchie sociale.

Les rites funéraires diversifiés ne s'accompagnaient pas d'offrandes somptueuses, ce qui rappelle Djenné, et les ustensiles quotidiens se conformaient à des modèles précis aux formes simples et fonctionnelles, arborant une unité stylistique remarquable dans le temps comme dans l'espace. Les seuls objets ornementés, les sceaux, figurent des motifs de taureaux, ou d'une licorne à côté d'une flamme, ou encore des signes d'une écriture qui n'a pas encore été déchiffrée. Les ateliers de production étaient très décentralisés, ainsi que les boutiques de vente au détail. Certaines matières premières, telles les pierres semi-précieuses, le cuivre ou les coquillages, provenaient d'au-delà des frontières, mais on n'a pas recensé de produits manufacturés importés! Sans doute étaient-ils taxés de façon à bannir les marques de statut ostentatoires.

5-2　L'uniformité normative

L'absence de différenciation par la richesse visible n'exclut pas cependant qu'une classe dirigeante ait pu exister. Simplement si l'élite ne se démarquait pas au plan matériel, c'est qu'elle aurait été de caractère puritain voire ascétique, se distinguant au contraire par la renonciation volontaire aux biens de ce monde, au nom de valeurs qui imprégnaient l'ensemble de la société. C'est en tout cas l'interprétation de Daniel Miller, qui lui permet de rendre compte de la singularité de cette culture: uniformité d'un environnement matériel manifestant l'ubiquité d'une norme dont nous ignorons le contenu. Pour tenter d'imaginer certains aspects de la vie religieuse, il faut se tourner vers les installations qui coiffaient les sommets des tells surélevés «administratifs». A Mohenjo-Daro, il s'agit du «grand bain» entouré d'un portique à colonnes, à Lothal de douze salles de bains, à Kalibangan à 200 km au sud-est de Harappa, côté indien de la frontière moderne, de sept «autels de feu» avec des traces de charbon de bois, au sommet d'un escalier. D'autres constructions de brique crue, régulières et compartimentées[44], ont été baptisées sans preuves «silos à grains» ou «baraquements». Ne pourrait-on pas y voir aussi bien des cabines de douche ou des cellules de moines? Quoi qu'il en soit, la proximité avec l'eau dans ces structures élaborées, ou sinon avec le feu, justifie qu'on y envisage des rites de purification peut-être pas si éloignés de ceux des brahmanes ou des zoroastriens.

Il faut toutefois se garder d'une comparaison trop directe avec l'Inde védique. Tout comme l'instauration soudaine, et révolutionnaire? d'un «monde harappéen» semble avoir contrarié les tendances latentes des diverses régions qui le composaient vers un processus de différentiation sociale et urbaine, (ce à quoi on se serait attendu en fait), de la même façon le système des castes indien prend le contre-pied de l'idéologie harappéenne. Et c'est plutôt du bouddhisme des origines, à son tour réaction spirituelle à l'hindouisme de son temps, qu'on pourrait attendre certaines clés d'interprétation.

Le modèle de Daniel Miller offre l'avantage de proposer une explication cohérente pour la fin de la période harappéenne, qui correspond plus à une désurbanisation et à un retour aux pratiques antérieures, qu'à la survenue de catastrophes dont l'hypothèse est en voie d'abandon. D'après lui, le maintien de l'uniformité spatialement (refus des variantes régionales), et dans le temps (continuité de style durant 700 ans), ne pouvait se faire qu'au prix d'une débauche d'énergie qui aurait finalement mené à l'écroulement de cet ordre social paradoxal. Autrement dit, si la culture de Harappa refusait la monumentalité urbanistique, en revanche elle se proposait bien un idéal de permanence que nous avions déjà remarqué chez les Romains.

6. Conclusion

6-1 Critères de comparaison

A ce stade où cinq exemples ont été tour à tour examinés, peut-on dégager des points de comparaison, après avoir noté l'omniprésence de la terre comme matériau de construction? Voici un tableau de synthèse, où les caractéristiques qui reviennent le plus souvent sont soulignées:

---

44) A Lothal par exemple, un carré de 8 x 8 modules, au bord du quai d'un bassin artificiel relié à la rivière. Jansen (1980), "Public spaces in the urban settlements of the Harappa culture".

第 4 章　Figures de l'urbanité: à partir des oppida de Gaule et des satellites de Djenné-Djeno　107

	Boucle du Niger	Oppida	Chine (Shang)	Chine (Rizhao)	Vallée de l'Indus
*Présence de fortifications		X	X		
*Centralité du palais ou des lieux de culte			(X)		
*Orientation selon les points cardinaux (et plan cosmogonique)			X		X
*Spécialisation fonctionnelle à l'échelle régionale (3 ou 4 niveaux de différenciation)	X		X	X	
*Urbanisation soudaine d'un vaste territoire		X			X
*Occupation sur la longue durée	X				X
*Banquets rituels attestés		X	X	X	
*Pas de signes extérieurs de richesse	X				X
*Surélévation par des plateformes				terre compressée	briques

Les quatre premiers critères correspondent à une conception communément admise de l'urbanisme, et l'on remarque donc qu'ils ne sont guère opérants ici; c'est encore la Chine des Shang qui s'en éloignerait le moins. Par ailleurs, la recherche d'affinités conduisant à des sous-familles apparaît vaine, tant les rapprochements sont conjoncturels. La spécificité de chaque cas semble se confirmer. Et pour résumer chacun en quelques mots, on pourrait associer la Chine centrale proto-historique avec un urbanisme cosmogonique et reproductible, imposant par ses dimensions; la civilisation de l'Indus avec l'uniformité normative; les cités en grappes de satellites du Niger, avec la coopération auto-régulée; et les oppida, avec le symbolisme de la muraille et de l'excentrement. Quant au modèle du Shandong côtier, dans son imprécision il pourrait bien s'avérer le plus généralisable.

6−2　Y a-t-il un lien entre complexité socio-politique et urbanisation?

Toutefois une idée-force se dégage: c'est en s'appuyant sur les réseaux du commerce et plus encore des échanges symboliques, que ces villes ont prospéré, en l'absence de lieux de culte majeurs et de structures de domination avérées. Il faudrait donc revisiter le paradigme habituel de la complexification politique aboutissant à l'Etat, au sein duquel on voulait absolument placer la naissance du fait urbain sous forme de la cité-état. Et réfuter la logique selon laquelle la monopolisation des ressources par une classe dirigeante aurait forgé partout et toujours la dichotomie ville-campagne.

Au contraire, ne peut-on proposer de dissocier processus d'urbanisation et processus de centralisation étatique? En ce qui concerne les Celtes, il est vraisemblable que leurs élites résidaient préférentiellement dans de grandes propriétés rurales plutôt que dans les oppida, dont certaines abritaient au contraire un secteur artisanal quasi-industriel. Les écrits de César sur les Eduens montrent qu'à la veille de la Conquête, tandis que le druide Diviciacus, magistrat élu de Bibracte, recherchait l'alliance romaine, son frère Dumnorix, en désaccord avec lui, contrôlait les campagnes et les points de péage sur la Saône. Par ailleurs John Collis fait justement remarquer que puisque la majorité des oppida ont surgi ex nihilo dans l'espace d'une génération, le moment le plus intrigant est celui qui précède leur apparition![45]

Il faut bien admettre en effet que ces sociétés déjà hiérarchisées (selon des critères comme la taxation et l'usage de la monnaie) avaient fonctionné jusque là sans centres de décision urbains. En somme, chez certains peuples gaulois au moins, «il est probable que l'urbanisme y est postérieur à la formation de l'Etat»[46].

Et pour revenir sur l'importance des échanges symboliques, certes l'urbanisation naît avec le besoin de commercer à plus ou moins longue distance; mais comment rendre compte de pratiques anti-économiques comme l'éloignement des oppida des lieux les plus commodes? Et de quelle façon franchit-on le seuil du bourg ou du marché éphémère pour cristalliser un autre mode d'être en société? Sans compter qu'à l'inverse, des réseaux commerciaux actifs à grande échelle peuvent se passer des villes. Ce fut le cas pour la façade atlantique de l'Europe dès la fin du 5ᵉ millénaire avant notre ère (début du mégalithisme), qui fonctionnait comme un corridor de circulation maritime nord-sud avec des ramifications latérales grâce aux fleuves. La navigation par courtes étapes y faisait circuler au loin des objets comme les haches en pierre dure de Plussulien (Bretagne, 4ème et 3:eme millénaires), les pointes de flèche en cuivre de la vallée du Tage ou les lunules en feuille d'or, portées en collier, de provenance irlandaise mais rapidement imitées en Armorique (début du second millénaire)[47].

---

45) John Collis (1995), "States without centers? The middle La Tène period in temperate Europe", p. 78 dans *Celtic chiefdom, celtic state*.

46) Carole Crumley "Building an historical ecology of Gaulish polities", p. 32, *ibid*.

47) Trafic rapidement stimulé par la demande méditerranéenne en ambre de la Baltique et en étain d'Irlande et de Bretagne. Voir dans Jean- Pierre Mohen et alii (1990) *Archéologie de la France*, Charles-Tanguy Le Roux p. 181 et Jacques Briard, p. 222.

第 4 章　Figures de l'urbanité: à partir des oppida de Gaule et des satellites de Djenné-Djeno　109

Tandis que dans les cités du Delta Intérieur du Niger et du monde harappéen, se remarque l'absence de produits manufacturés exotiques. Mais la valeur symbolique n'investit pas nécessairement un support matériel rare ou précieux, elle peut aussi se fixer sur des dispositifs sociaux. Ainsi, Roderick MacIntosh formule l'hypothèse que l'abandon des satellites de Djenné-Djeno autour de l'an mille correspond à sa phase de maturité, quand les identités de chaque sous-groupe, incarnées par ailleurs dans l'habillement, la parure, l'expertise professionnelle, les mythes d'origine et les rituels, ont pu se détacher de l'ancrage territorial. C'est ce qu'il nomme la résolution de l'ambiguïté sociale.

6-3　«Villes du roi» et villes en réseau

Toutefois, même si l'urbanisme en grappes de spécialistes se retrouve le long du fleuve Niger depuis Dia du Macina[48] jusqu'à Gao et Kukiya en aval de Tombouctou, ce n'en demeure pas moins un cas particulier, même pour l'Afrique subsaharienne. En effet, la configuration historiquement la plus fréquente y était la «ville du roi», que l'on peut caractériser de différentes manières:

＊　l'espace sacré d'accès restreint qui renfermait le palais royal, tandis qu'une esplanade où se tenaient les audiences servait de seuil de médiation, comme à Ségou[49], ou encore les acropoles entourées d'enclos arrondis en blocs de schiste de l'aire Mapungubwe-Zimbabwe, dans le bassin du Limpopo en Afrique australe.

＊　la ville double décrite par les géographes de langue arabe à propos des capitales des empires du Ghana (Al Bakri, 11ème siècle) et du Mali (Al Umari et Ibn Battuta, 14ème siècle), et aussi de Gao (Al Muhallabi, 10ème siècle), où une implantation jumelle distante de plusieurs kilomètres abritait les commerçants musulmans,

＊　le rassemblement autour du roi des hommes constituant potentiellement son armée mais s'adonnant aussi aux activités vivrières avec leurs familles, «mansadugu» ou «zone capitale»[50] dans le cas du Mali impérial.

---

48) Située au nord-ouest de Djenné-Djeno, Dia l'a précédée puisque l'occupation y remonte aux environs de l'an 800 avant notre ère.

49) Jean Bazin (2004), «L'Etat, avec ou sans cité», *Journal des africanistes*.

50) Jean Bazin propose cette traduction (littéralement «Mansa» désigne l'empereur, et «dugu», une agglomération), en précisant:

A noter que cette liste dessine un éventail de possibilités qui ne s'excluent pas mutuellement, avec également l'option de la capitale itinérante, parfois dite péri-phérique quand le souverain séjournait dans les provinces administrées en son nom sur les bordures du territoire.

Tandis qu'un second groupe, minoritaire, était constitué par les cités commerçantes fleurissant dans les intervalles des pouvoirs politiques, comme le réseau des villes fondées par les marchands wangara-dioula après la chute du Ghana, ou comme les cités Haoussa du nord de l'actuel Nigéria, insérées entre les sphères d'influence Bornou et Songhay, et connectées à partir du 15ème siècle avec le trafic trans-saharien. (Voir la carte en ANNEXE 1)

Ces descriptions nous renvoient à une conception africaine du pouvoir qui s'exerçait sur des personnes bien plus que sur un territoire aux frontières mouvantes, où les techniques agricoles extensives invitaient à des relocalisations périodiques. Aussi la clé de la puissance résidait-elle dans la capacité à attirer[51] et à fixer durablement autour de soi des hommes et des femmes qui avaient presque toujours l'option de s'en aller en cas de mécontentement durable, dans un univers encore en expansion. La «ville du roi» sera donc le lieu où s'établissent le souverain et son entourage, variable dans l'espace en fonction de leurs déplacements, et variable dans le temps avec des refondations successives. Elle prend par conséquent un aspect diffus, passager, et souvent bien peu architecturé. On trouve probablement là l'explication du fait que l'on n'a pas réussi à identifier de façon convaincante les capitales du Ghana et du Mali[52]. Et on comprend mieux comment les cités Yoruba de la Côte atlantique du Nigéria, et même leur métropole symbolique Ifé, furent à ce point invisibles aux yeux européens.

«Un Etat c'est une zone centrale où s'accumulent [..] les hommes drainés par le roi et ses gens. [..] Tandis que dans le cas de ces communes marchandes ou de production marchande qui couvrent toute l'Afrique de l'ouest, c'est le modèle du réseau qui l'emporte.» *Ibid.*

51) Cela avait en général plus à voir avec la maîtrise, réelle ou supposée, des forces occultes, et avec une générosité redistributive, qu'avec l'usage de la force.

52) Pour le Ghana, le terminus caravanier trans-saharien de Koumbi Saleh en Mauritanie n'est qu'une hypothèse de travail, et pour le Mali, la localisation présumée à Niani en Guinée est douteuse pour la période de son hégémonie (13–15ème siècles) au vu des datations au carbone quatorze. Voir "Sorotomo: a forgotten Malian capital?' p. 62, Kevin MacDonald et alii, *Archaeology International* vol.13–14.

第 4 章　Figures de l'urbanité: à partir des oppida de Gaule et des satellites de Djenné-Djeno　111

De leur côté les cités marchandes reliées entre elles échappaient, peut-être pas en permanence mais le plus souvent, à cette centralité du pouvoir pour lui substituer une autre logique des relations sociales. De nos jours, ces manières de vivre la ville autrement, que ce soit chez les Gaulois d'avant la conquête, dans la vallée de l'Indus, dans le Shandong côtier ou dans le Delta Intérieur du Niger, semblent avoir disparu des mémoires et du paysage. Mais elles n'en apportent pas moins de précieux enseignements: en Gaule pour la période qui précède immédiatement l'apparition des oppida, on trouve la preuve que de multiples micro-états ont fonctionné sans centres de décision urbains. Inversement à Djenné-Djeno et le long de la courbe du Niger, l'urbanisme multipolaire s'est bel et bien passé de l'Etat. Sans compter que certains de ces phénomènes pourraient bien continuer de s'exercer souterrainement, voire resurgir un jour.

BIBLIOGRAPHIE

Bazin, Jean (2004), «L'Etat, avec ou sans cité», *Journal des africanistes* 74-1 /2 (En ligne : //africanistes.revuesorg/222).

Brun, Patrice, Chartier, Michèle et Pion, Patrick (2000), «Le processus d'urbanisation dans la vallée de l'Aisne», *Les processus d'urbanisation à l'âge du Fer,* collection Bibracte 4, pp. 81−96.

Buchsenschutz, Olivier (2004), «Les Celtes et la formation de l'Empire romain», *Annales Histoire, Sciences Sociales*, 2004-2 59e année, pp. 337−361.

Collis, John (1995), "States without centers? The middle La Tène period in temperate Europe", *Celtic chiefdom, celtic state* sous la dir. de Bettina Arnold et D.Blair Gibson, Cambridge pp. 75−80.

Collis, John (2010), "Why do we still dig Iron Age ramparts?", *Murus celticus. Architecture et fonctions des remparts de l'âge du Fer. Actes du colloque de Glux-en-Glenne 11 et 12 octobre 2006* sous la dir. de Stephan Fichtl pp. 27−35.

Crumley, Carole (1995), "Building an historical ecology of Gaulish polities", *Celtic chiefdom, celtic state* sous la dir. de Bettina Arnold et D.Blair Gibson, Cambridge, pp. 28−33.

Cunliffe, Barry (2006), *Les Celtes* (traduit de l'anglais), Infolio éditions, Genève.

Demattè, Paola (1999), "LongShan-era urbanism: the role of cities in predynastic China", *Asian perspectives* vol. 38 (2), pp. 119−153.

Dubois, Félix (1897), *Tombouctou la mystérieuse,* Flammarion, Paris.

Holder, Gilles (2012), «Djenné, "la ville aux 313 Saints"», *Cahiers d'Etudes africaines* LII (4), pp. 741−765.

Jansen, Michael (1980), "Public spaces in the urban settlements of the Harappa culture", *Art and Archaeology research papers 17,* pp. 11‒19.

MacDonald, Kevin et alii (2009-11), "Sorotomo: a forgotten Malian capital? ", *Archaeology International* n° 13‒14, pp. 52‒ 64.

MacIntosh, Roderick et Susan (1981), "The Inland Niger Delta before the Empire of Mali: evidence from Jenne-Jeno" *Journal of African History* vol. 22, pp. 1‒22, consultable via : //anthropology.rice.edu/research.html.

MacIntosh, Roderick et Susan (1984), "The early city in West Africa: towards an understanding", *African Archaeological review* vol 2, pp. 73‒98.

MacIntosh, Roderick (1991), "Early urban clusters in Africa and China: the arbitration of social ambiguity", *Journal of Field Archaeology* vol 18, pp. 199‒212.

MacIntosh, Roderick (2006), «Que nous ont appris les fouilles de Djenné jusqu'à ce jour?», Entretien en ligne sur le site www.djenne-patrimoine.org de l'association Djenné-Patrimoine, *bulletin n° 20.*

Miller, Daniel (1985), «Ideology and the Harappan civilization», *Journal of Anthropological archaeology* n° 4, pp. 34‒71.

Mohen, Jean-Pierre et alii (1990), *Archéologie de la France* (notices de l'exposition du Grand Palais septembre-décembre 1989), Flammarion Champs et RMN.

Moraes Farias, Paulo Fernando (2005), «Un historien entre trois mondes Entretien avec Bertrand Hirsch», *Afrique & Histoire* vol. 4, pp. 177‒187.

Ogino, Isabelle (2014), «Djenné et le Ghana: deux modèles sociaux, et la question du commerce trans-saharien», *Publication annuelle du Centre d'Etudes économiques de l'université Chuo* (中央大学経済研究所年報) n° 45, pp. 413‒432.

Pomian, Krzysztof (1997), «Francs et Gaulois», *Les Lieux de mémoire* sous la dir. de Pierre Nora T 2, pp. 2245‒2300, Gallimard.

Poux, Matthieu et alii (2008), «Corent, petite "Pompéi arverne"», *L'Archéologue* n° 95, pp. 4‒11.

Prussin, Labelle (1981), «Building technologies in the West African savannah», *Le sol, la parole et l'écrit Mélanges en hommage à Raymond Mauny,* Société Française d'Histoire d'Outre-Mer, pp. 227‒245.

Py, Michel (1980), *Les Castels Oppidum de Nages,* guide de l'ARALO n° 2, Caveirac.

Underhill, Anne et alii (2008), "Changes in regional settlement patterns and the development of complex societies in southeastern Shandong, China", *Journal of anthropological Archaeology* n° 27, pp. 1‒29.

Wang, Haicheng (2015), "Writing and the city in early China", *The Cambridge World History* vol. 3, sous la dir. de Norman Yoffee, Cambridge, pp. 131‒157.

Woolf, Greg (1993), "Rethinking the oppida", *Oxford Journal of Archaeology* vol. 12 no. 2, pp. 223‒234.

第 4 章　Figures de l'urbanité: à partir des oppida de Gaule et des satellites de Djenné-Djeno　113

ANNEXE 1: L'Afrique de l'Ouest jusqu'au 15ème siècle

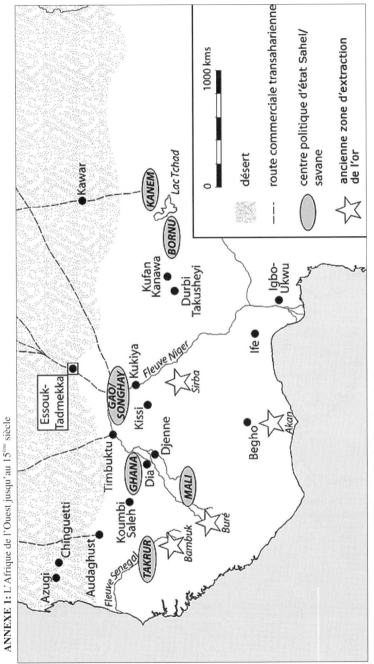

NB: Kufan Kanawa (Kano) et Durbi Takusheyi (Katsina /Daura);tumulus Hausa
Timbuktu: Tombouctou.
Source: d'après Sam Nixon «Tadmekka», *Afriques* 2013–04.

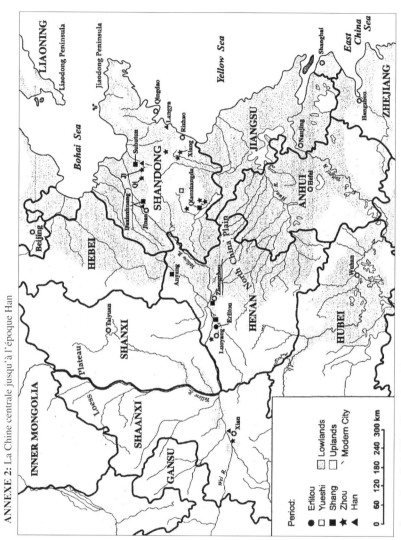

ANNEXE 2: La Chine centrale jusqu'à l'époque Han

Source: Anne Underhill et alii, *op.cit.*, p. 15.

第 4 章　Figures de l'urbanité: à partir des oppida de Gaule et des satellites de Djenné-Djeno　115

ANNEXE 3: Les Castels : Oppidum de Nages ―
　　　　　　du troisième au premier siècle avant notre ère

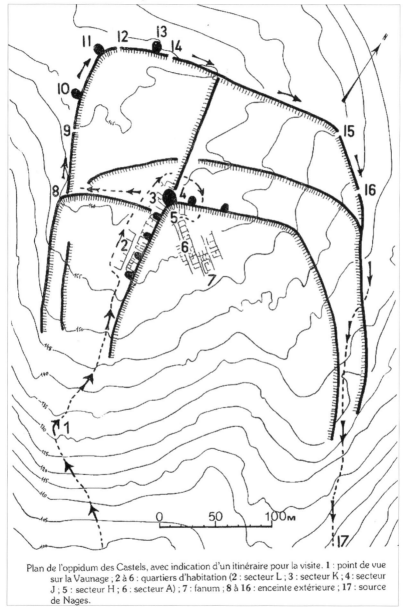

Plan de l'oppidum des Castels, avec indication d'un itinéraire pour la visite. **1** : point de vue sur la Vaunage ; **2 à 6** : quartiers d'habitation (**2** : secteur L ; **3** : secteur K ; **4** : secteur J ; **5** : secteur H ; **6** : secteur A) ; **7** : fanum ; **8 à 16** : enceinte extérieure ; **17** : source de Nages.

NB: Les enceintes se sont succédé.
Source: Michel Py, *Guide de l'ARALO* n° 2, rabat.

ANNEXE 4: Diagramme des satellites de Djenné-Djeno
dans un rayon de 4 km autour de Djenné,
au premier millénaire AD

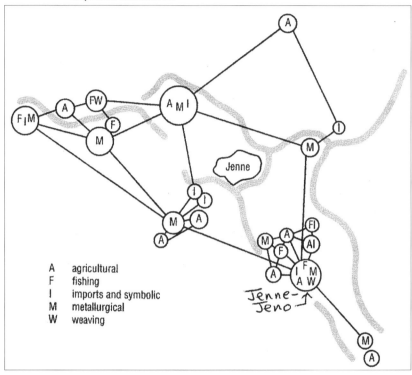

Source: Roderick MacIntosh, *The Peoples of the Middle Niger*, p.308.

ANNEXE 5: Environs de Clermont — Ferrand —
second et premier siècle avant notre ère

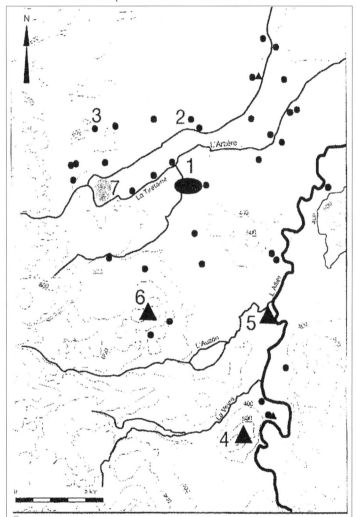

Fig. 1 : carte archéologique du sud de la Grande Limagne (fin de l'âge du Fer). • : sites du IIe siècle avant notre ère. ▲ : sites du Ier siècle avant notre ère. 1 : Gaindaillat / Le Brézet / La Grande Borne. 2 : Le Pâtural. 3 : Les Côtes de Clermont. 4 : *oppidum* de Corent. 5 : *oppidum* de Gondole. 6 : *oppidum* de Gergovie. 7 : *Augustonemetum* (Clermont-Ferrand).

Source: RACF n°. 39, 2000.

第 **5** 章

フランス家庭内保育サービスの史的展開
――乳母から認定保育ママへ――

宮　本　　悟

1. は じ め に

政府発表の合計特殊出生率（前年分）が予想以上に低かったために「1.57
ショック」と呼ばれたのは 1990 年のことであり，わが国では 20 世紀末から少
子化問題が社会的関心事となっている。2015 年 6 月に発表された合計特殊出
生率（2014 年分）は 1.42 にとどまっており，歴代政府は少子化対策の必要性
を強調しつつも十分な成果を上げられなかったと言えよう。

少子化対策には子育て環境の整備が不可欠である。子育て支援策について国
内外で一定の評価を得ているのはフランスの事例であり，例えば，わが国の内
閣府が 2005 年に発表した調査報告書では[1]，① 所得保障である家族給付の特
徴を「非常にきめ細かい」と評し，② 人的・物的サービス保障については
「多様な保育形態が利用可能となっており，利用している人も多い」と述べ，
フランス子育て支援策の充実ぶりを紹介している。とりわけ，わが国ではいま

---

1) 内閣府経済社会総合研究所（2005）「フランスとドイツの家庭生活調査―フランス
の出生率はなぜ高いのか―」（http://www.esri.go.jp/jp/prj/hou/hou 012/hou 12.pdf#search
＝'%E 4% BF%9 D%E 8%82% B 2% E 3%83%9 E%E 3%83%9 E＋%E 3%83%95%
E 3%83% A 9% E 3%83% B 3% E 3%82% B 9＋%E 5%86%85% E 9%96% A 3% E
5% BA%9 C'；2015 年 1 月 13 日閲覧）。

図 5-1　3 歳未満児の親が考える理想的な保育方法（2009 年：フランス本国）

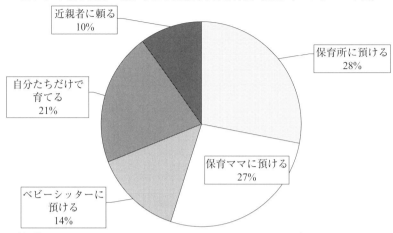

（出所）Ipsos (2009), «Les principaux enseignements de l'enquête», p.1（http://www.social-sante.gouv.fr/IMG/doc/Synthese_garde_d_enfants.doc ; 2015 年 3 月 27 日閲覧）より作成。

だに解消に向かう兆しすらみえない待機児童問題[2]を念頭に置くと，フランスの「多様な保育形態」は参考になるであろう。

　2009 年，家族問題各省委員会（Délégation interministérielle à la famille）の要請により民間調査会社イプソス（Ipsos）がフランス国内で実施した意識調査によれば，3 歳未満児を養育中の親が考える理想的な保育方法としては，保育ママ（assistante maternelle）が保育所（crèche）と並んで高く評価されている（図 5-1 参照）[3]。フランスにおける保育ママの好評ぶりは，意識調査のみならず，社会

---

2) 厚生労働省が公表した 2015 年 4 月時点での待機児童者数は，2 万 3,167 人であった。しかしながら，2016 年 3 月 18 日，衆議院厚生労働委員会において野党議員の質問に対して塩崎恭久厚生労働大臣が行った答弁により，いわゆる潜在的待機児童を含めた実質的な待機児童の人数は 7 万 2,320 人に上ることが明らかになった。具体的には，希望する認可保育施設へ定員超過により入れず他の認可施設への入所を希望しなかったケース（3 万 2,106 人）や国の認可基準を満たしていないものの各自治体独自の認証基準には適合している認可外施設に入所したケース（1 万 7,047 人）などが，従来公表されてきた数値には反映されていなかったのである（2016 年 3 月 20 日付『日本経済新聞』朝刊）。事態は従来考えられてきたよりも深刻であることが，浮き彫りにされた。

3) フランス社会問題・保健・女性権利省ウェブサイト（http://www.social-sante.gouv.fr/

表 5-1　平日における 3 歳未満児の保育方法の組合せ（2013 年：フランス本国）

類型	主要な保育方法	補助的な保育方法	3 歳未満児全体に占める割合（%）
①	親 （55：00）	−	32
②	認定保育ママ （37：08）	親 （16：30）	18
③	保育施設 （38：54）	親 （14：52）	12
④	親 （34：28）	認定保育ママ （18：56）	9
⑤	親 （39：54）	保育施設 （14：02）	8
⑥	親 （44：07）	祖父母などの家族 （9：34）	7
⑦	親 （37：35）	学校 （15：07）	3
その他の組合せ			11

（注）1：（　）内は，月曜から金曜まで 8 時から 19 時までに当該保育方法を活用した平均時間の合計を表す。
　　　2：保育施設とは，各種保育所 crèches および一時託児所 haltes-garderies を指す。
（出所）Villaume, S. et É. Legendre (2014), «Modes de garde et d'accueil des jeunes enfants en 2013», DREES, *Études et résultats*, N° 896（原典は，DREES (2013), *Enquête Modes de garde et d'accueil des jeunes enfants*）より作成。

問題・保健省（Ministère des affaires sociales et de la santé）に属する調査研究政策評価統計局（Direction de la recherche, des études, de l'évaluation et des statistiques ; DREES）が 2013 年に行った保育方法に関する実態調査からもうかがい知ることができる。すなわち表 5-1 に示されているように，平日における 3 歳未満児の保育方法としては，家庭外の保育サービスを一切利用せずもっぱら親のみで保育を行う類型①（33%）に次いで，主要な保育方法として認定保育ママを利用しつつ親が補助的な役割を担う類型②（18%）が多い，というフランスの子育ての実態が明らかにされているのである[4]。保育ママによる子育て支援サービスにつ

---

　　espaces,770/famille,774/publications,893/archives,3019/quels-sont-les-modes-de-garde,9644.
　　html ; 2015 年 3 月 27 日閲覧）。
4）　Villaume, S. et É. Legendre (2014), «Modes de garde et d'accueil des jeunes enfants en
　　2013», DREES, *Études et résultats*, N° 896, pp. 2-3.

いては，われわれ日本人にとっては比較的馴染みが薄いと思われるが，フランスにおけるその評判の高さには注目すべきであろう。

　フランスにおける保育ママとは，「報酬を受けて，日常的・非永続的に未成年者を自宅に受け入れる者」（社会扶助・家族法典L. 421－1条）[5]であり，生業として基本的に自らの家庭内で依頼者の子供を預かり保育する者を意味する。この制度の類似施策が，近年わが国においても国家レベルで重視されるようになってきた。すなわち，わが国の保育ママ制度は，2015年度に本格実施された「子ども・子育て支援新制度」の地域型保育事業の1つに位置づけられた「家庭的保育事業」として，都市部を中心に一部の地域で広まりつつある[6]。

　わが国でもいわゆる待機児童問題を解消する一方策として期待されている保育ママ制度に着目し，先行するフランスの事例について検討していきたい。とりわけ本章では，フランスにおける認定保育ママ制度が今日では代表的な保育制度に位置づけられるに至った点に着目しつつ，その家庭内保育サービスの歴史的展開を辿っていくこととする。

2.　19世紀における乳母産業の展開

2-1　フランス家庭内保育の歴史的先例——2種類の乳母

　フランスにおける家庭内保育の歴史的先例としては，育児に関する人的サービスを担ってきた乳母（nourrice）がある。例えば，中世におけるブルジョワ階級の女性には「妻」としての立場が重視され，子の授乳は下層階級の出である乳母の役目とされていた。1350年には国王ジャン2世が乳母の賃金とその紹介料を定めた王令を発布しており，この時代には乳母を紹介する仲介業者が存

---

5)　Légifrance ウェブサイト（https://www.legifrance.gouv.fr/affichCodeArticle.do?cidTexte=LEGITEXT000006074069&idArticle=LEGIARTI000006797846&dateTexte=&categorieLien=cid；2015年11月10日閲覧）。

6)　例えば，江戸川区の事例については，林寛子（2011）「子育て支援と保育ママ制度——江戸川区の保育ママ制度を手がかりとして」（山口地域社会学会『やまぐち地域社会研究』第8号）を参照。

在したことがうかがわれる[7]。

かつての乳母には，① 遠隔地乳母（nourrices au loin ; nourrices sur place）と ② 住込み乳母（nourrices sur lieu）の 2 種類があった。前者は，遠隔地の田舎に住む乳母が自宅で都市部の乳児を預かり養育するケースであり，後者は，乳母が乳児宅に居を移して住み込みその世話をするケースである。

18 世紀には，乳母を雇って自宅に住まわせる家はかなりの大家族だけであった。むしろブルジョワ階級の間では，子供を空気の良い農村へ送り出して遠隔地乳母の手に委ねることが好まれていた。都市生活者に特有の病気は都市部の空気が悪いことが原因である，と考えられたからであった[8]。

19 世紀になると，乳児を乳母に託す慣行が広まっていき，フランス独自のいわゆる「乳母産業」が発展していくこととなる[9]。この時期には，乳母の行動を監視するために，地方出身の乳母をパリの自宅に住み込ませ子供の世話をしてもらうことを選好する家庭が増えていった[10]。

住込み乳母を採用する際には，拡張整備が進められていた鉄道が利用されることもあった。すなわち，貧しい農村の女性にその乳飲み子とともに鉄道で自宅へ来てもらい，雇主となる託児希望者が母乳の出の良さを確認した上で雇用の判断をすることもあったのである。その際，乳母の雇用が決定すると，その乳母自身の乳飲み子は仲介役（meneuse）に連れられて農村へ帰され，伯母・叔

---

7) Faÿ-Sallois, F. (1980), *Les nourrices à Paris au XIXe siècle*, Paris : Payot, p. 25. なお，1350 年の王令は，住込み乳母の年間賃金を 150 スー（sols）と定めた。託された子供を乳母が自宅へ連れていき世話をする「連れ出し à emporter」乳母の賃金については，住込み乳母の倍額とされた。また，乳母を紹介する者（recommandaresses）が受け取る手数料も定められ，乳母 1 人につき 2 スーとされた。

8) Gélis, J., M. Laget et M.-F. Morel (1978), *Entrer dans la vie : naissances et enfances dans la France traditionnelle*, Gallimard/Julliard, p. 170.

9) 松田祐子（2004）「パリにおける『住み込み乳母』（1865 – 1914）」（『国立女性教育会館研究紀要』第 8 号）52 ページ。

10) 「住込み乳母」へのニーズが高まった時期について，Gélis, J. et al. (1978) は大まかに「19 世紀」と述べるにとどまっているが（Gélis, J. et al. (1978), p. 170），松田祐子氏は乳母の供給面に着目して，「『住み込み乳母』の数は，19 世紀最後の 10 年間に増加」したとの踏み込んだ見解を示している（松田祐子（2004），53 ページ）。

124

母や祖母がその子を牛乳で育てるのであった[11]。

託児希望者は一般に，仲介役や斡旋所（bureau）を介して乳母を探していた。大勢の候補者の中から理想的な乳母を見つけ出すための明確な指標が確立していたわけではなかったので，乳母選定に関する指南書の類が多数出版されていた。そのうちの1つ，ミレー＝ロビネ女史（Mme Millet‒Robinet）とエミール・アリックス医師（le Docteur Émile Allix）が1884年に公刊した『若い母親たちへの本 ―乳母と乳幼児―（Le livre des jeunes mères : la nourrice et le nourrisson）』によれば，理想的な乳母の諸条件は次のとおりである。すなわち，「年齢は20歳から30歳までで，敬虔の念が深い親の下に生まれ，健康で発育が良く，歯がきれいで，大きくなくとも張りのある胸を持ち，乳首の形が良く，母乳をたっぷりと含んでいて，母乳が出始めて2〜3カ月であり，すでに1人目の子育てをした経験があり，快活で，きれい好きで，身なりの整った，陽気・温厚・利発で，実践的知性を備え，感受性は強すぎない」，などの諸条件が列挙されていた[12]。もっとも，当時の乳母には一般に乳児への授乳が求められたので，結局のところ「乳母について重要なのは乳房と母乳」なのであった[13]。

2-2　乳幼児死亡率とその対応

19世紀のフランスでは人口減少問題が台頭しつつあり，とりわけ普仏戦争（1870-71年）に敗れた後，人口増加を目指す主張が政治・学術分野で活発に展開されていった[14]。一般に，人口増加を促すためには出生率の引上げとともに死亡率の抑制が望まれるところである。しかし当時，フランスの乳児死亡率（taux de mortalité infantile）は非常に高く，例えば図5-2に示されているとおり，

---

11)　Gélis, J. et al. (1978), pp. 170-171.

12)　Mme Millet-Robinet et le Docteur É. Allix (1884), *Le livre des jeunes mères : la nourrice et le nourrisson*, Librairie agricole de la maison rustique, p. 145. もっとも著者たちは，「一般にこれらの条件をすべて揃えることは難しい」，とも付言している。

13)　Martin-Fugier, A. (1978), «La fin des nourrices», *Le mouvement social*, N° 105, p. 18.

14)　当時の人口問題については，深澤敦（2014）「フランスにおける人口問題と家族政策の歴史的展開―第一次世界大戦前を中心として―（上）」（『立命館産業社会論集』第50巻3号）が詳しい。

図 5-2　フランスの乳児死亡率の推移（1810-2014 年；1,000 人当たり）

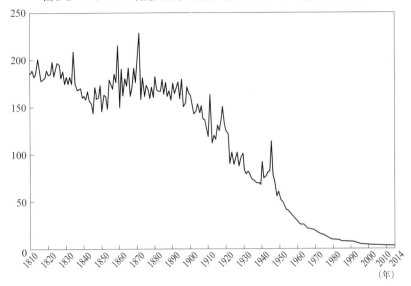

（出所）INSEE (1966), *Annuaire staststique de la France ; résumé rétrospectif*, pp. 66-71 および IN-SEE ウェブサイト（http://www.insee.fr/fr/themes/series-longues.asp?indicateur = taux-mortalite-infantile ; 2015 年 12 月 23 日閲覧）より作成。

普仏戦争が終結した 1871 年には出生 1,000 に対して 228（22.8％）という 19 世紀中で最も深刻な水準に達しており，生まれた子供の 10 人に 2 人余りが 1 歳の誕生日を迎えられなかった。とりわけ，乳母業界の繁栄がみられたパリを抱えるセーヌ県（la Seine）では，当時，10 人に 3 人もの乳児が生後 1 年以内に死亡する事態に陥っていた。この状況についてベルジュロン（Bergeron）博士は，1878 年にパリ衛生会議（congrès d'hygiène de Paris）へ提出した報告書の中で，次のように訴えている。すなわち，「1 年間に首都パリから地方へ送られる乳児（通称≪プチ・パリ les petits Paris≫）は 2 万人いる。その 75％ にあたる 1 万 5,000人が満 1 歳を迎える前に亡くなる。毎年パリで約 5 万 4,000 人の子供たちが生まれるが，その半分以上は生まれて 1 年が経つ前に命を落としている」と述べ，国家レベルでの対応の必要性を主張したのであった[15]。

---

15)　Martin-Fugier, A.（1978），pp. 26-27.

乳児死亡率を抑制するためには，衛生環境や栄養状態の改善も必要であろうが，この時期に重視された方策は，乳母に預けられた子供を国家責任として保護することであった。こうした社会的背景の下，乳児の保護に関する 1874 年 12 月 23 日法（la loi du 23 décembre 1874 relative à la protection des enfants de premier âge）＝ルーセル法（la loi Roussel）が制定された。法案を提出した国民議会議員テオフィル・ルーセル（Théophile Roussel）[16] の名で知られる同法により，2 歳未満児の生命と健康を守る目的で，乳母・子守などに対する公的監督制度が導入されたのであった。

　ルーセル法では，子供の監督体制は基本的に県知事が確保し，例外的にセーヌ県においては警視総監（préfet de police）がその任にあたるものとされた。全国レベルにおいては，内務省の下に設置された幼児保護高等委員会（Comité supérieur de protection des enfants du premier âge）が 3 つの役割を担った。すなわち，① 各県から提出された児童保護に関する資料を取りまとめること，② 内務省へ児童死亡率や幼児保護の適切な施策に関する報告書を毎年提出すること，③ 児童保護の分野において褒章に値する格別な献身・貢献を果たした人物を推薦すること，などの役割であった。また，乳母への託児はすべて申告することが義務づけられた。住込み乳母の職を営む者については，従来の法規程どおり，居住する地域の市長が発行する証明書の携行を求められた。ルーセル法の下で必要とされることとなった証明書は，新たに，「〔乳母の〕末子が生後 7 カ月過ぎである」あるいは 7 カ月未満の場合には「授乳をする他の女性を確保している」という事実をも証明するものであり，乳母自身の子供の生命・健康を守る目的があった。さらに，乳母斡旋所は，ルーセル法施行以降，その開設に事前認可が必要となった。また，すでに取り決められていた帳簿の義務づけが再度法文に規定され，その監督権限は治安判事（juge de paix）に委ねられたのであった。

　もっとも，乳児の保護を目的とするルーセル法が実際に施行されるまでに

───────────────

16）　フランス国民議会ウェブサイト（http://www.assemblee-nationale.fr/sycomore/fiche. asp?num_dept＝8405；2016 年 1 月 4 日閲覧）。

は，長い時間を要することとなった。すなわち，同法の規程を実行に移すための施行規則は 1877 年 2 月 23 日に定められ，ルーセル法はその制定から 2 年以上の時を経てようやく施行されたのであり，県・地方における関連委員会の設置，乳母監督官（inspecteurs de nourrices）の任命などについても，徐々に進められていったのであった[17]。

2-3　19 世紀末に顕在化しつつあった乳母需要の減少

　19 世紀末の約 20 年間にパリ市の乳母斡旋所を通して成立した雇用契約の総件数は，図 5-3 に示されているとおり，減少する傾向にあった。保育形態別にみると，乳母斡旋所を介した ① 住込み乳母の契約は安定的に推移していたものの，② パリを離れて田舎に子供を連れていく遠隔地乳母の契約は減少していた実態が確認できる。もっとも，図 5-3 はあくまでも乳母斡旋所の仲介による契約実績を表しているに過ぎない。例えば，パリ市を中心とするセーヌ県において 1889 年から 1898 年までの 10 年間に市役所へ届出のあった乳母契約のうち乳母斡旋所を通じて乳母に子供が託されたものは 4 分の 1 程度であり，1905 年については 5 分の 1 程度にまで減少した。この時期には，乳母の契約の大部分は「個人的な紹介 par connaissance」によってなされていたのである。こうした事情を考慮して Faÿ – Sallois, F.（1980）は，行政機関が乳母斡旋所の台帳から作成した統計の曖昧さを指摘しつつも，「それでも〔乳母斡旋所の〕衰退傾向は明白であった。それは，〔乳母の〕供給減少というよりも需要減少に起因する」と述べ，19 世紀末から 20 世紀初頭にかけて乳母への託児ニーズそのものが減少していった実態を強調している[18]。

3. 乳母に求められる役割の転換

3-1　20 世紀前半における人工乳の普及と子守[19]の台頭

　19 世紀にルイ・パスツール（Louis Pasteur）が考案した低温殺菌法による人工

---

17)　Faÿ-Sallois, F. (1980), p. 94.

18)　Faÿ-Sallois, F. (1980), p. 100.

図 5-3　パリ市における斡旋所を介した乳母の契約件数（1882-1899 年）

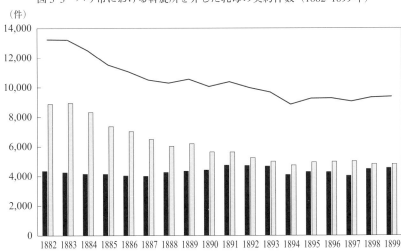

（出所）Faÿ-Sallois, F. (1980), *Les nourrices à Paris au XIXe siècle*, Paris : Payot, pp. 96-98 より作成。

乳や哺乳瓶は，20 世紀に入ると低温殺菌技術が進歩したこともあり，次第に改良・普及していった。乳児の母が肉体的な問題で母乳が出ない場合であっても，乳母を雇うのではなく，ヤギ・ロバ・羊などの乳から作られる人工乳が利用されるようになっていったのであった[20]。母乳による育児を目的とした乳母の活用は減少していったのである。

Bouve, Catherine et Catherine Sellenet (2011) は，20 世紀初頭における乳母のイメージとして，1905 年に少女向け雑誌『ラ・スメーヌ・ドゥ・スュゼット (La semaine de Suzette)』創刊号で誕生した漫画の主人公ベカシーヌ (Bécassine) を挙げており，「20 世紀の乳母を象徴する人物」と評している。興味深いことに，ベカシーヌは雇主であるパリのブルジョワ階級の家庭に住み込んで子供の世話をしているものの，哺乳瓶 (biberon) による授乳を行っている。20 世紀初頭の

19）　本章では，実母に代わって他人の子供を養育する生業を営む女性のうち，特に自らの母乳による授乳は行わない者を「子守」と表現する。
20）　Martin-Fugier, A. (1978), p. 31.

乳母に求められる仕事としてもはや母乳による育児は必須のものではなくなりつつあった，という当時の家庭内保育の実態が表されていると言えよう。

1930 年代半ば頃には母乳と同じ成分に調整された牛乳が利用されるようになったことで，乳母には新たな役割が与えられるようになった。授乳の役割よりも児童教育 (pédagogie) の役割が求められるようになったのである[21]。

ところで，住込み乳母の衰退について松田祐子（2004）は，20 世紀に入り住込み乳母がブルジョワ階級への帰属の証としての役割を果たさなくなったことを，その背景として指摘している。すなわち，19 世紀末のブルジョワ女性は，その階級らしい外観の 1 つとして住込み乳母を捉えていたのであるが，20 世紀になると次第にその位置づけが変化していくこととなった。ブルジョワ女性らしい行動様式は，子供に自身の母乳を与え，自ら子育てを行うことと認識されるようになったのであった。こうした変化に伴って，住込み乳母の需要は減少し，母乳による授乳をしない通いの子守が台頭していくこととなった[22]。

3-2　「栄光の 30 年」における女性の社会進出と子守の需要

1930 年代半ばから第二次世界大戦中も含め，図 5-4 にみられるように，死亡率が出生率を上回る人口の純減構造が再び顕在化したフランスでは，戦後，出生率の引上げとともに死亡率の抑制が改めて社会的課題として取り上げられることとなった。とりわけ，先に掲げた図 5-2 が示すとおり，乳児死亡率は大戦中に悪化傾向に陥っていたため，新生児・乳幼児を保護する取組みは急務とされた。このような社会的背景の下，1945 年 11 月 2 日オルドナンスによって母子保護センター（la Protection maternelle et infantile；PMI）が創設され，主に医療機関の活動を補う役割を担い，妊産婦の産前産後期や子育てに関する相談業

---

21)　Bouve, C. et C. Sellenet (2011), *Confier son enfant : l'univers des assistantes maternelles*, Paris : Éditions Autrement, pp. 22–24.

22)　松田祐子（2004），59–60 ページ。子育てにたいするブルジョワ女性の行動様式の変化について，松田祐子氏は，ウージェーヌ・ブリュー（Eugène Brieux）の戯曲やエミール・ゾラ（Émile Zola）の小説，あるいは婦人雑誌『フェミナ（Femina）』の記事による影響を示唆し，文化史的視点から興味深い分析を行っている。

図 5-4　フランスの出生率および死亡率の推移（1810-2014 年）

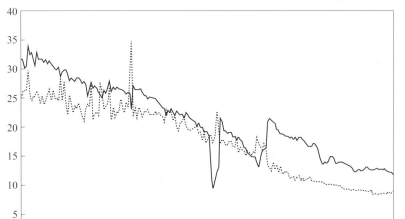

（出所）INSEE (1966), *Annuaire stastistique de la France ; résumé rétrospectif*, pp. 66-71 および INSEE ウェブサイト（http://www.insee.fr/fr/themes/series-longues.asp?indicateur＝taux-mortalite-infantile ; 2015 年 12 月 23 日閲覧）より作成。

務，妊産婦・児童受入れ施設の衛生管理に関する監督業務，などを行うこととなった。その活動の一環で，乳母にたいする公的監督体制も整備されていったのである。その後，生活水準の向上・社会保障制度の整備・ワクチン接種の普及などの効果もあり，乳児死亡率は大幅に改善されていった[23]。具体的には，第二次世界大戦が終結した 1945 年時点で出生 1,000 に対して 113.7 という高い乳児死亡率は，「栄光の 30 年（Trente Glorieuses）」と呼ばれる高度経済成長期の真っ只中であった 1960 年には 27.4 となり，戦時中の 4 分の 1 程度の水準にまで抑え込むことができたのであった（図 5-2 参照）。

ところで 20 世紀半ば以降，子守の需要は女性の労働力化の影響を強く受け

---

23) Jourdain-Menninger, D., B. Roussille, P. Vienne et C. Lannelongue (2006), *Etude sur la protection maternelle et infantile en France ; Rapport de synthèse*, IGAS, p. 4（http://www.la-documentationfrancaise.fr/var/storage/rapports-publics/074000139.pdf ; 2015 年 11 月 10 日閲覧）。

ることになっていく。例えば第二次世界大戦の間，戦争に駆り出される男性労働者に代わって女性労働者が工場労働に従事し産業を支えていたため，子守は，女性労働者が家庭を離れている間の子育てを代わりに担っていた。終戦を迎え男性が戦地から帰国すると，図5-4にみられるようにベビーブームを迎えたものの，子守の需要はあまり伸びなかった。その背景には，専業主婦の風潮が戻ってきただけではなく，医学・小児科学がその風潮に拍車を掛けたことがあった。例えば，当時注目されていた精神科医ジョン・ボウルビー（John Bowlby）の教育論によれば，母性的養育の剥奪（la privation maternelle）が幼児に不安・抑鬱症や社会不適応行動の助長のような精神的問題をもたらす，とされた。こうした風潮の結果，一方で，母親たちは自らの手で育児に励むべく労働市場での活躍を諦めることとなり，他方で，集団的保育施設の整備は後手に回ることとなったのである。こうしてベビーブーム世代の子供たちは，乳母や子守にではなく，自分の母親によって育てられる傾向が強くなったのである[24]。

　子守の需要が再び高まっていくのは，もう少し後の1970年代になってからのことである。戦後しばらくして女性たちは，夫の承諾なしに就労する権利，私有財産を管理する権利，銀行口座を開設する権利など，新たな諸権利を求めるようになった。実際彼女たちは，1965年7月13日法によりこれらの権利を獲得し，自立した労働者としての地位が認められていく[25]。家庭を飛び出し労働市場に参入する母親たちの中では，子育ての一部を，家庭内保育を生業とする女性に委ねるケースもみられるようになった。こうした女性たちは，当初，相対での賃金交渉により他人の子供の世話をしていたのであったが，その後，こうした家庭内保育者＝子守が社会的に認知され公的な職業資格化が進められていくようになるには，託児所（haltes）や保育所（crèches）など集団保育

24）　Bouve, C. et C. Sellenet (2011), p. 24.

25）　Gonthier-Maurin, B. (2013), *Femmes et travail : agir pour un nouvel âge de l'émancipation* (Rapport d'information N° 279, 2012-2013), Sénat, p. 80（http://www.senat.fr/rap/r 12-279/r 12-2791.pdf ; 2016年1月30日閲覧）。

施設の収容力が脆弱だったという背景があった。集団保育施設の未整備を補う一方策として，家庭内保育に携わる労働者の社会的地位を保障する公的な職業資格制度＝「認定保育ママ assistante maternelle agréée」制度が創設されていくのであった[26]。

4. 認定保育ママ制度の確立

4-1　1977年法による認定保育ママ制度の創設

現在，認定保育ママ制度はフランス子育て支援策の柱の1つにまで成長したと言えるが，その展開過程で大きな転機となったのは3つの法律の制定である。

第1の法律は，保育ママ（assistante maternelle）という職業資格制度を創設した1977年5月17日法（以下，1977年法）である。同法は，従来の乳母・子守のように家庭内で他人の子供の世話をする職業活動について，一定の規制の下，«assistante maternelle»（アシスタント マテルネル）という新たな呼称の認定資格を導入した。この女性名詞には，「子育てをする母親の支援をする」という意味合いが込められていたのであり，同時に「子育てはなおも女性の仕事」という当時の風潮も含まれていた[27], [28]。

3歳未満児を自宅にて受け入れて報酬を得るためには，保育ママは，居住地の県会議長（le Président du Conseil general）から資格認定を受けなければならない。1977年法が「親たちの養育的役割への援助」を担う保育ママの資格認定の基準としたのは，その健康状態・保育能力や住居の衛生状態などであった。

---

26)　Bouve, C. et C. Sellenet（2011），pp. 24-25.

27)　Bouve, C. et C. Sellenet（2011），p. 25.

28)　今日では，この分野における男性労働者の存在を考慮に入れて，従来の女性名詞ではなく «assistant maternel» と表記するケースも増えてきている。例えば，後述する1992年法や2005年法でも，男性労働者も含まれていることを示唆する «assistant maternel» との表現が見受けられる。ただし実際には，この職業分野の労働者のうち男性が占める割合はわずか5％（2011年現在）にとどまっている（Piot, F.（2013），«Travailler pour des particuliers : essor des métiers de la garde d'enfants», *Insee Première*, N° 1472, p. 2）。こうした実態を踏まえて，本章では「保育ママ」の表現で通すこととする。

保育に適した状態が保たれていれば，保育ママの認定資格は毎年更新できるものとされた。

1977 年法は，保育ママの労働条件に関する規定も設けた。すなわち，報酬の最低水準は 1 日 8 時間保育の場合で最低賃金（SMIC）時間額の 2 倍に設定され，保育児童が欠席した場合には SMIC 時間額の半額に相当する日額補償金を受け取る権利を認めた。また，有給休暇や社会保障に関する権利は，保育ママにも一般の賃金労働者と同様に認められることとされた。

また，職業能力開発に関して 1977 年法は，開業後 5 年間で 60 時間の職業研修を受講する途を開いた。研修の受講は任意とされ，各地域の母子保護センターにて実施されることとなった[29), 30)]。

このように，1977 年法の下で従来の乳母・子守の社会的地位および労働条件を向上させることが期待されたものの，実際には，認定保育ママによる家庭内保育サービスの普及はあまり進まなかった[31), 32)]。

4-2　1992 年法による保育ママ認定システムの見直しと労働条件の整備

第 2 の法律は，1992 年 7 月 12 日法（以下，1992 年法）である。同法は，保育ママの認定・養成システムの見直しや労働条件の改善を図ることで，前年に給付が始められた雇主たる親にたいする新たな家族給付＝認定保育ママ雇用家庭補助（Aide à l'emploi d'une assistante maternelle agréée ; AFEAMA）[33)] とともに，社会レ

---

29)　もっとも，実際に研修受講の機会を活かした保育ママは「限られた人だけ」であり，自発的な参加者は少なかった（Alberola , E. (avec la collaboration d'A. M. Doucet Dahlgren) (2009), *La professionnalisation des assistants maternels : incidences de la loi portant réforme du statut des assistants maternels* (Cahier de recherche, N° 263), CRÉDOC, p. 14）。

30)　Alberola , E. (2009), pp. 13-14.

31)　Bouve, C. et C. Sellenet (2011), p. 25.

32)　1977 年法の下で保育ママの利用が進まなかった背景について，原田康美氏は，「保育所での集団保育に重点を置いた当時の政策意思があった」，と当時の政治状況との関連を指摘している（原田康美（2011），44 ページ）。

33)　AFEAMA とは，1990 年 7 月 6 日法によって創設された家族給付であり，6 歳未満児の世話をしてもらうべく認定保育ママを雇用する親にたいして，雇主としての経

ベルでの保育体制のさらなる充実に寄与した。

　まず保育ママの資格認定について，1992年法はその条件を簡素化し，認定資格の有効期限を5年間に延長した。認定資格を取得すると保育ママは，「最低60時間，そのうち20時間については最初の2年以内に」（L. 149-1条）技能養成研修を受けることになるが，その研修制度の組織化については県の側に義務づけたのであった。

　次に認定保育ママの労働条件については，報酬の引上げが行われ，子供1人1日（8時間）当たりに支払われる最低報酬はSMIC時間額の2.25倍に設定された[34]。また，実際の保育にあたっては，同時に受入れ可能な児童の上限人数を3人に定めるとともに，ソーシャルワーカー（assistante sociale）や育児保母（puéricultrice）の支援を受け入れられるようになった。

　さらに，認定保育ママを雇用する側＝親にたいしては，その経済的負担を軽減するべく，前年にスタートしたAFEAMAに加えて，認定保育ママの雇用に伴う費用総額の25％相当額の減税措置を新たに導入した[35]。

　こうした内容を備える1992年法の下で，認定保育ママの養成システムが整備されると同時に，その雇主たる親の側への経済的支援も進められたことにより，一方ではこの専門職の認定資格を取得する者が増大した。例えば，1990年時点で資格認定を受けていた保育ママは約13万2,000人にとどまっていたのが，1995年には約26万1,930人，2000年には約33万8,110人と，急増したのであった。他方，認定保育ママへの託児を希望する家族も増えていった結果として，いわゆるヤミ労働としての家庭内保育ではなく，認定保育ママとして実際に働く保育者も順調に増加したのであった。具体的には，1990年時点で

　　済的負担（社会保険料や賃金など）を軽減するために給付されていた補助金である。詳細については，宮本悟（2010）「フランスにおける乳幼児受入れ給付導入の社会的影響」（佐藤清編著『フランス──経済・社会・文化の諸相』中央大学出版部）147-149ページを参照。

34）　なお，子供1人1日当たりに認定保育ママへ支払われる報酬の上限については，AFEAMAの算定方式により，SMIC時間額の5倍までと定められていた（宮本悟（2010），148ページ）。

35）　Bouve, C. et C. Sellenet (2011), p. 26 ; Alberola, E.（2009），pp. 18-19.

認定資格を活かして実際の雇用に結びついた保育ママは，約 7 万 1,300 人であったのが，1995 年には約 16 万 6,710 人，2000 年には約 23 万 2,220 人と，顕著な増加を示したのであった[36), 37)]。

4-3　2005 年法による保育ママ認定システムの厳格化と労働条件の安定化

第 3 の法律は，2005 年 6 月 27 日法（以下，2005 年法）である[38)]。同法は，認定保育ママの保育技能をさらに向上させるべく保育ママ認定システムの再整備を進めるとともに，認定保育ママの職業的価値を高めるべくその労働条件のいっそうの改善を図った。

具体的には，認定保育ママの養成システムが強化され，120 時間におよぶ技能養成研修の受講が義務づけられた。そのうち最初の 60 時間については，資格認定を受けてから 1 人目の子供を受け入れるまでに受講するものとされ，残る 60 時間の研修については，保育ママ事業を開始してから 2 年以内に実施されなければならなくなった[39)]。認定資格の全国基準としては，① 受入れ児童の肉体的・知的・感情的な発達を促すよう努めること，② 児童を受け入れ可能な健康状態を証明するべく健康診断を受けること，③ 受入れ児童の人数と年齢に応じた安心・安全を確保できる状態・広さ・アクセス条件・環境の住居を用意すること，④ フランス語の基礎的な会話力があること，などが定められた。実際の資格認定にあたってはこの全国基準に加えて，各県の県会議長（Président du Conseil Général）が地域のニーズに応じた独自基準を設定できるものとされた[40)]。

また労働条件については，すでに 2004 年に保育ママの全国労働協約（conven-

---

36)　Alberola , E. (2009), p. 19.

37)　Blanpain, N. et M. Momic (2007), «Les assistants maternelles en 2005», DREES, *Études et résultats*, N° 581, p. 3.

38)　2005 年法については，原田康美氏がすでに詳細な考察を加えている。原田康美（2011），45–47 ページを参照。

39)　Bouve, C. et C. Sellenet (2011), p. 26.

40)　UFNAFAAM (2013), *Itinéraire d'une assistante maternelle employée par des particuliers*, UFNAFAAM, p. 22.

tion collective）が締結されたことにより，雇主たる親の側には正式な雇用契約の締結や賃金明細書の発行などの義務が，被用者たる認定保育ママの側には資格認定証の提示や保育場所の臨検受入れなどの義務が，それぞれ課されることとなっていた。2005年法ではさらに，雇用契約の義務化，従来の日給に代わる時給の規定化などが行われ，労使双方に義務を負わせる全国労働協約の補完がなされたのであった[41]。

4-4　認定保育ママの雇用を促す社会保障——保育方法自由選択補足手当CMG

認定保育ママによる託児サービスを利用するには，当然のことながら，雇主たる親の側は一定の経済的負担を強いられる。その負担の軽減を図るべく，すでにみてきたように1991年にはAFEAMAの給付が開始された。その後2003年に乳幼児向けの家族給付は再編され，翌年から乳幼児受入れ給付（Prestation d'accueil du jeune enfant ; PAJE）と呼ばれる所得保障制度が施行され，今日ではその一環で，認定保育ママを雇用する際に給付される手当＝保育方法自由選択補足手当（Complément de libre choix du mode de garde ; CMG）が存在する。AFEAMAの後継に位置づけられるこの手当は，職業活動と子育ての両立を図るために，6歳未満の児童を認定保育ママ・ベビーシッター・小規模保育所などに預ける場合に給付される。受給要件としては，職業活動の継続が求められるが，その他にも託児方法によって特定の条件が定められている。例えば，認定保育ママを直接雇用してその自宅に児童を預ける場合には，被用者である認定保育ママは県当局の認定を受けている有資格者である必要がある。また，児童1人分に支払われる賃金は，SMIC時間額の5倍に相当する日額48.35ユーロ（約6,382円）[42]以下に抑えなければならない（2016年現在）。実際の給付額は選択する保

---

41)　David-Alberola, É. et M. Momic (2008), «Le métier d'assistante maternelle», DREES, *Études et résultats*, N° 636, p. 2.

42)　本章では便宜的に，日本銀行が公表している裁定外国為替相場（2016年1月適用分）を利用し，1ユーロ＝132円で換算する。裁定外国為相場については，日本銀行のウェブサイト（https : //www.boj.or.jp/about/services/tame/tame_rate/kijun/kiju 1601. htm/）を参照（2016年1月15日閲覧）。

表 5-2　保育方法自由選択補足手当の給付上限額
（認定保育ママを直接雇用した場合）（2016 年現在）

（単位：ユーロ）

扶養児童数	受　給　者　の　年　収（R）		
1 人	R≦20,509	20,509<R≦45,575	45,575<R
2 人	R≦23,420	23,420<R≦52,044	52,044<R
3 人	R≦26,331	26,331<R≦58,513	58,513<R
児童の年齢	給　付　上　限　額（対象児童 1 人当たり：月額）		
3 歳未満	460.93	290.65	174.37
3 歳〜6 歳	230.47	145.34	87.19

（注）1：2014 年 4 月 1 日以降生まれの場合。
　　　2：2 人親世帯の場合（単親世帯については，給付上限額が 40% 増額される）。
（出所）CAF ウェブサイト（http://www.caf.fr/aides-et-services/s-informer-sur-les-aides/petite-enfance/le-complement-de-libre-choix-du-mode-de-garde ; 2016 年 1 月 30 日閲覧）より作成。

育方法の他に，① 申請者の所得，② 扶養児童数，③ 対象児童の年齢などによって異なるが（表 5-2 参照），認定保育ママを雇用する場合については，支払われる報酬の最大 85% が給付される。なお，認定保育ママを雇用する親の側は雇主という立場になるので，社会保険の雇主負担分を拠出する義務が生じるが，その拠出金すべてが別途補助の対象となる[43]。

5. おわりに——フランス認定保育ママ制度の課題

　これまで検討してきたように，フランスの家庭内保育制度は，19 世紀にみられたような高い乳児死亡率を是正するべく，乳母・子守・認定保育ママなどの保育労働者に対する監督制度や資格制度を徐々に整備してきた。認定保育ママ制度が子供を託す親の側から概ね好評を得るまでに至っているのは，その今日的成果と言えよう。他方，認定保育ママの呼称を導入した 1977 年法制定以来，労働者としての認定保育ママを保護・育成する法整備も進められてきた。その成果と限界を確認するために，本章を結ぶにあたって，認定保育ママの労働実態に触れておきたい。

　Bouve, C. et C. Sellenet（2011）によれば，認定保育ママの平均像は，① 平均

43）　CAF ウェブサイト（http://www.caf.fr/aides-et-services/s-informer-sur-les-aides/petite-enfance/le-complement-de-libre-choix-du-mode-de-garde ; 2016 年 1 月 30 日閲覧）。

年齢45歳程度で，②3人以上の子供がいる母親，③伝統的な夫婦形態の下で生活をし，④中学校卒業に相当するBEPC（中等教育第1期課程修了証書）は授与された程度の低学歴，とされる。①年齢については，2005年現在，認定保育ママの平均年齢は45歳程度で，民間企業労働者の平均年齢（39歳）よりも若干高めである。これは，認定保育ママの場合，乳幼児の子育てを終えてから就業する者が多いからと考えられる。また，④学歴については，認定保育ママは，2005年現在，中学校卒業に相当するBEPC（中等教育第1期課程修了証書）を授与された者はせいぜい49％であり，さらに高校を卒業して大学入学資格（baccalauréat）を得ている者は18％程度である[44]。

2005年における認定保育ママの労働状態を考察したBlanpain, N. et M. Momic (2007) によれば，認定保育ママの税込み報酬の中央値は月額850ユーロ（約11万2,200円）であった。地域別の税込み平均報酬は，パリの1,440ユーロ（約19万80円），パリ近郊に位置するオー＝ドゥ＝セーヌ（Hauts-de-Seine）県の1,330ユーロ（約17万5,560円）と相対的に高い地域がある一方で，全国の約5分の1を占める21の県では760ユーロ（約10万320円）を下回る低い水準にとどまっている[45]。実際，2005年に生活条件研究調査資料センター（Centre de recherche pour l'étude et l'observation des conditions de vie ; CRÉDOC）が61人の認定保育ママを対象に実施したインタビュー調査では，殆どの回答者が自分の賃金を不十分と捉えていた[46]。

今日の認定保育ママ制度は，先述のとおり，フランスにおける家庭内保育制度の中でも特に高く評価されている。しかしながらいまだに改善を要する点も残されており，例えば，賃金水準引上げの他にも，長時間労働の是正，有給休暇の円滑な取得，雇用の安定，社会保障の給付改善など，労働条件の見直しを望む声もある。保育環境の充実・安定のためにも，賃金労働の1つとしての認定保育ママの在り方についてさらなる社会的対応が求められている。

44）　Bouve, C. et C. Sellenet (2011), pp. 38-39.

45）　Blanpain, N. et M. Momic (2007), pp. 7-8.

46）　David-Alberola, É. et M. Momic (2008), p. 7.

付記　本稿は、「平成 27 年度科学研究費助成事業（学術研究助成基金助成金）基盤研究（C）課題番号 25380771」の交付を受けて進められた研究成果の一部である。

参 考 文 献

神尾真知子（2009）「フランス ―新しいタイプの保育ママ―」（『ジュリスト』第 1388 号）。

林寛子（2011）「子育て支援と保育ママ制度 ―江戸川区の保育ママ制度を手がかりとして」（山口地域社会学会『やまぐち地域社会研究』第 8 号）。

原田康美（2011）「フランスの認証保育ママ制度の発展とその専門職化」（『東日本国際大学福祉環境学部研究紀要』第 7 巻 1 号）。

深澤敦（2014）「フランスにおける人口問題と家族政策の歴史的展開 ―第一次世界大戦前を中心として― （上）」（『立命館産業社会論集』第 50 巻 3 号）。

松田祐子（2004）「パリにおける『住み込み乳母』（1865-1914）」（『国立女性教育会館研究紀要』第 8 号）。

宮本悟（2010）「フランスにおける乳幼児受入れ給付導入の社会的影響」佐藤清編著『フランス ―経済・社会・文化の諸相』中央大学出版部。

Alberola, E. (avec la collaboration d'A. M. Doucet Dahlgren) (2009), *La professionnalisation des assistants maternels : incidences de la loi portant réforme du statut des assistants maternels*, (Cahier de recherche, N° 263), CRÉDOC.

Blanpain, N. et M. Momic (2007), «Les assistants maternelles en 2005», DREES, *Études et résultats*, N° 581.

Bouve, C. et C. Sellenet (2011), *Confier son enfant : l'univers des assistantes maternelles*, Paris ： Éditions Autrement.

David-Alberola, É. et M. Momic (2008), «Le métier d'assistante maternelle», DREES, *Études et résultats*, N° 636.

Faÿ-Sallois, F. (1980), *Les nourrices à Paris au XIX e siècle*, Paris ： Payot.

Gélis, J., M. Laget et M. -F. Morel (1978), *Entrer dans la vie ： naissances et enfances dans la France traditionnelle*, Gallimard/Julliard.

INSEE (1966), *Annuaire stastistique de la France ； résumé rétrospectif*.

Martin-Fugier, A. (1978), «La fin des nourrices», *Le mouvement social*, N° 105.

Mme Millet-Robinet et le Docteur É. Allix (1884), *Le livre des jeunes mères : la nourrice et le nourrisson*, Librairie agricole de la maison rustique.

Piot, F. (2013), «Travailler pour des particuliers : essor des métiers de la garde d'enfants», *Insee Première*, N° 1472.

UFNAFAAM (2013), *Itinéraire d'une assistante maternelle employée par des particuliers*, UFNAFAAM.

Villaume, S. et É. Legendre (2014), «Modes de garde et d'accueil des jeunes enfants en 2013», DREES, *Études et résultats*, N° 896.

フランス国民議会ウェブサイト（http://www.assemblee － nationale.fr/sycomore/fiche.

asp?num_dept = 8405 ; 2016 年 1 月 4 日閲覧）。

CAF ウェブサイト（http://www.caf.fr/aides-et-services/s-informer-sur-les-aides/petite-enfance/ le-complement-de-libre-choix-du-mode-de-garde ； 2016 年 1 月 30 日閲覧）。

Gonthier-Maurin, B. (2013), *Femmes et travail : agir pour un nouvel âge de l`émancipation* (Rapport d`information N° 279, 2012−2013), Sénat（http://www.senat.fr/rap/r 12-279/r 12-2791.pdf ; 2016 年 1 月 30 日閲覧）。

INSEE ウェブサイト （http://www.insee.fr/fr/themes/series-longues.asp?indicateur = taux-mortalite-infantile ; 2015 年 12 月 23 日閲覧）。

Jourdain-Menninger, D., B. Roussille, P. Vienne et C. Lannelongue (2006), *Etude sur la protection maternelle et infantile en France ; Rapport de synthèse*, IGAS,（http://www.la-documentationfrancaise.fr/var/storage/rapports-publics/074000139.pdf ； 2015 年 11 月 10 日閲覧）。

Légifrance ウェブサイト （https : //www.legifrance.gouv.fr/affichCodeArticle.do?cidTexte = LEGITEXT 000006074069&idArticle = LEGIARTI 000006797846&dateTexte = & categorieLien = cid ; 2015 年 11 月 10 日閲覧）。

フランス社会問題・保健・女性権利省ウェブサイト（http://www.social- ; sante.gouv.fr /espaces, 770 / famille, 774 / publications, 893 / archives, 3019 / quels-sont-les-modes-de-garde,9644.html ; 2015 年 3 月 27 日閲覧）。

第 **6** 章

普遍性と差異性の問題をめぐる日仏比較
──憲法理念と非正規雇用を題材に──

泉　慎　一

1. はじめに

　最近の日本国内の状況において，日本国憲法の重要性がクローズアップされている。集団的自衛権の行使に関する一連の法案成立は違憲の疑いが持たれているが，この違憲判断に関して，そもそも憲法とはどのようなものなのか，その理念に照らして検討する必要性があるように思われる。さらにこのような中でフランスと日本における憲法理念の異同関係を探ることによって，憲法を取り巻く状況を客観化することは重要であると思われる。周知のように日本国憲法においては，主権は日本国民にあって，国政の権力は国民の代表者が行使し，その福利は国民が享受するとある。これは人類普遍の原理であると謳われている。旧体制の反省にたつ憲法とも言えるが，その成立過程は急進的であった。他方でフランス憲法はフランス人権宣言に続く歴史の帰結として自主的に成立したものであり，これはフランス共和国の建国の理念をよく表している。フランス国民は膨大な議論を行い 24 回の憲法改定を経験している（2015 年 11 月 19 日時点）が[1]，周知のように日本国憲法は硬性憲法であるが故にまだ一度

---

1) http : //www.vie-publique.fr/decourerte-institution/institutions/approfondissemets/revisions-coustitutionelles-republique.html

も改定されていないことも特徴的である。

　さて，辻村（2010）によれば選挙権の本質（法的性格）が権利か，公務か，を問題とするフランス憲法学における選挙権権利説と選挙権公務説との対抗とも結びつき，主権・選挙権論の理論的枠組みが，日本の研究にとっても有益な示唆を与え，実際に日本の憲法学でもフランス憲法が注目されてきたと指摘される[2]。

　フランスでは1789年の人権宣言以来，すべての人と市民の権利を普遍的に尊重する「普遍主義」的な近代人権原理が確立されてきている[3]。すなわち，「法律による人権保障」の原則が規定されていると言える訳であり，このような「法律による人権保障」ないし「国家による自由」による人権保障システムは，アメリカの「国家からの自由」とは相違するものとして解釈される[4]。日本においては，法律は国民側に効力をもたらすが，他方で憲法は国の最高法規として公務員や国家権力の側に効力を及ぼすのであって，権力側を縛り基本的人権を護るという理念が挙げられる。すなわち，国民が国家権力の側から侵害を受けないように規定されている事実がある。なお，日本国憲法はアメリカ合衆国側の理想主義に大きく影響を受けているのは周知の事実であるが，遠く歴史を遡るとフランス人権宣言の影響下にあるように思われる。

　さて，フランスの憲法と日本の憲法を比較すると何がみえてくるのかといったことが，本章の主題である。辻村（2010）によれば，フランス憲法学の主権・統治原理は1970年代以降注目されてきた原理であるが，今日では差異主義や多元主義，多元的デモクラシー，憲法訴願の導入などの傾向といった「フランス立憲主義の進展」や「国家からの自由」の視座とは異なる日本の憲法学の理論展開に関心が寄せられている[5]。さらに辻村は次のようにも指摘する。ルソーが『社会契約論』（1762年）の中でイギリス国民を揶揄して述べた「彼

---

2)　辻村みよ子・糠塚泰江（2010）『フランス憲法入門』三省堂，3ページ参照。辻村（2010）『フランス憲法と現代立憲主義の挑戦』有信堂高文社，第Ⅳ章も参照。

3)　辻村（2010），4ページ参照。

4)　同書，5ページ参照。辻村（2011）『比較憲法（新版）』岩波書店も参照。

5)　辻村（2010），8ページ参照。

ら（イギリス人—引用者）が自由なのは，議員を選挙する間だけのことで，議員が選ばれるや否や，イギリス人は奴隷となり，無に期してしまう」[6]という実態はそのまま日本にもあてはまり，この状況は日本国憲法の下でも続けられてきたという[7]。実際に日本国民は，何度かの政権交代を経験してきてはいるが，権利を行使できるのは投票の瞬間だけである。最近の一連の法案成立の動きに関して，近い将来国民の審判がくだされるであろうか。本章では，日本国憲法の基本理念に遡ってフランス憲法理念との比較を通じて今後のあるべき姿を探りたい。

　次に，主に日本とフランスの憲法理念の比較を行った後で，双方の働き方の意識の違いと雇用に関わる最近の動向についてサーヴェイを行う。具体的には「非正規雇用」の増大傾向とそれに関わる人々の意識の研究である。前段では憲法の理念について検討するが，個々の労働者が実際にどのような意識を持ち，また政策当局がどのような手段を講じているかを検討するのは意義深いことと思われる。本章では，最初に憲法理念に関わる各種サーヴェイを行い，次に「非正規雇用」の現状と解釈を行い，普遍性と差異性について考察したい。

2.　憲法理念の日仏比較

2-1　憲法理念に係る各解釈

　まず，フランスの憲法理念についてみていこう。中村（2003）によれば，フランスにおける 1791 年憲法は第 V 章 3 条（通し番号 157 条）で「裁判所は，立法権の行使に干渉することも法律の執行を停止させることもできず，また行政機能を侵害することもその職務を理由として行政官を裁判所に召還することもできない」として，司法権が他の二権に比べて低い位置に置かれており，フランスの伝統的な憲法学は「政治（学）的憲法学」あるいは「憲法政治学」と称されるものであって，統治機構と統治制度を主たる対象としている[8]。そのた

6）　ルソー〔桑原訳 1954 年〕『社会契約論』岩波書店，133 ページ参照。
7）　辻村みよ子・糠塚泰江（2012）『フランス憲法入門』三省堂，8 ページ参照。
8）　中村義孝編訳（2003）『フランス憲法史集成』法律文化社，5 ページ参照。「司法権

め，基本的人権に関する内容は「公的自由（または人権）」として別の研究対象とされている[9]。同様に植野（2011）もフランスでは憲法学上立法権と行政権の関係は注目されてきたが司法権が注目されてこなかった実態を指摘している[10]。また，フランスでは憲法院が憲法を審査するが，それは当初強制力を持ってはいなかった。日本では制度上違憲立法審査権が裁判所に認められている。

さて，日本国憲法では，第11条において国民の基本的人権の享有，基本的人権の永久不可侵性が明文で規定されている。押久保（2011）は実定法と自然法との関係を日本国憲法11条に関して次のようにまとめている。日本国憲法の人権条項の解釈とする以上，条文・テクストを離れては考えられず，実定法的に解釈がなされねばならない。しかしながら，憲法11条および97条の「侵すことのできない永久の権利」といった文言から，人権の基底に自然権思想を読み込む解釈が実定法的にも可能である。その思想内容は，場合によっては条文の一義的文言の意味に反してでも貫徹される場合があるが，テクストの枠を被る高い説得力を持つ場合に限られる[11]。一例を挙げると，1985年の成田判決に関する当時の内閣法制局長官による国会答弁が参考になる。これによれば，「抵抗権」はフランス人権宣言時には自然権として歴史上認められたものであるが，これは現代では実定法としての意義はないとの発言である。この答弁は，日本国憲法が歴史的な自然法を大いに参考としてきた事実を婉曲的に物語っているように思われる。このように，日本国憲法はいわゆる普遍性を標榜しており，自然権的発想の影響を受けているように思われる。それと同時に実定法的な見地も考慮されている。他方でフランスにおいては，憲法制定当時は

を三権の中で，他の二権に較べて，一段低い位置（あるいは独特の位置）におくことは，今日まで続いているフランス的伝統である」同書，同ページ。

9) 山口俊夫（1978）『概説フランス法 上』東京大学出版会，113ページ参照。

10) 植野妙実子編著（2011）『フランス憲法と統治機構』中央大学出版部，183ページ参照。

11) 芹沢斉・市川正人・阪口正二郎編『別冊法学セミナーno.210 新基本法コンメンタール 憲法』日本評論社，95ページ参照。

普遍性が重視されていたが，次第に差異性を重視するようになったと思われる。多民族国家であるため，差異性・多元主義が次第に重要視されているようである。例えば辻村（2014）によれば，フランス人権宣言ではすべての人と市民の権利が保障されており，人権の「普遍性」と「全体性」が特徴となっていた。しかしながら，「すべての人」には女性も含まれていたはずであるが，当時の議会では女性の権利は主張されなかったし，フランス革命期の法制上も所有権などの女性の権利は大きく制限されていたという[12]。本章後半部で取り上げることになるが，労働市場においては「正規雇用」が長らく主であった。ところが，非正規雇用が増大するにつれて人々の働き方も多様化し，より多様性と差異性をみる重要性が強まると思われる。特に非正規雇用者には女性が多い。こうした多様性を重んじなければならない傾向は，日本においてもフランスにおいてもさらに今後増大していくように思われる。

　さて，ここまでで明らかとなった日本国憲法学とフランス憲法学との違いは，前者が三権分立制をとっていて，究極目的を「基本的人権の尊重」に置いているのに対して，後者も三権分立制を採用しているけれども特に行政権・立法権が重視されていて，基本的人権は別のカテゴリーで扱われるということである。また，フランス憲法は何度か改定されているが，日本国憲法は硬性憲法であり一度も改定されていないことも特徴的である。フランス憲法の最近の傾向によれば，新たなる人権を主眼にした「ポジティブアクション」が採られており，マイノリティーに考慮した改憲の視点が次々と打ち出されている。日本国憲法については，環境権など新たな人権には新たな法律を付け加えることで対応できるとし，通説によれば改憲の必要なしとの向きもある。ただし，日本におけるマイノリティーに関しては，市民的および政治的権利に関する国際規約27条の公定訳に言う「少数民族」が，それとほぼ同じ文言で規定されている児童の権利条約30条とともに，それに該当する者として規定されているのみであることも顧みなければならない[13]。

---

12) 辻村みよ子（2014）『比較のなかの改憲論』岩波新書。
13) 桐山孝信（2013）「マイノリティ（少数民族）の権利をめぐる国内裁判と人権条

さて，フランス革命以降においては主権の担い手である集権国家と，人権の主体である個人が対面する二極構造を描くことができる。その内容は，権力を集中することになった国家の「主権」が一方で存在し，他方で，封建的・身分的紐帯から解放された個人（普遍主義的個人）が人権の主体となる図式である[14]。「人民」概念は1796年憲法で掲げられたが，フランス憲法史上では常に例外的に扱われ，「国民」概念は1791年憲法で採用されている。なお，1958年フランス憲法は，国民は人民に属するという規定を置いており，第3条1項で憲法は「人民（peuple）はその代表者によって，および人民投票（レファレンダム）の方法によって主権を行使する」とあり，同条2項では「人民のいかなる部分も，いかなる個人も，主権の行使を自己のために独占することはできない」と規定されており，上の2つの概念を両立させる傾向にある[15]。

次に，フランスの憲法学の解釈をみてみよう。これによれば，「普遍主義的な人間像」がジュ・ビュルドーの描いた homme situé（特定の状況に置かれた個人）という状況と対比されることの問題がまず提示される[16]。具体的には1946年憲法第1条で「人は，自由，かつ，権利において平等なものとして生まれ，生存する」と人を普遍的な本質で把握して権利において平等であると主張されるが，第13条では「共同の租税は，すべての市民の間で，その能力に応じて，平等に分担されなければならない」とある。このように，「一方に抽象的な人一般があり，他方に具体的に存在する人があり，その人の具体的な経済・社会事情がその人にたいする別の取り扱いを正当化する。こうした前提から，福祉国家の試みを通じて homme situé に人格的自立性を回復させるシェーマを受け

約」『労働法と現代法の理論　下』日本評論社，183ページ参照。なお，自由権規約は次のように規定されている。「種族的，宗教的又は言語的少数民族が存在する国において，当該少数民族に属する者は，その集団の他の構成員とともに自己の文化を享有し，自己の宗教を信仰しかつ実践し又は自己の言語を使用する権利を否定されない。」（同書，183ページ）。

14)　糠塚康江（2001）「立憲主義と民主主義の相剋」『普遍性か差異か』藤原書店，275ページ参照。

15)　同書，276ページ参照。

16)　同書，286ページ参照。

第6章　普遍性と差異性の問題をめぐる日仏比較　147

入れることに，フランス憲法学はさほどの困難を感じてこなかった」[17]と糠塚
（2001）は説明する。

　しかしながら，山元（2014）によれば，1980年代以降深刻化してきた移民問
題を契機として「普遍主義的人間像」にたいして多文化主義に基礎を置く諸傾
向が生み出された。様々なマイノリティーの存在を社会的に認知して，それぞ
れの問題状況に即した「相違への権利（droit à difference）」を与えることが強調
されてきている[18]。ここで問題となるのは，フランスにおける従来の「普遍
主義的人間像」であり，それを起点として形成される社会や国家の在り方であ
る[19]。Joël Romanは「共同体的自由主義」としてフランス共和主義を位置づ
けており，「フランス共和主義は，確かに，理性だけに従うものと想定された
個人の自律をなによりも高く評価する限りにおいて，自由主義的である。しか
し，それは，依然として歴史特殊性（フランス特殊性）に刻まれること，そして
国家によって個人が引き受けられることを個人の解放の条件としているからで
ある」[20]と指摘している[21]。

　さて，上述の「普遍主義的人間像」であるが，まずこの理念を理解するには
「一にして不可分の共和国」としてのフランス的例外性を理解する必要があろ
う。フランス革命以降，フランスは国家の基本的構造について常に「フランス
共和国は一にして不可分である」（1793年憲法第1条）と自己規定してきた[22]。
また，現行の憲法第1条（制定時第2条第1項）では「フランスは，不可分の，
非宗教的，民主的かつ社会的な共和国である。フランスは，出生，人種または
宗教による差別なしに，すべての市民に対して法律の平等を保障する。フラン
スは全ての信条を尊重する」と定められており，共和国が不可分であることと

---

17)　同書，286ページ。
18)　山元一（2014）『現代フランス憲法理論』信山社，6-7ページ参照。
19)　同書，7ページ参照。
20)　Joël Roman (1956), *La democratie, nouvell* edition, Editions du Seul, p. 29, du meme, Le liberalism, Editions du Seuil, 1979, p. 243.
21)　山元（2014），7ページ参照。
22)　同書，11ページ参照。

市民がすべて平等であることが謳われている[23]。ところがこのような「一にして不可分の」概念は，上述のようにマイノリティーの排除へとつながらないかとの危惧が持たれることとなったと言えよう。Michel Tibon－Cornillot によれば「フランスの現実は，形式的統一に還元することもできず，強制によって結集された諸人民の集合体と同一視することもできないのであるから，統一と多様性の，そしてコンセンサスと強制の相矛盾する混合物」と手厳しい。典型的な国民国家モデルの「一にして不可分の共和国」は，地域言語問題や，上と下からの双方の揺さぶりなど，いわばヨーロッパ統合の進展により国民国家モデルの揺るぎや，外圧によるマイノリティー問題などによる揺らぎが生じていると言えよう[24]。後で触れることになるが，「非正規雇用」についても ILO 勧告や諸外国からの状況があり，一国内では解決できない問題が生じている。

次に日本国憲法において，フランスの近代国民国家の「法律中心主義」の持つ憲政史的・憲法思想的意義をつかみ出したのは樋口陽一であると山元（2014）は指摘する[25]。日本の憲法学はフランス憲法学の影響を多々受けていると言えるかもしれない。以下，フランスと日本との憲法学の異同関係を探ることとするが，中でも特徴的な「憲法学から見た司法」について検討を行いたい。

2-2　憲法学からみた司法

フランス第五共和制憲法では，司法権 autorite judiciare とは別に憲法院 Conseil constitutionnnel が定められているが，この憲法院の定義は難しい[26]。フラ

---

23)　同書，同ページ参照。

24)　同書，16 ページ参照。

25)　同書，25 ページ参照。樋口陽一（1994）『憲法　近代知の復権へ』東京大学出版会 46 ページ以下も参照。樋口については糠塚も言及している（糠塚（2001）「立憲主義と民主主義の相剋　フランスにおける憲法『改正』」『普遍性か差異か』藤原書店，292 ページ参照）。

26)　植野妙実子（2011）『フランス憲法と統治機構』中央大学出版部，153 ページ以下参照。

ンスの憲法院は違憲立法審査権を行使しているが，この審査は事前審査という形で立法過程の中に組み込まれていた。また，付託権者も政治的役割を果たす者に限られていた。ところが，2008 年 7 月の憲法改正により市民の申し立てによる事後審査の道が開かれることとなった[27]。フランス人権宣言によれば，憲法は権力分立と人権保障からなることが明らかであるが，権力分立とは立法機能と執行機能の分立を指すのであって，日本国憲法が三権分立制を採用しているのとはやや事情が異なる[28]。憲法院は，1958 年憲法により設立されたが，その第 1 の目的は議会を監視することが挙げられる。他にはレファレンダムの施行の適法性を監視すること，共和国大統領の選挙の適法性を監視すること，フランス憲法に反する条約の批准の承認に反対すること，などが挙げられる[29]。なお，第五共和制憲法では大統領権限の強化と半直接制に基づく民主的共和制，憲法院の設置による違憲立法審査権などが定められている[30]。日本をみてみると，やはり裁判所による違憲立法審査権という機能がみられる。

なお，2008 年フランス憲法改革案の限界と今後の課題として，辻村（2010）は次の点を指摘する。フランスで導入された制度は一定のメリットはあるものの，範囲や手続きからみて極めて限定的な点もある。すなわち，憲法規範の不明確さや違憲審査対象の限定（法規のみ）の問題や，欧州人権その他の条約不適合性審査との関係，憲法院移送の際のフィルター機能の功罪などである[31]。また，宇都宮（1983）によれば，フランスは司法審査に関してアメリカに匹敵するものを持っていない。「裁判所は，議会が欲する如何なるものについても立法する議会の権利を，疑うことは全くできないのである」[32]と宇都宮は述べている。

さて，北川（1982）によれば，1971 年 7 月 16 日の結社の自由に関する違憲

---

27)　同書，153 ページ参照。

28)　同上。

29)　同書，163 ページ参照。

30)　辻村みよ子（2010）『フランス憲法と現代立憲主義の挑戦』有信堂，3 ページ参照。

31)　同書，157 ページ参照。

32)　宇都宮静男（1983）『フランスの憲法制度』新有堂，163 ページ。

判決を受けて憲法院（Conseil Constitutionel）をめぐった議論が始まり，憲法院に憲法裁判機関的性格を認めるのが通説として認められたという[33]。さらに 1974 年の憲法改正による提訴権の議員への拡大をきっかけに，憲法院は独立した憲法立法機関としての性格が承認され，その人権保障機関としての役割が高く評価されている[34]。

　次に，フランスの特殊性についてみていこう。

　「フランスは，近代立憲主義の安定期にはことさらに強調されることのない『憲法の規範性』が立憲主義の現代的変容期において強調されるようになるという世界史的な一般的傾向とその軸を一にしながらも，それに帰一しない特殊性を持っている。これは，近代立憲主義の精神史的伝統が定着しなかったところほど『現代的なるもの』が直截にあらわれるのに対して，フランスでは立憲主義の遺産がねづよくのこったことによって，『現代的なるもの』への転換がそれだけ抑制される，ということによって説明できるであろう。そして，近代立憲主義の精神史的伝統の違いは，立憲主義確立期における人権の実定法上の定着のありかたのちがいという面にだけでなく，市民革命期における自然権思想のありかたのちがいという面にも，みてとることができる」[35]。

　上記が，フランスの「特殊性」について触れた部分である。樋口説を参照するのであれば，「現代的なるもの（これは近代的と言い換えてもよいであろうか）」が直接的に現れるのは立憲主義の確立がなされなかったところであり，例えば日本においては近代的・普遍的概念への憧れが強くあり，その背景には実定法や自然法に関して十分な議論を経過せずに，「上からの」改革という時代的経過を人々が経てきたことに大きく起因するかもしれない。他方でフランスにおいては，封建制下での圧政に耐えきれなかった「市民革命」によって立憲主義が強く現れ，それが逆に人々の多様性を奪うという弊害も考えられよう。

33）　北川善英（1982）「フランス憲法院と人権保障」『現代人権論』法律文化社，175ページ参照。

34）　同書，176 ページ参照。

35）　樋口陽一（1977）『現代民主主義の憲法思想』創文社，51-52 ページ。

第 6 章　普遍性と差異性の問題をめぐる日仏比較　151

　また，長谷川（1982）は，次のように述べている。「人権問題において，自由や権利の主体が人間および市民とされるのは，資本主義を構成する個人の，自由で平等な一面を表現すると同時に，不自由で不平等な一面を切り捨てているのである」[36]。

　長谷川（1952）は，憲法史について最も多く著作があり世界一水準の高い国はイギリスであろうと述べていた[37]。イギリスには成文憲法がなく，一般の法体系は判例法の集大成であるコモン・ローであるという特殊的な事情に長谷川は注目した。ところが成文法憲法を持ったアメリカは 1 回も改憲されず，フランスでは何度も改憲されている中で，憲法史と銘打った著作がほとんどみられないのが共通していると指摘する[38]。

　野村（1966）は 1789 年の人権宣言は多くの学者が強調するように「近代世界の政治的福音書」であることは間違いないと述べている[39]。しかしながら，人権宣言そのものは抽象的または方針の単なる宣言であり，人権を法的に保障するものではないとも野村は述べている。人権宣言は 1791 年 9 月 3 日憲法を制定した制憲国民議会により，1789 年 8 月 26 日に可決されたが，その宣言はアンシャンレジームを支える公法の否認を告げる文書であり，新憲法において確立を希望される新公法の原理を表明し，アンシャンレジームと断絶して確立を企てる新体制の基礎原理を表明する文書である。そのため，人権宣言は制憲国民議会のとるべき方針を宣明する原理の表明に過ぎず，人権宣言は実定法を構成しないとするのが，野村（1966）の解釈である[40]。

　時代の変遷を経て，状況も変わった。樋口によれば 1973 年 12 月 27 日の判決で，憲法院は，1974 年度の予算法規の条規を違憲として，その際に 1789 年人権宣言における「法の前の平等」を判断基準として援用している[41]。その

---

36)　長谷川正安（1982）『現代人権論』法律文化社，20 ページ。
37)　長谷川正安（1952）『フランス憲法の発展と特質』日本評論新社版，7 ページ参照。
38)　同上。
39)　野村敬造（1966）『フランス憲法と基本的人権』有信堂，14 ページ参照。
40)　同書，14-15 ページ参照。
41)　樋口洋一郎（1977）『現代民主主義の憲法思想』創文社，88 ページ参照。

当時の憲法院は次のように述べている。

「(問題の例外条項は,) 行政庁による職権課税の決定に対抗する証明を提出する可能性に関して, 市民相互間に差別を設けるものであり, 当該規定は, 1789年人権宣言に含まれ, 現行憲法前文によって厳密に再確認された法律の前の平等を侵す」[42]。

これに関連して樋口(1977)は次のように述べている。「こうして, 前述の1971年7月16日判決が, 『共和国の諸法律によって承認された基本的原理』を明示的に違憲審査の基準としたのと同様に, この判決は, 憲法前文を媒介として, 1789年人権宣言を『憲法ブロック』の一部分をなすものとして明示的にあげたのである」[43]。

また上述のように, 2008年7月23日憲法改正により「抗弁による事後的違憲審査制」が新たに導入された。これまで, ① 採択された法案に対する事前の抽象的審査制に限られていたのに対して, 一定の事項について事後の具体的な付随的審査を認めたこと, さらに, ② 起訴（付託）権者が大統領, 首相, 両院議長, 60名以上の国会議員に限られていたのに対して, 権利・自由を侵害された一般市民にもコンセイユ・デタないし破毀院からの移送により間接的に請求ができるようになった点で, 画期的な改革であった[44]。

辻村（2010）は次のように述べている。「フランス大革命期の自然権を中心とした人権が, 第三共和制に共和国の基本原理が法律によって確立されて以降, 実定法上の権利, 公的自由として保障されるようになった。さらに, 1970年代からは, 憲法院による違憲審査制の実施によって, 憲法規範の性格をもつ基本権が保障されてきた。しかし, フランスの現行憲法に人権カタログがないことから, 憲法規範としての『憲法ブロック』が問題となった」。

さて, 安倍総理の2013年10月16日の国会答弁によれば, 現行の日本国憲

---

42) 同書, 88-89 ページ参照。
43) 同書, 89 ページ。
44) 辻村みよ子（2010）『フランス憲法と現代立憲主義の挑戦』有信堂, 144-145 ページ参照。

法は議会の承認を受けて成立・施行され，すでに60有余年が経過していて有効であると首相自らも認めている。また，2016年1月21日の国会答弁においても，公務員の憲法尊重擁護義務について重ねて説明している。今後，一連の法整備に関して，行政・立法・司法と世論を注視しなければならない。危険であるのは，賛成か反対かで極端に世論が割れ，中間層が減少することである。ド・トクビルはアメリカの議会制民主主義を評価したが，ジョン・スチュアート・ミルは民主制がある程度続くと「多数者による暴虐」が起こると予想した。すなわち，多数派による政策が主を占め，少数派が締め出されるという現実である。そのような場合に，どのような討論と説得が行われるべきであろうか。ミルは「党派心を超えた少数派」が国を導いていくべきだと述べた。民主主義と立憲主義を考える時，上記のミルの意見は大いに参考となろう。以下では，より具体的な普遍性と差異性の問題に関わる例として，非正規雇用の状況をみていくこととする。

3. 非正規雇用の日仏比較

3-1　日本における雇用システムの変化——問題提起

日本の雇用システムについて，中條（2002）は次のように述べている。「日本の企業社会では縦系列の労使協同の勢力関係が重視され，依然としてそれを守ろうとする傾向は強い。しかし企業の国際的再編とグローバル社会の進展の中で日本の雇用関係を揺さぶる新しい雇用システムの胎動が注目されている」[45]。

周知のように，サービス経済化の進展に伴って新しい雇用形態が模索されている。具体的には企業別労働組合の減少と非正規雇用の増大傾向にみてとれる。このおよそ10年間（2000年代）で正規雇用の割合は減少し，非正規雇用

---

45)　中條毅編著（2002）『日本の雇用システム』中央経済社，19ページ。またこの新しい雇用システムの例として米国的タイプとEUの新しい動きを指摘している。同書，19-25ページも参照。

154

の割合は増大した[46]。

しかし一方で，企業別組合がなお日本国内において根強く残っているとする事例研究もある。願興寺（2002）はトヨタ自動車の労使関係の事例研究を用いて，「企業別組合」がなお日本国内における高い付加価値生産性実現のための基礎インフラとして高い説得力を持ち続けていると主張している。なお，個別企業社会からの離脱・政治的自由化を主張する意見もある。

このような状況下で，正規雇用を主とした雇用が理想なのか，非正規雇用も併せて雇用者間のワークシェアリングをうまく図っていくのかを考えるのは，今後の日本における雇用政策やひいては社会の在り方にとって有益であろう。職場によっては，男性は「育児参加休暇（1週間程度の）」が取りやすい環境で，女性も子育てのために日頃から休暇を取りやすいように職場のコンセンサスがあるところもある。しかしながら，このような傾向は現在の状況下では恵まれた状態かもしれない。国内労働者の状況を見渡すと，育児休業の取得率は女性83.6% に対して男性約1.89% となっている（2012年時点）[47]。

さて，サービス経済化進展の流れに合わせて，「雇用の多様化」が促進されて長年が経過した。本節では，この日本とフランスにおける非正規雇用問題の現状を取り上げ，2000年頃から今日までの現状と今後の展望について考察する。

ところで，変りゆく日本の雇用システムをみる前に，従来の日本的雇用慣行を確認することは有用であろう。八代尚宏（1997）は「日本的雇用慣行は……雇用者の技能形成のカギを握る企業内訓練を効率的に行うための，きわめて経済合理的なシステムとして評価される」[48]と述べている。一般に，「日本的」と称される雇用慣行の特徴としては，長期的な雇用（いわゆる終身雇用），年功賃金，企業別組合などが挙げられる[49]。

---

46) 願興寺眧之（2002）「日本的労使関係の源流と今日的課題—トヨタ自動車における事例研究」中條毅編著『日本の雇用システム』中央経済社。

47) 厚生労働省（2012）「雇用均等基本調査」。

48) 八代尚宏（1997）『日本的雇用慣行の経済学』日本経済新聞社。

49) 同書，35ページ参照。

終身雇用制とは「企業が労働者を学卒……で一括定期採用し，企業内で OJT も含む教育訓練・能力開発を付しつつローテーションを行うなどして人材活用をはかり（内部労働市場における人材活用），よほどのことがない限り定年まで長期にわたって雇用を保障する慣行」[50]である。年功賃金制とは「企業における年功が増加するにともなって賃金額も上昇する仕組み」[51]である。ただ，このような雇用システムでは，中途採用はまれであり，中途社員と新卒社員との賃金格差や，外部市場（転職市場）が未発達であるなどの問題点も指摘されている[52]。また，年功賃金の恩恵を受けられない，あるいは，組合に加入できない非正規雇用者の問題もある。

　次項では，主にフランスと日本の非正規雇用を巡る状況について，様々な論者の意見も参照しながら考察を行っていきたい。

3-2　フランスと日本における非正規雇用を巡る最近の動向

　本項では主に，2000 年以降の日本とフランスにおける非正規雇用を巡る動きをサーヴェイする。欧州では「オランダモデル」にみられるように，多様な生き方を模索する上で，「非正規雇用」を選択するという積極的な傾向と消極的に「非正規雇用」を選択するという 2 つの考え方に分かれている[53]。ところが日本では，消極的な意味で「非正規雇用」を選択するという傾向が強い。例えば藤野（2013）は，2008 年と 2010 年に日本，フランスの若者を中心とした非正規雇用者 21 名にデプス・インタビューを行い，次の結論を得ている。「日本の非正規雇用者は皆一様に現状に不満を表し，将来に悲観的である。一方，フランスの非正規雇用者は，概して現状に満足を示し，将来に楽観的で

50）　三井正信（2013）『現代雇用社会と労働契約法』成文堂，6 ページ。

51）　同上。

52）　同上。

53）　フランスにおいて，自らの意思ではないパートタイム労働は 30％ で，その比率は増え続けているが，フランス政府は 2005 年から「自ら望むパートタイム労働」を増やしていくための活動をしている（日本 ILO 協会（2007）『世界の労働』明石書店，2007年 12 月号，30 ページ参照。）

あった。これを国民性の違いだと単純に言ってのけられない違いだと実感したのである」[54]。

　非正規雇用がなぜ増大しているか，まず日本国内の状況についてみていこう。以前から指摘されているように，日本の雇用は終身雇用・企業別労働組合・年功賃金制度にみられるような正規雇用が労働市場の主役を占めていた。しかしながら，景気低迷のあおりを受けて，次第に景気に柔軟に対応できる派遣労働・有期雇用の採用幅が上昇した。

　次にフランスの状況をみていこう。パート労働者の雇用者全体に占める割合は，男性においては 1981 年には 1.9% であったのが 2001 年には 5.1% まで上昇しており，女性は 2001 年に 31% にまで上昇している[55]。2001 年ではパート労働者の 84% が女性である[56]。

　2008 年にはフランスで雇用流動化を促進する法律「雇用流動化を進める労働の現代化に関する法律」が成立，施行された[57]。藤野はこの法律により有期雇用に対して一定の雇用形態としての地位が確立されたと述べている[58]。

　また，藤野は次のようにも述べている。「1990 年代以降は，雇用の創出，失業等の低下を目標に，フルタイム雇用者をパートタイム契約に変更するとともに，追加的にパートタイム雇用者を採用すれば，雇用主の社会保険料負担が軽減されてきた。このような，ワークシェアリングを目的とした政策の影響もあり，雇用主の主導により，特に，職業経験の少ない若年層がパートタイム契約で採用される傾向が出てきた」[59]。

　次に，OECD（2010）で日本とフランスの比較を試みる。

　1990 年におけるパートタイム労働者の割合はフランスにおいては男性が 4.2

---

54)　藤野敦子（2013）「フランスの非正規雇用の実態及び就労意識―日本との比較の観点から」（『京都産業大学論集，社会科学系列』29 号）京都産業大学，42 ページ。

55)　INSEE, Enquete Sur Lemploi, 2001.

56)　鈴木宏昌（2003）「フランスのパートタイム労働」（『大原社会問題研究所雑誌』No. 537）法政大学出版局，2003 年 8 月号，3 ページ参照。

57)　藤野（2013），40 ページ参照。

58)　同書，41 ページ参照。

59)　同上。

％で女性が21.7％であり計12.2％だったが，日本では男性9.5％女性33.4％，計19.2％であった。この日本の方がパートタイム労働者の割合が高い傾向は2001年でも変わらず，2001年にはフランス男性5.1％女性23.8％計13.8％，日本男性13.7％，女性41.0％計24.9％で推移している。

　上記のようにフランスと日本において非正規雇用が増大している背景には，経済の状況とそれに対応する政策当局の動きがある。

　例えばフランスでは，雇用補助により，国が賃金の補助や社会保険料負担をして労働コストを減らすことで，企業のみならず自治体や非営利団体における非正規の採用を刺激する事例も多くあるが，これは職業訓練を経過した後も労働市場に参入するのが困難な者にたいする臨時的雇用の性格を持っている[60]。故に，「無期限・フルタイム契約の正規雇用を確保するまでの一時的雇用として導入され」[61]ている。フランスでは，2007年において，最初の採用時は約70％が有期雇用であるが，この有期雇用職員の比率は産業ごとにばらつきがあり，電気ガスなどのエネルギーは1.7％，自動車産業・製造業では2.7％，サービス業が13.0％とサービス業の数字が際立っている（2007年時点）[62]。

　なお，五十畑（2010）によれば，フランスの場合は，職務経験のない新卒者を採用して育成する日本とは違って，個人の保有する資格や職務経験により採用される[63]。よって，「職務経験の乏しいあるいはない若年者は，様々な一時的な雇用形態を経験し，職務経験を積んだ上で，日本の正社員にあたる無期限雇用にたどりつくのが一般的である」[64]。

　日本の場合は，新卒採用として同年齢で同企業に就職した若者は同一賃金か

---

60)　小澤裕香（2010）「サルコジ政権下の貧困政策―RMIからRSAへ―」佐藤清編著『フランス―経済・社会・文化の諸相』中央大学出版部，266ページ参照。

61)　同上。

62)　日本ILO協会（2007）『世界の労働』明石書店，2007年12月号参照。

63)　五十畑浩平（2010）「フランスにおける企業研修―近年の法の変遷をめぐって―」佐藤清編著『フランス―経済・社会・文化の諸相』中央大学出版部，228ページ参照。

64)　同上。

158

らスタートするのが普通であるが，フランスの場合は所有している資格により賃金が異なってくる。

さらに，浅野（2005）によれば，フランスでは日本で言う正規雇用が「期間の定めのない雇用契約 CDI : contrat de travail a duree indeterminee」と呼ばれ，非正規雇用にあたるのが「期間の定めのある雇用契約 CDD contrat de travail a duree determinee」であるが[65]，最近の傾向によれば，企業は個人を CDD の形態で採用した後に CDI の形態に切り替えることが多い[66]。すなわち，「終身雇用」を前提にしない多様な形態（例えば非正規雇用）が生じており，DARES 等の定義により次の 3 つのカテゴリーに分けられる[67]。

カテゴリー 1：フルタイム無期限労働者（期間の定めのない労働契約 CDI）

カテゴリー 2：パートタイム無期限労働者（期間の定めのない労働契約 CDI）

カテゴリー 3：期限付き労働者・派遣労働者（有期労働契約 CDD）

他方で，日本で正規雇用にたどり着くには，民間企業であれば学卒でストレートに企業に「就社」するのが殆どであり，既卒でも一定の資格試験を受けて就職できる公務員のようなわずかな例を除けば，フリーター層や無職者の増大といった社会的な問題も見逃せない。

三井（2010）も次のように述べている。「現在，非正規従業員（非正規労働者）の割合は全労働者の 3 分の 1 にまで増加しており，今後一層増加することが予想される，正規従業員（正社員）と非正規従業員との間の賃金格差は一般的に非常に大きくなっており，現在では格差社会やワーキングプアという形で社会問題化してきている」[68]。

なお，上記のように正規雇用を基礎とし，非正規をネガティブにとらえる見方とは違った見解もある。例えば，アンソニー・ギデンズは次のように説明し

---

65) 浅野清編（2005）『成熟社会の教育・家族・雇用システム』「第 6 章 階層化社会の雇用形態と賃金格差―職業資格と学位免状の公認表」NTT 出版，150－151 ページ参照。

66) 同書，151 ページ参照。

67) 同書，150 ページ参照。

68) 三井正信（2010）『現代雇用社会と労働契約法』成文堂，20 ページ。

ている。「一部の社会学者や経済学者は，グローバル経済力の強い影響力と
『フレキシブルな』労働力への需要の高まりによって，将来ますます多くの人
がポートフォリオ労働者になっていくと主張してきた」[69]。実際に国外でも国
内でも，フレキシブルな労働力は増大し続けている。ギデンズの主張によれ
ば，一生涯同じ職に就くという形態が終わり，様々な職業上の技能や資格証明
書を多くの人が保有するようになるという[70]。また，アンドレ・ゴルツによ
れば，安定就労する人たち，すなわち，安定した有給の職にある人たちとは別
に，「非労働者からなる非階級」が存在するという[71]。こうした新たな見解も
社会学的な立場から提示されている。

　次に，2004 年時点の資料をみるとフランスにおける労働組合の組織率は他
の欧州諸国に比べて非常に低く，2000 年には 9. 1%，2001 年には 8% と年々
低下の傾向にある[72]。

　このような組織率低下のなかで，集団の意思決定はどのように行われている
のであろうか。

　桑村（2006）は，フランスでは伝統的に集団的労働がどのように決定される
か，それが近年どのように修正されているのか，また，非正規労働者の利益が
どのように考慮されているのかを検討している。桑村によれば，フランスでは
伝統的に労働組合と従業員代表の二元的労働者代表制度を採用してきたが，少
数者が集団的労働条件に関与する手続きが整備されており，非正規労働者の利
益もこの手続きの中で考慮されている[73]。また，「フランスにおける近年の注
目される動向としての過半数主義は……少数派の関与権保障を前提に発展して
きた」[74]と主張している。ここでまた，普遍性と差異性の問題が垣間みられる

69）　アンソニー・ギデンズ著（2006）松尾精文他訳『社会学　第 5 版』而立書房，762
　　　ページ。
70）　同上。
71）　同書，764 ページ参照。
72）　Le Mond, 2004, 4. 14. pp. Ⅰ-Ⅲ.
73）　桑村由美子（2006）「第 2 章　フランスにおける集団的労働決定と非正規従業員」
　　　『非正規雇用問題に関する労働法政策の方向』，58 ページ参照。
74）　同書，58 ページ。

であろう。過半数主義の中でも少数派の権利が考慮されているといえよう。

　さて，桑村によれば，雇用手当が適用されるのは次の要件がある[75]。

　①　世帯の課税所得が一定の水準を下回っている。

　②　少なくとも，世帯の1人が職業活動をしている。

　このように雇用手当てを受ける適用幅が設けられているが，さらに職業生活という観点まで拡げて検討を行えば，従来の正規雇用者のみならず多様な雇用形態への保障が必要とされているように思われる。

　「職業生活とは，パートタイムまたはフルタイムの給与労働者のみならず，職人や商人，農業従事者，自由業などを含む」[76]と規定されている。日本の雇用政策との比較からワーキングプアの問題も見逃せないであろう。

　また「イギリス・フランスのどちらも，最低賃金を上げることで非正規雇用問題に対処しようという動きはほとんどない。また日本でも，非正規雇用の増加は共通する問題である」[77]。上述のように雇用手当て適用には一定の要件があるが，それを補完する形で最低賃金を上昇させることにより，正規雇用者とそれ以外の雇用者との格差を解消できる可能性はある。最終的に桑村は「今後は，低賃金問題への対処と，貧困問題への対処の違いを明確にし，最低賃金独自の役割を画することがいっそう重要となっている」[78]と結論づけている。一方で雇用者の最低賃金上昇の確保の問題と，職に就くことのできない者への対処問題が他方であり，今後様々な政策が検討されねばならない。

　なお，2003年の厚生労働省の調査によると，ほぼすべての正規労働者が雇用保険・厚生年金・健康保険の対象者であったが，厚生年金と健康保険の対象となる非正規労働者は半分未満であり，失業保険の対象となる非正規労働者は3分の2であった[79]。この点においても，正規雇用者に比較して非正規雇用者

---

75)　同書，126ページ参照。

76)　同上。

77)　同書，129ページ参照。

78)　同上。

79)　OECD編著（2010）濱口桂一郎監訳，中島ゆり訳『日本の若者と雇用』，明石出版，47ページ参照。OECD (2008), *Economic surveys : Japan, OECD, Paris*. も参照。

第 6 章 普遍性と差異性の問題をめぐる日仏比較 161

の不平等感が強く表れている。

　このような不平等感が現実として存在するが，フランス労働法典は，労働時間を定める章の第 2 節「選択時間労働」の中に，「フレックスタイム制」（第 1款）と並んで「パートタイム労働」（第 2 款）を設けている。同款はパートタイム労働に関する一般的な法規制を定めたものである[80]。水町（1997）によれば，労働者にとってはパートタイム労働者になるには，3 つの懸念材料があった。すなわち，パートタイム労働者はフルタイム労働者に比べて不安定であり，企業の中でも縁辺的な地位に置かれることが多く，権利・利益の面でもフルタイム労働者ほどの十分な保護が与えられていないという事実である[81]。このような中で，労働法典はパートタイム労働者のフルタイム労働への転換を，フルタイム労働者への転換と同一の条項により，同一の方法で調整している[82]。また，フランスでは労働者の地位の安定のために期間の定めのある労働契約の締結に厳格な制限が課されており，パートタイム労働者が期間の定めのある労働契約により雇用される場合にも，この一般規定がそのまま適用される[83]。

　法規制は以上のとおりであるが，ワークシェアリングや「時短」により実際に労働者間の不平等感を是正しようとする政策と議論が継続されてきた。「解雇や人員整理，非典型雇用の契約といった『外的な』より望ましくないフレキシビリティにかわって，労働時間の弾力性を高め，さらに労働時間を短縮することと引きかえに，雇用を拡大し不安定就業を減少させる『内的』フレキシビリティを実現するうえで，労働時間の短縮は重要な政策手段である」[84]との意見もある。しかしながら，「労働時間短縮によるワークシェアリングは，時短という労働者の満足を得やすい政策であることから，何度か実施されてきた。

80）　水町勇一郎（1997）『パートタイム労働の法律政策』有斐閣，28 ページ参照。

81）　同書，31 ページ参照。

82）　同書，75 ページ参照。

83）　同書，77 ページ参照。

84）　G. エスピン・アンデルセン，マリーノ・レジーニ編；伍賀一道 他訳『労働市場の規制緩和を検証する』青木書店，261 ページ。

だが，その雇用効果は明確でなく，また時短を継続的に続けることもできない」[85]といった否定的な意見もある。今後ますます検証が必要となろう。

年齢別の労働者間の不平等に目を転じれば「連帯契約による場合には，フルタイムで雇用されていた高齢者の早期退職による空席分に相当する採用を行うことが制度適用の用件とされており，広い意味では世代間におけるワークシェアリングを行おうとしたものとしてもみることができる」という意見もある[86]。

小松（1993）はすでに次の事項を指摘している。「パートタイマーや家内労働者といった，もっとも労働条件が劣悪で，災害，怪我，不衛生と隣り合わせた状況にいる労働者の存在も忘れることができない。ことにその大部分が女性，それも家庭を持つ主婦であることが大きな問題である。労働災害や安全衛生の面からも，パートや家内労働には特別の対応が欠かせないだろう」[87]。このようなネガティブな意見も参照しつつ，普遍性と差異性に係る問題意識を常に持つことは重要であると言えよう。

また，八代（1997）は，パートタイマーに年金制度加入へのインセンティブを高める必要があると主張する。三富紀敬（1986）によれば，1978年から1982年にかけての労働組合組織率は1%程度である。第3次産業には中小規模企業が多く，移動率は全産業の17.6%に比べて48.6%（1980年）と極めて高い事情が背景にあると言えよう。これに対してフルタイマーの組織率は5%程度である。組合自身がパートタイマーの組織率に消極的な態度をとっていた事情もある[88]。年金に関してみると，現時点では週33時間未満のパートタイマーには年金保険が適用されない。また，年間賃金収入が130万円を超えると，被扶養者となれないこと。年収130万円超のパートタイマーは国民年金（1階の定額年金）に加入する義務があり，定額の保険料を自ら負担する[89]。

---

85)　日本労働研究機構編（2001）『フランスの労働事情』日本労働研究機構，51ページ。

86)　藤井良治（1989）『フランスの社会保障』東京大学出版会，208ページ。

87)　小松隆二（1993）『現代社会政策論』論創社，279ページ。

88)　三富紀敬（1986）『フランスの不安定労働改革』ミネルヴァ書房，102ページ参照。

第6章 普遍性と差異性の問題をめぐる日仏比較　163

　八代は「現行制度は年間収入 130 万円未満のパート労働を促進しがちである。このような現実にたいしては，パートタイマーを年金制度に直接加入させる方向を検討すべきだという意見がどちらかというと強い。そのためには遺族年金の改善を図ってパートタイマーに年金制度加入へのインセンティブを高める必要がある」[90]と主張する。

　最後に欧州でのパートタイムへの保障内容をみていこう。具体的には，1997 年に「パートタイム労働指令」が，99 年には有期雇用労働指令が EU で採択されている[91]。この内容は，パートタイム労働者が，フルタイムの労働者と比べて不利な待遇を受けること，すなわち，差別を禁止したものである。なお，ILO 社会的保護統局ディアドロ・マッカンによれば，オランダやドイツではすでに，かなり先進的な取組みがされており，労働者自身が労働時間を決める権利を有する法律を持っているとされる[92]。

　ただし，次のような意見もある。「フランスでは未だ労働組合が，雇用の柔軟性と雇用の不安定は一体であると非難している。組合は常に，非正規雇用は組合を弱める手段であり，正社員に対する保護を毀損する方向に働くと考えてきた。そのため，長期に渡り，正社員の地位を守り，被用者の地位の多様化を拒絶することが主要な目標となってきた」[93]。

　上述のように，普遍性と差異性について，憲法と非正規雇用の観点からサーヴェイを行ってきた。最終節ではこの普遍性と差異性について，やや哲学的な見地から考慮したいと思う。

---

89)　八代尚宏（1997）『高齢化社会の生活保険システム』東京大学出版会，135 ページ参照。

90)　同書，135 ページ。

91)　日本 ILO 協会（2007）『世界の労働』国際労働局東京支局，2007 年 12 月号，26 ページ参照。

92)　同上。

93)　労働政策研究・研修機構（2011）『ビジネス・レーバー・トレンド』2011 年 4 月号，28 ページ。

4. お わ り に

　功利主義者であったジェレミー・ベンサムは，大多数の人々のために少数の人が犠牲になる構図を描いた。これは哲学者であり経済学者であり実務家であったジョン・メイナード・ケインズが，かの有名な『雇用・利子及び貨幣の一般理論』(1936) で引用している箇所である。

　「私〔ケインズ―引用者〕は読者につぎのようなすばらしい文章を想い起こさせなければならない。『事業の行路，すなわち企画家の足跡を残す大道は，広大で，おそらく無限で，平坦であると考えられるかもしれないが，所々にクルティウスが呑み込まれたような割れ目がある。どの割れ目もふさがるためには，人間の犠牲者がそこに落ちなければならない。しかし，ひとたびそれがふさがってしまうと，再び開くことはなく，道の大部分は後から来る人々にとって安全なものとなる』[94]」。

　先に紹介したように，J. S. ミルも『代議制統治論』で民主制がある程度進むと「多数者の暴虐」が起こるとした人であるが，彼らの時代から現代に至って，少数派の権利も徐々に認められるようになった。そもそも「自然権思想」に基づく憲法概念であったが，その根本には全ての人や事物が同一であるとの「自然の斉一性」に基づく思想があるように思われる。すなわち，因果関係があり，そこから同一の結論が導かれるとする論理的思考法である。こうした倫理観や哲学にたいしては様々な批判が加えられたが，あまり知られていない『蓋然性論』(1921) という著作においてジョン・メイナード・ケインズは，従来の論理学者や哲学者が前提としていた自然の斉一性を批判している。むしろ事物には「多様性」や「差異性」がみられるというのがケインズの主張である。彼の哲学はあまり知られていないが，ものごとの「多様性」や「差異性」を認めるとした点で，彼の思考法は相当に進んでいたように思われる。もともとは自然法にたつ憲法思想であるが，哲学者達は自然法に関する「合成の誤

---

94) ジョン・メイナード・ケインズ著，塩谷祐一訳 (1936)『雇用・利子及び貨幣の一般理論』東洋経済新報社，353 ページ。

謬」を認めつつ修正を加えて多様性や差異性をも包摂した体系づくりへと移行しているように思われるが，このような中でこそ意見の多様性を重視しなければならないと言える。

　さて，前節までは主に憲法と非正規雇用について普遍性と差異性の観点から考察を行ってきた。この2つのトピックを扱った理由を述べよう。

　周知のように，一連の法案が数の論理により通過した。世の中には多様な意見があるはずだが，討論と説得によることなくある意見を通すと後で為政者は失敗の憂き目をみるということは歴史が証明したことである。このような自由意見の危機にあって，フランスの憲法と日本の憲法について研究を行うことにした理由がこれである。

　次に，非正規雇用についても深刻な状況が続いている。バブル崩壊以降，特に2000年以降，このような非正規雇用は増大した。非正規雇用については退職金やボーナスも出ない場合が多いし，給与格差や社会保障の面でも不平等感がある状況であるが，逆に正規職員に眼を移すと長時間労働やストレスに数多く見舞われていて，休職したり非正規雇用に移行する者も少なくない。

　自由意見の危機と相まって，かつての中間層が減少し続けて所得の格差が進んでいる。このような中で，立場を超えた話し合いが必要となろう。ケインズは，『説得論集』の序文において殆どの説得は失敗に終わったと語っている。しかしながら，将来のことが確実にわからなくても行動してみようというのがケインズの信条でもある。このように多様な立場によりながら相手との協力を行い行動していく以外に，将来への見込みはないように思われる。

参 考 文 献

浅野清編（2005）『成熟社会の教育・家族・雇用システム』NTT出版。

『朝日新聞』2013年10月18日朝刊1面記事。

アンソニー・ギデンズ著（2006）松尾精文他訳『社会学　第5版』，而立書房。

五十畑浩平（2010）「フランスにおける企業研修―近年の法の変遷をめぐって―」
　　　佐藤清編著『フランス―経済・社会・文化の諸相』中央大学出版部。

植野妙実子編著（2011）『フランス憲法と統治機構』中央大学出版部。

宇都宮静男（1983）『フランスの憲法制度』新有堂。

小澤裕香（2010）「サルコジ政権下の貧困政策—RMIからRSAへ—」佐藤清編著
　　『フランス—経済・社会・文化の諸相』中央大学出版部。
押久保倫夫（2011）「国民の基本的人権の享有，基本的人権の永久不可侵性」，『新
　　基本法コンメンタール　憲法』2011年10月。
OECD編著（2010）濱口桂一郎監訳，中島ゆり訳『日本の若者と雇用』明石出版。
願興寺 之（2002）「日本的労使関係の源流と今日的課題—トヨタ自動車における
　　事例研究」中條毅編著『日本の雇用システム』。
北川善英（1982）「フランス憲法院と人権保障」『現代人権論』法律文化社。
桐山孝信（2013）「マイノリティ（少数民族）の権利をめぐる国内裁判と人権条約」
　　『労働法と現代法の理論　下』日本評論社。
桑村由美子（2006）「フランスにおける集団的労働決定と非正規従業員」『非正規雇
　　用問題に関する労働法政策の方向』労働問題リサーチセンター・日本ILO協
　　会。
厚生労働省（2012）「雇用均等基本調査」。
ジョン・メイナード・ケインズ著（1936），塩谷祐一訳『雇用・利子及び貨幣の一
　　般理論』東洋経済新報社。
鈴木宏昌（2003）「フランスのパートタイム労働」（『大原社会問題研究所雑誌』法
　　政大学出版局，No.537）。
芹沢斉・市川正人・阪口正二郎編『別冊法学セミナーno.210 新基本法コンメン
　　タール　憲法』。
辻村みよ子（2003）『比較憲法（新版）』岩波書店。
辻村みよ子（2010）『フランス憲法と現代立憲主義の挑戦』有信堂。
辻村みよ子（2014）『比較のなかの改憲論』岩波新書。
辻村みよ子・糠塚泰江（2012）『フランス憲法入門』三省堂。
中條毅（2002）「産業構造改革と雇用システム」中條毅編著『日本の雇用システ
　　ム』。
中村義孝編訳（2003）『フランス憲法史集成』法律文化社。
日本ILO協会『世界の労働』2007年12月号。
日本労働研究機構編『フランスの労働事情』日本労働研究機構。
野村敬造（1966）『フランス憲法と基本的人権』有信堂。
糠塚泰江（2001）「立憲主義と民主主義の相剋　フランスにおける憲法『改正』」
　　『普遍性か差異か』藤原書店。
長谷川正安（1952）『フランス憲法の発展と特質』日本評論新社版。
長谷川正安（1982）『現代人権論』法律文化社。
樋口陽一（1977）『現代民主主義の憲法思想』創文社。
樋口陽一（1994）『憲法　近代知の復権へ』東京大学出版会。
藤野敦子（2013）「フランスの非正規雇用の実態及び就労意識—日本との比較との
　　観点から」（『京都産業大学論集，社会科学系列』）京都産業大学。
三井正信（2010）『現代雇用社会と労働契約法』成文堂。
水町勇一郎（1997）『パートタイム労働の法律政策』有斐閣，28ページ。
三富紀敬（1986）『フランスの不安定労働改革』ミネルヴァ書房。

第 6 章　普遍性と差異性の問題をめぐる日仏比較　167

モーリス・デュヴェルジェ（1995），時本義昭訳『フランス憲法史』みすず書房。

八代尚宏（1997）『日本的雇用慣行の経済学』日本経済新聞社。

八代尚宏（1997）『高齢化社会の生活保障システム』東京大学出版会。

山口俊夫（1978）『概説フランス法　上』東京大学出版会。

山元一（2014）『現代フランス憲法理論』信山社。

ルソー〔桑原訳 1954 年〕『社会契約論』岩波書店。

労働政策研究・研修機構『ビジネス・レーバー・トレンド』2011 年 4 月号。

Joel Roman (1956), La democratie, nouvell edition, Editions du Seul, p 29, du meme, Le liberalism, Editions du Seuil, 1979, p.243.

INSEE (2001), Enquete Sur Lemploi.

Le Mond, 2004, 4. 14. pp. Ⅰ-Ⅲ.

OECD（2008），*Economic surveys : Japan,* OECD, Paris.

第 **7** 章

個人主義大国フランスにおける〈カップル主義〉と
日本における〈婚姻の価値〉

北 原 零 未

1. はじめに

「家族」とは何か。おそらく家族は多くの人にとって身近な存在・概念であ
りながら，その定義は実は曖昧である。1人きりの場合は家族とは言わないと
するのが一般的なコンセンサスであろうが，では家族とは誰がいれば家族なの
か。その構成条件は何か。夫婦だけでも家族と言えるのか，子供がいなければ
家族と言えないのか，法的な関係だけが家族なのか，あるいは精神的であれ経
済的であれ何らかの親密な2人以上の関係を家族と呼ぶのか，これらは土地や
時代によっても異なるが，実際には個人差が大きいだろう。親族・姻族につい
てもどこまでを家族ととらえるかは人によって異なるだろう。何をもって家族
とするかは各個人によってバリエーションが多彩であろうし，それで良いはず
である。従前の血縁や法律婚，異性愛を基準とした家族観にたいして，国連は
唯一の家族像を追求しないことを強調しているし，ユネスコも家族には多様性
があることを前提としている。現在では，主観的家族観（各個人が家族であると
思うものが家族）が拡がっている[1]。

---

1)　Sexuality No. 72 (2015)，68 ページ。

170

　しかし一方で家族について考える時避けては通れないファクターが婚姻制度である。婚姻制度にたいしては様々な批判がありながらも，厳然として家族制度の基礎である。する人もしない人も結婚は無視できないものであろう。

　ここで問題となるのが「結婚の特権化」である。多様化の時代と言われる現代にあってもなぜ多くの人が結婚にアクセスしたがるのか，またなぜ保守派・伝統主義者は婚姻外のライフスタイルを選択した人（選択せざるを得ない人）を排除したがるのか。あるいは，婚姻の権利を万人に認めず，排除する人間をつくりたがるのか。婚姻制度が，それ以外のライフスタイルを差別化し，守られているのはなぜか。このことと同時に，筆者の近年の関心の所在は，個人主義大国と言われるフランスが本当に個人主義なのか，むしろカップル主義であり，また，社会が多様化しているとはいえ婚姻の価値はいまだ不動ではないのか，といった点にある。

　そこで本章では，日本における家族と婚姻制度の問題点を整理した上で，その比較対象としてフランスのカップル主義と婚姻の価値について分析してみたい。

2. 日本における「家族」と婚姻制度

　本節では，日本における婚姻制度とは何か，その何が問題なのか，誰を守り，誰が排除されるのかを，事実婚，同性婚，夫婦別姓，非婚などと併せて考えていきたい。

2-1　婚姻制度の問題点

　すでに諸外国では，子供を持つことと結婚をすることは必ずしもリンクしておらず，別物としてとらえられているが，日本社会においては今なお，子供を持つには法的婚姻が前提となっている。このことは例えば，少子化の要因と解決策を探るための調査において，「女性の仕事，子育てと結婚時期の選択」や「未婚女性の結婚観と子育て観」などのように，少子化という，子供をテーマとしたものであるのに，そこに当然のように「結婚」が出て来ている点からも

第 7 章　個人主義大国フランスにおける〈カップル主義〉と日本における〈婚姻の価値〉　171

うかがえる[2]。本来，生殖行為の結果である出産と，社会制度としての婚姻はまったく別物であるが，子供について語られる時，結婚は欠かせないファクターとなっているのである。

　岩志（2010）によれば，そもそも種の再生産という生物的な保存本能に各種の要素を加味して社会制度として作り上げたのが婚姻制度である。現在の民法の基礎となった明治 31 年民法の婚姻制度は，当事者同士のみの自由意思によって婚姻が成立するとしており，この点で近代的であると言える。しかしながら実際にはイエ制度と結びついており，婚姻の自由や両性の平等が保障されていたとは言い難い。戦後，追跡制度の廃止に伴い，婚姻法も書き換えられたが，ここで法律婚主義が強調されることになる[3]。婚姻が法律行為である以上，いくつかの法律効果が発生するが「中でも，夫婦同氏[4]については，婚姻の届出の際に届書に婚姻後の夫婦の氏を記載する必要があり，これを記載しなければ届出そのものが受理されないため，実質的に婚姻の成立要件と同じような機能を果たすものとなっている」[5]のである。法律上は男女いずれの姓を選択しても良いことになっているが，イエ制度の名残により，多くは女性が改姓することから「自己の氏の変更によって生ずる不利益は事実上女性に押しつけられているのであり，そのような中で同氏を強制することは，妻は家庭にという考え方を助長し，ひいては個人としての女性の社会活動の妨げとなりかねない」[6]。姓が同じであることが家族の一体性を保証するものではなく，「同氏の

---

2)　「少子化の社会・心理的要因に関する調査研究報告書」（平成 9 年 8 月）。さらにこの調査の根本的な問題として，少子化や子育てが女性のみの課題・関心事として想定されている点が挙げられる。
　　この他，リクルート「ブライダル総研 恋愛・婚活・結婚調査 2015」（http://bridal-souken.net/data/ra/renaikonkatsukekkon 2015_release.pdf）や「平成 25 年版 厚生労働白書」（http://www.mhlw.go.jp/wp/hakusyo/kousei/13/dl/1-02-2.pdf）においても結婚と子供は切り離せないファクターとなっていることがうかがえる。
3)　岩志（2010），22 ページ。
4)　一般に，法律用語としては氏が，日常用語としては姓が使われる。
5)　岩志（2010），27 ページ。
6)　同上。

強制の維持は，真剣な愛情の上に夫婦関係，さらに家族関係を形成したいが，自らのアイデンティティを否定したくはないと考える人々に，婚姻を認めないといっているのに等しい」[7]。

明治31年の時点で，婚姻の条件を当事者の自由意思としていること，同姓は条件であるものの，男女どちらの姓でもかまわないとしていること，これらについては，当時の諸外国と比べると日本は極めて先進的であったと言えよう。しかし，結局のところ一方でイエ制度が強固であり，戸籍制度もあるため，実際には男性姓が優先され，現在に至っても岩志が指摘するとおりの状況である[8]。

さらに，法律婚主義の弊害として，非婚カップルの排除，その子供を正当ならざる子として扱う法律上の差別主義，今となってはもはや合理性を欠いているにもかかわらず女性にのみ課される再婚禁止期間，同性愛カップルの排除などが挙げられる。非嫡出子の問題については，2013年に民法上の財産相続差別規定が撤廃され，近年平等化を求める方向へ変わってきているものの，世界レベルではすでに平等化の実現を越えて，嫡出子・非嫡出子という区別自体を廃止する傾向にある。また，再婚禁止期間については，2015年末に6カ月のうち100日を超える部分については違憲であるとの最高裁判決が出されたが，

---

7)　同上。

8)　どちらの氏でもかまわないとされているものの，実際には圧倒的に女性の改姓が多いことから「夫の氏を称する」ことと「妻の氏を称する」ことでは現実的には大きな違いがあることが指摘されている（笹川，2007）。妻を戸籍筆頭者とすることと，妻の親と養子縁組をすることはまったく別物である。それにもかかわらず，妻の姓にすることは養子縁組をすることであると多くの人が勘違いしており，「妻の実家の財産が目当てなのか」と言われたり，「養子縁組＝婚入り＝妻の側に頭が上がらない，立場が弱い」と思われたりする。その背景には「家族の『長』『リーダー』は夫であるべきであるというジェンダー観に縛られた家族観・夫婦観があり，戸籍筆頭者は当然夫であるべきであるという規範の共有が存在している」（笹川，2007）。反対に女性にたいしては「自らを家長として夫の上に立ちたい生意気な女」「夫の姓にしたくない妻＝夫の家族を嫌う嫁」という偏見が持たれるとして，同姓主義は結果的に夫婦間の主従関係・上下関係の正当化に貢献していることが指摘されている（笹川，2007）。

第7章 個人主義大国フランスにおける〈カップル主義〉と日本における〈婚姻の価値〉 173

そもそも女性のみに課されていること，現在は医療が進歩していることなどを考えれば，再婚禁止期間が存在すること自体に問題がある[9]。岩志（2010）が言うように，婚姻法のみならず，父性決定法理や親権法についても再検討すべきであろう[10]。

　夫婦別姓に着目すると，こちらは2015年末に同姓は合憲であるとの最高裁判決が出されている[11]。違憲と判断した裁判官の見解は，「現実に96％を超える夫婦が夫の氏を称する婚姻をしているところからすると，近時大きなものとなってきた上記の個人識別機能に対する支障，自己喪失感などの負担は，ほぼ妻について生じているといえる。夫の氏を称することは夫婦となろうとする者双方の協議によるものであるが，96％もの多数が夫の氏を称することは，女性の社会的経済的な立場の弱さ，家庭生活における立場の弱さ，種々の事実上の圧力など様々な要因のもたらすところであるといえるのであって，夫の氏を称することが妻の意思に基づくものであるとしても，その意思決定の過程に現実の不平等と力関係が作用しているのである。そうすると，その点の配慮をしないまま夫婦同氏に例外を設けないことは，多くの場合妻となった者のみが個人の尊厳の基礎である個人識別機能を損ねられ，また，自己喪失感といった負担を負うこととなり，個人の尊厳と両性の本質的平等に立脚した制度とはいえない」というものである[12]。しかし，最高裁の最終的な判断は，夫婦同姓には合理性があり，同姓の強制は両性の平等を定めた婚姻法に反しない，また，女性たちの苦労はわかるものの，現在では日常生活での旧姓使用が広まっており，さほどの問題とはならないというものである[13]。この見解は，そもそも夫婦別姓の本質が理解できていないのではないかと思われるが，同時に選択的夫婦別姓制度については，合理性がないと断ずるものではないとして，国

---

9)　実際，裁判官のうち2名は禁止そのものを違憲とみなした。

10)　岩志（2010），24-25ページ。

11)　女性裁判官3名を含む計5名が違憲とし，10名が合憲と判断した。

12)　裁判所（www.courts.go.jp/app/files/hanrei_jp/546/085546_hanrei.pdf）p. 18。

13)　毎日新聞（http://mainichi.jp/articles/20151217/ddm/001/040/163000c）。

会での議論を促している。

別姓反対派にも多様性がみられる。「家族の一体感がなくなる」「日本の良き伝統が崩れる」「女性の社会進出が家族崩壊の原因であり，別姓の容認はさらに拍車を掛けることになる」「国家解体運動の一環」「子供がかわいそう」「別姓を認めれば，同性婚も認めるようになる，気持ち悪い」といった右派や保守派の意見は，ある意味で非常にわかりやすい。別姓に限らず，家族がテーマとなる時に繰り返される一定のパターンであり，これらの主張には大してオリジナリティもバリエーションもない。

しかし一方でこうしたアンチ・ジェンダー平等派とはまったく異なる立場から夫婦別姓に批判的な論者もある。善積（1997）は，夫婦別姓さえ法的に認めてしまえば婚姻届けを出さないカップルの増加という「問題」には片がつくと思っている人が多いとし，別姓や自由な生き方を支持する人の中にすら，「人々を婚姻制度の枠内に入れようとする潜在的な意識が存在する」として，婚姻届は出さなければならないものであるという道徳観に多くの人が縛られていることを指摘している[14]。そして選択的夫婦別姓（夫婦別姓選択制）の法制化によって届出婚主義が強化され，同姓を理由として法的婚姻を拒否している訳ではない非婚カップルの排除につながることを懸念する[15]。別姓を求めることは，婚姻制度そのものには肯定的であるということであり，それは結局法律婚のバリエーションを増やすことに過ぎない。法律婚をより強固なものにすることになり，その結果婚姻制度や戸籍制度の枠外で生きたいと願う人々の排除につながるという考え方である。確かに，結婚はしたいが姓は変えたくないというスタンスと，カップルで暮らしたいが婚姻制度の枠内に入りたくないというスタンスは，真逆である。伝統的な婚姻主義者からすれば，どちらも受け入れがたい制度破壊者にみえるかも知れないが，かたや婚姻制度の枠内に納まりたいと言っており，かたや制度そのものを否定しているのである。

また，善積（1997）は同時に，子供を婚外子にしたくないがために出産に際

14）　善積（1997），13 ページ。
15）　同書，16 ページ。

第 7 章　個人主義大国フランスにおける〈カップル主義〉と日本における〈婚姻の価値〉　175

しては法律婚をするという別姓希望者の考え方は，事実婚や婚外子にたいする差別であると非難している。この点に関して，別姓希望者にインタビュー調査を行った笹川（2008）によれば，「夫婦別姓が法的に認められていないことによる不便さ・理不尽さを日頃痛感している女性たちの判断基準は，子供自身が不利益を被らないかどうかであり，婚外子や非婚カップルへの差別に荷担する意識はない」[16]。

　一方，同姓・別姓以前に，そもそも婚姻制度は個人の性関係を国家が登録・管理するものであって，制度自体が愚かしい上に，登録した異性愛のカップルにのみ法的特権と経済的保護を与えるという形で，登録外のカップルやシングル，同性愛者を差別の対象とするという批判もある[17]。

　逆に別姓賛成派の中には，実は別姓制度の確立が目的ではなく，まずは別姓制度の実現から婚姻制度を瓦解させ，最終的には戸籍制度の解体を目指す向きもある。こうした人たちのスタンスは，戸籍は人々に何ら権利をもたらさないばかりか，差別だけを生み出しており，家族にまつわるあらゆる差別の元凶となっている，というものである[18]。

　この他，法律婚主義であり，夫婦を社会の基礎単位であるとしていることから生ずる差別は多岐にわたる。戸籍制度に関連する差別，認知制度に関連する差別，ビザの取得の際に出会う障害，税金制度や社会保障制度上の差別などが挙げられる。さらに，こうした法律上の差別のみならず，日常の社会生活における障害として，非婚カップルが生命保険に加入する際の困難さや，入居や住宅ローンなどの公的書類では夫婦として扱われないなどの問題がある[19]。

2–2　セイフティネットとしての結婚
　日本においては，有配偶女性の大半が何らかの形で働いているにもかかわら

---

16)　笹川（2008），174 ページ。
17)　同書，166 ページおよび笹川（2007），16 ページ。
18)　笹川（2007），12 ページ。
19)　善積（1997），250 ページ。

ず，1960年代以降，共働きは一時期，家族病理として扱われていた。現在でも，夫婦もしくは家族の安定性は，稼ぎ手である夫と専業主婦の妻によってもたらされるものであり，性別役割分業が本来的なあるべき家族像であるとする意識が根強い。このことから，女性の労働は周辺化され，家事・育児・介護が女性のみの義務となっていくのである[20]。

　戦後，急速な産業化の中で若年単身者が大量に都会へと流入していく。これによって，若者は親の介入から自由になり，結婚への家系の介入も希薄化する。高度経済成長期に男性労働者の収入は右肩上がりとなる。一方女性は，若いうちの数年を「職場の華」として過ごした後，そうした男性と結婚することで労働市場からは退き，主婦となる。こうして性別役割分業を前提とした近代家族が普及していった。

　こうした性別役割分業による近代家族体制について，社会保障制度に着目した批判もある。つまり，日本の社会保障制度には各種の配偶者控除／配偶者優遇措置があるため，実質的には「130万円の壁」を越えた共働き世帯から，専業主婦世帯（パートも含む）へと莫大な所得移転が行われているのである。そして，夫の所得が上がる程，妻の就業率が下がることから，もはや専業主婦は「豊かな男性のみが購入できる『商品』になっている」として，そのような恵まれた層に向けて，「わざわざ控除という形で税金を還元して『補助金』を出す」のは，社会政策の観点から疑問であるとする[21]。

　現代は，女性の社会進出が肯定されているかのようにみえるが，社会の構造は厳然として男性が主たる稼ぎ手であり，男性中心の産業構造である。社会政策もそれを前提としており，女性は社会人としては一人前とみなされない。したがって逆に，一人前として自立できなくても許されるという側面がある[22]。

　こうした状況にたいして，専業主婦というライフスタイルを選択した人に

---

20)　永井（2007），138ページ。
21)　瀬地山（2010），13-14ページ。
22)　目黒（2000），14ページ。

第 7 章　個人主義大国フランスにおける〈カップル主義〉と日本における〈婚姻の価値〉　177

も，それなりの負担を背負わせるような社会保障制度に改めていかなければ，女性の働き方が常に子供とセットにされるという状況は改善されない[23]。ただし，専業主婦という選択そのものを否定はしない。どのようなライフスタイルを選択するかは，それこそ各人の自由である。性別役割分業に則った夫婦生活を送るのもまた多様性の 1 つであろう。問題は特定のライフスタイルだけが優遇される点にあるのである。

　瀬地山（2010）は，固定的な性役割にたいして徐々に批判的な意見が増えてきているものの，今なお女性の M 字型就労が依然として維持されているのは，大正期以来の母性役割規範が現在でも強固であることの証であるとしている。さらには，こうした性役割は女性にのみ不利益をもたらすものではなく，ひとり稼ぎ手であるといった重圧から過労自殺に至ることを考えれば，男性の命にも関わる問題であるとして，性役割が男性にとっても望ましくないものであることを考えるべきであるとする[24]。

　社会の基礎単位を夫婦とすることについては，他の論者からも批判がある。例えば，「未婚」という言葉こそが，人はいずれ結婚すべきものであり，しないのは異常で不自然であるという日本の価値観を如実に表しているという指摘もある[25]。その上で，日本のセイフティネット・システムが，人は皆結婚し家族をつくるということを前提とした，世帯単位のものである以上，生活の安定を得たいと願う女性が結婚に救いを求めるのは当然の帰結であるとしている[26]。結婚がセイフティネット・システムの対象となるための手段だからである。このように社会システムや社会保障制度が家族規範を基礎としている限り，セクシュアル・マイノリティや，事実婚カップル，シングルには保障が行き届かないことになる[27]。であるからこそ多くの人が結婚にアクセスすることを望み，結果的に，婚姻が特権化されるのである。

23）　瀬地山（2010），17 ページ。
24）　同書（2010），18-19 ページ。
25）　浅野（2010），30 ページ。
26）　同書，36 ページ。
27）　Sexuality No. 72（2015），69 ページ。

2-3 日本特有の母性主義

日本の恋愛結婚は高度経済成長期に性役割分担を伴いながら普及したと言われる。明治以前の日本においては，「恋愛」の入る余地はなく，「愛情」は長く連れ添うことによって生まれる「愛着」であって，結婚前の「恋愛」とは結びつかないものであった。そのため「日本型の近代家族は別の特徴を帯びることになる。近代家族は情緒の要素としては，夫婦愛と子供への愛情の2つを持っていたが，そのうち夫婦愛が希薄になった分だけ，母親の情緒的エネルギーは子供へと注がれる。日本の家族関係の1つの特徴とされる母性主義である」[28]。このように日本では，家族愛ではなく母性愛のみが強調されていくことになる[29]。そして，母親自身が母子の一体感を「幸せな家庭」と同一視するのである[30]。さらにこのことが，女性のM字型就労にみられるように，女性の行動を規制する規範として機能する[31]。

こうした母性主義については，女性雑誌の影響力も指摘されている。近年，女性誌は結婚こそが女性の幸せであるという特集を盛んに組み，子供を持って初めてわかることがある，と結婚・出産・育児の素晴らしさを繰り返し説いている。そして，今では女性のロールモデルは夫と子供を得ていることになっている[32]。また，育児雑誌の多くが，女性のみを対象としているのは，すなわち育児の担当者は母親であると言っているに他ならない。それらは子育てをするにあたり，必要な情報である反面，母親のみが育児の責任者であり，その義務を果たせる女性のみが「よい母親」であるというメッセージを繰り返し注入していることになる[33]。

また，現代の風潮について香山（2010）は，『負け犬の遠吠え』（酒井順子，2003）が内容を無視して，そのタイトルから未婚女性は負け組であるという言

---

28) 瀬地山（2010），11 ページ。
29) 同上。
30) 矢澤（2000），186 ページ。
31) 瀬地山（2010），11 ページ。
32) 香山（2010），90 ページ。
33) 直井（2000），127 ページ。

第 7 章　個人主義大国フランスにおける〈カップル主義〉と日本における〈婚姻の価値〉　179

説だけがひとり歩きし，結婚は自由意思によるものではなく，すべきものに
なったとみている。さらに，「婚活」についても，この言葉の提唱者は結婚し
ろと言っているわけではなく，結婚をしたいのならば就職活動同様に戦略と活
動が必要であると言っているに過ぎないのに，あたかも万人が婚活して結婚し
なければならないかのような風潮になったことが指摘されている[34]。こうし
て，一時期の自己決定による回避や先送りが認められていた時代から逆行し
て，今では未婚であることは婚活の努力を怠っている証拠，負け組の証になっ
ている。人生における自己決定の選択肢の 1 つに過ぎなかった結婚が「自分の
思いを犠牲にしてでも達成しなければならない課題」[35]になっているのであ
る。

　では，子育てについても，女性は自らを犠牲にしてでも果たさねばならない
義務であると考えているのであろうか。現代の（とりわけ若い）女性たちは
「自分の生き方も大切にしたい」という考え方を強く持っている。しかし一方
で同時に子供が幼いうちは母親が子育てをした方がよいとも思っているとい
う[36]。この「子供が幼いうちは母親が育てた方がよい」という言説の本当の
意味は何か。すでにこの三歳児神話に合理的な根拠がないにもかかわらず，今
なお強固であるのはなぜか。この言説は単純に解釈すれば「子供にとってよ
い」と受け取れるが，根強く主張される背景には，母親ではない人からも支持
されていることを考えれば「母親に子育ての責任を負わせておいた方が自分に
とって都合がよい」という意味合いが含まれているとも言える。男性の場合
は，自らを子育ての責任から除外することができるからである[37]。

2-4　夫婦の対等性と婚姻制度
　日本は夫婦を社会の基礎単位としており，今もって女性の社会的自立が困難

---

34)　香山（2010），90-91 ページ。
35)　香山（2010），92 ページ。
36)　江原（2000），29 ページ。
37)　同書，39-40 ページ。

であるが，夫婦間の平等と労働の関係について分析した研究によれば，実は女性が経済的に自立すれば夫婦間の不平等という問題は解決されるかと言えばそうでもなく，賃金が同等にならない限り，女性の総合的負担が増えるのみであることが指摘されている。日中のフルタイム労働に加えて，帰宅後は家事というセカンド・シフト状態になるからである。しかしながら自分の方が収入が高いからこそ，それを気に病んで妻が家事をも一手に引き受けるという例もあるため，男女間の平等は賃金だけでは解決不可能である。女性より収入が低いことが男性にとって恥となる社会である限り，女性のセカンド・シフトは続くことになる。

　日本は徐々に稼ぎ手である夫と専業主婦の妻というモデルから共働社会へと移行してきているが，共働社会の進展によって，妻の家事負担が減少するとすれば，一方で家計貢献が求められることになる。女性の平均賃金が男性よりも低いことを考えれば，家計貢献への負担は女性にとってはより大きなものとなる。そのため，現状の夫婦関係のまま共働社会が進行することは，必ずしも夫婦間の対等性をもたらすとは限らない[38]。

　また，性別役割分業と夫のストレスに着目した研究では，男性の多くが「家族を経済的に養うのは男性の役割である」という規範を内面化しているため，一家の稼ぎ手としての自らのポジションが危うくなると感じた時，妻の収入の増加は，夫のディストレスに否定的に作用する可能性があるとしている[39]。

　何をもって夫婦の対等性とするかは様々であり，家事・育児・賃金労働を夫婦で等分に分担することが平等であるとする考え方もあれば，男女はそれぞれ特性が違うのであるから，それぞれの能力を活かし，男性は賃金労働を，女性は家庭内労働を通じて家庭に貢献することが平等であるとする考え方もあると踏まえた上でなお，経済的な平等性のない性別役割分業で対等な夫婦関係が実現できるか疑問視する声もある。「情緒的なサポートを提供するのが妻に偏っているのは，夫婦間に社会的・経済的格差があるため」であり，「夫が妻に対

38）　水落（2007），59 ページ。

39）　裴（2007），75 ページ。

第 7 章　個人主義大国フランスにおける〈カップル主義〉と日本における〈婚姻の価値〉　181

して権力を持っているのも，男性優位の文化的・経済的原資の作用」だからであるとされる[40]。また同時に，単に妻の経済力が高まれば夫婦の対等性も高まり，結婚満足感が高まるというものではなく，互いに相手をどう評価するかにかかっているということも指摘されている[41]。

　妻の就業は必ずしも夫婦の対等性と直結しない。妻が就業していても，現実的には夫の家事参加量は大して増加しないため，結果的にはむしろ妻の負担が増えることもある。また，女性の労働は周辺的な位置づけであり平均賃金も低く，社会的な評価が低いことから，家庭内でも実際の家計貢献よりも低く見積もられがちである[42]。

　しかし，それでは，収入が高ければ対等になるかと言えば，妻が夫と同等（以上）の収入を得ている場合，その後ろめたさから家事・育児を担当するという現象もみられる[43]。さらに，家庭内の安定・安寧はひとえに女性の責任とされる社会にあっては，性別役割分業に肯定的な働く妻は家事をすべて負担することで働いている罪悪感を払拭しようとし，一方で，否定的な妻も，夫に家事・育児を要求することから来る摩擦を避けるため，夫よりも多く負担する傾向がある。そして，家族の結びつきを強化・維持するのは女性であると，女性自らが思っているため，就業をしていても，家庭ではセカンド・シフトにつくのである。つまり，共働きであったとしても，女性がより多く家事・育児を負担する仕組みができているのである[44]。現代社会は多様な選択肢があるかのようにみえるが，女性は仮に働いていたとしても男性のような「稼ぎ手」という位置づけはされず，また男性は家事や育児を負担していたとしても女性の「手伝い」に過ぎない[45]。

---

40)　竹内（2007），90 ページ。
41)　同書，92 ページ。
42)　永井（2007），140 ページ。
43)　同上。
44)　同上。
45)　目黒・矢澤（2000），6 ページ。

182

　このように婚姻と家族，それらにまつわる制度には様々なひずみがあるにも
かかわらず，今なお婚姻制度は揺るぎない。しかも日本の婚姻制度は，先進諸
国と比較すると「狭量」である。同性婚はもちろん，夫婦別姓すら認めない。
日本社会では，法律婚をしているカップルとそれ以外のカップルは明確に区別
され，嫡出子と非嫡出子の区別も当然であるとみなされている。

3. フランスにおける婚姻の特権化と事実婚

　では，なぜこれほどまでに「結婚」は特別視されるのか，結婚をしている夫
婦は保護され，事実婚やシングルで生きる人など，法律婚の枠内に入らない／
入れない人は，そのライフスタイル故に不利益を被ったとしても，それはいた
しかたないとされるのか。そこには婚姻制度のそもそもの特権性がある。本
来，婚姻は有産階級を前提としたシステムである。もともとは当人たちの愛情
や信頼といったものはどうでもよく，それどころか合意すらも不要である。問
題はその家の財産の行方であって，財産を正当に継ぐべき人間が誰かを明確に
するための制度が婚姻である。そこから，事実婚，非婚，非嫡出子への差別化
が始まるのである。もちろん，財産を正当に継ぐべき人間が多くの場合男子
（特に長男）に限定されていることも大きな問題点である。

　日本のメディアは，事実婚[46]のことを「フランス婚」と言ったりするが，
フランスは特別事実婚にたいして手厚い国ではないし，法律婚と事実婚を同等
に扱ったりもしない。単に今では，法律婚であろうと事実婚であろうと世間的
な批判にはさらされないというに過ぎない。

　一般にフランスはジェンダー平等であり，自由なライフスタイルが保証され
ているかのように思われているようだが，もともとカトリック教国であり，保
守的・差別的な側面が今なお残っている。

---

46)　日本の事実婚とフランスの事実婚は歴史も異なるし，しかもフランスには婚外結
　　合（法律婚ではないが結婚のような結合）を指す単語が数多く存在する。しかしな
　　がら，複雑化を避けるため，本章では法的婚姻ではないが，事実上は婚姻に準ずる
　　関係として「事実婚」を用いることにする。婚外結合に関する詳細な定義について
　　は，北原（2011）を参照。

第 7 章　個人主義大国フランスにおける〈カップル主義〉と日本における〈婚姻の価値〉　183

そして，事実婚の歴史的な扱いや，PaCS から同性婚法成立までの過程で浮かび上がってくるのは，「自由」で「平等」で「個人主義」であるはずのフランスにおける「法律婚の特権化」と「カップル主義」である。

本節では，法律婚の特権性がそもそもどこから来るのかを，事実婚の歴史から探ってみたい。

3-1　フランスにおける婚姻とは何か

婚姻とは，相互扶助を永続させ，人生の苦労を分かち合うことを目的とし，運命を共有するために結ばれる男性と女性の社会（共同体）であるとされている[47]。また婚姻の特殊性は，継続が義務づけられている点にある[48]。というのも，結婚以外のカップルには基本的に運命を共有する義務も，ましてその関係を継続させる義務もないのである。結婚以外のカップルは，基本的には単なる一時的な結合に過ぎず，結合も解消も当事者の自由（相手の合意すら不要）とされる。結婚だけが，2 人の関係が永続的なものであることを前提かつ目的としており，唯一，解消を前提としないカップル契約なのである。

さらにここから派生して，婚姻の目的は子をなし育てることである[49]。結婚とは，死に至るまでの男女の結合を前提[50]としており，次世代再生産を円滑に進めるための枠組みなのである。だからこそ，法的婚姻関係にある男女の間に産まれた子供のみが正当な子供（嫡出子）として扱われ，婚外の結合から産まれた子供を正当ならざる子供（非嫡出子）として扱うことが正当化されるのである。事実婚[51]や，次節で取り上げる PaCS は成人した 2 人の大人によっ

---

47)　Rubellin-Devichi (2001), p. 13.
48)　デルマ゠マルティ（1974），9 ページ。
49)　ベナバン（2003），73 ページ。
50)　朝日新聞学芸部（1984），220 ページ。
51)　事実婚に同性カップルが含まれるかは微妙なところである。事実婚の形態は法律婚に準ずるものであり，夫婦のように生活するひとりの男性とひとりの女性による結合であるとする見方もある。2013 年に同性婚法が成立しているが，それに伴って，同性による婚外結合が事実婚と呼ばれるようになったかと言えば，そう急激な変化もみられない。

て交わされる私的契約であり，したがってそのカップル関係は第三者に何ら影響を及ぼさない（及ぼしてはならない）ということになっているため，当事者2人の間に産まれた子供であっても，2人とは関係のない第三者（非嫡出子）とみなされる。

3-2 事実婚増加の経緯

フランスの事実婚の歴史は長いが，事実婚にたいする法的保護が厚い訳ではない。

フランスでは2015年現在，出生数のうち54％が婚外子である。子供の数の減少はフランスでも大きな課題であったが，2000年に入り，EU諸国の中でいち早く出生率を回復させている。その一因が，もはや法律婚にとらわれないカップル形態にあるとされる。日本の婚外子比率はこの数年一貫して2％前後であるが，もはやフランスでは出産は「結婚をしている女性の特権」ではない[52]。このことから，フランスは事実婚に寛容な国であるかのように思えるが，実際にはフランスは現在でも，あえて禁止はしないが，だからといって保護もしないという姿勢である。

もともとは周辺的な位置づけであり，長らく批判にさらされてきた事実婚が平凡なライフスタイルとなるのは，90年代以降であるから，そう古い話ではない。

60年代半ばにはまだ，カップルでの生活のスタートを社会的に認知するのは法的婚姻であって，事実婚は一部の若者による反社会的異常行動とみなされていた[53]。当時は，「家族は，異性間でなければならず，社会的承認が必要であり，そのなかで生まれた子どもだけが正当な子どもであり，離婚は原則として認められない。このような法のなかの規定にあるのが近代家族であり，ここからはみ出るものは社会的病理」[54]とされていたのである。

---

52) 経団連（https : //www.keidanren.or.jp/policy/2015/037_honbun.pdf（2015））。

53) INSEE（http://www.insee.fr/fr/default.asp）。

54) 佐藤（2005），30ページ。

第 7 章　個人主義大国フランスにおける〈カップル主義〉と日本における〈婚姻の価値〉　185

イレーヌ・テリーによれば，結婚の減少，離婚の増加，および事実婚の増加といった，家族形態の変化は，社会の民主化に伴う女性の地位の向上と関係がある[55]。かつてのフランスでは女性の権利が抑制されており，中でも，「娘」の権利より「妻」の権利の方がより抑圧されていた。「娘」にたいする父親の支配権よりも「妻」にたいする夫の支配権の方が強大であることから，「妻」よりは「娘」に留まる方がましであるとして，婚姻を望まない女性が出始めるのが 70 年代である。

3-3　結婚できないから事実婚

フランスはもともとカトリックの国であるから，法的婚姻以外の男女関係を認めない。したがって，事実婚の歴史[56]自体は近世から始まってはいるが，けっして容認されていた訳ではない。事実婚は選択肢の 1 つではなく，むしろ結婚できない者の代替手段だったのである。だからこそ，婚姻がカップル形態の頂点に位置することになるのである。

事実婚の四大パターン

```
①　妾関係としての事実婚
②　教会法禁止規定による事実婚
③　経済的理由による事実婚
④　離婚できないことによる事実婚
```

①　妾関係としての事実婚

すでに家庭のある男性が，貧しく若い女性を囲うという妾関係がフランスにおける事実婚の発端である。婚前交渉および婚外交渉を禁ずるカトリック社会では，当然ながらこのような関係は非難の対象ではあるものの，カトリック社

---

55)　井上（2001），261 ページ.
56)　事実婚の長い歴史については二宮（1986）に詳しい。

会であるからこそ，関係解消にあたっては，損害賠償という観点からある程度の贈与が認められていた。

　本来 16 世紀の慣習法では事実婚関係における贈与は禁じられている。単純に事実婚が望ましくない男女関係だからということではなく，基本的に結婚は家の存続のためのものであり，正当な相続人に財産を相続させることは家族法で定められた義務だったのである。家長であっても家の財産を好き勝手に贈与してよいわけではない。ただし，妾にしておきながら，飽きたら遺棄して何の保護もしないというのはさすがに問題であり，以下の条件を満たした場合にのみ，贈与が認められた。

- 贈与額が家の財産に影響を及ぼさないこと
- 相手が妾関係にあった女性であること
- 贈与の目的が償い，もしくは女性およびその子供の扶養であること

　さらにその後，結婚の約束や，地位の濫用，関係の強要による事実婚関係であった場合は，男性側に損害賠償が命じられることになる。

　ここで注目すべきは単なる財産分与ではなく「償い」「損害賠償」という発想である。そもそも当時の女性の価値は，若さと純潔であり，これらを失えば結婚ができない。結婚できないということは，その女性にはもう生活の当てがないということになる。それにもかかわらず，経済的に男性に依存している女性（およびその子供）を見捨てるのは，彼らを困窮させるばかりでなく，貧困からくる堕胎，子殺し，売春，非行などの社会問題につながるとして，懸念されたのである。

　つまり，女性は結婚という形で男性に依存せねばならず，結婚のためには若さと純潔が条件であるが，いったん妾になったような女は結婚ができないのだから，売春婦になるより途がない，それは社会にとって迷惑なので，その責任はとるべきである，ということである。ここに女性や婚外子の人権という視点はない。むしろ風紀紊乱対策である。

第7章　個人主義大国フランスにおける〈カップル主義〉と日本における〈婚姻の価値〉　187

② 教会法禁止規定による事実婚

　上記のような単なる妾関係はフランスに限ったことではなく，どの国でもみられるパターンである。一方フランス固有の事実婚関係は，厳格な教会法に起因するものであろう。

　当時の教会法では，インセスト・タブーの範囲が非常に広く，とても素人が把握しきれるものではない。司祭は自らが担当する教区の家系図一覧を管理しているので，だれがどのような関係にあるかを把握できるが，当事者たちにはとうてい把握しきれないので，結婚をしようといざ教会へ出向いたところで，自分たちが結婚できない間柄であると判明することになる。この場合，法律婚は認められないので，家族になりたいと思えば事実婚しかない。

　また，教会法では，司祭の前での挙式が義務とされている。当時の婚姻は相手との契約ではなく，神との契約だからである。したがって婚姻はクリスチャン同士に限定され，異教徒は改宗が条件となる。大前提としてクリスチャンでなければそもそも結婚する資格がないのである。こちらもまた家族になろうと思えば，事実婚を選択するしか方法はない。

③ 経済的理由による事実婚

　産業革命以降，経済的な事情による事実婚が増加する。そもそも結婚をするには費用と手間が掛かる。工業の発展とともに人口が都市へと集中し，慢性的な貧困にみまわれる中，費用と時間の掛かる婚姻手続は庶民には向かないものであった。正式に結婚するためには，各種の証書を提出する必要があり，手続きも複雑を極める。提出書類が多い上に，手続きも行う場所や曜日，間に空けなければならない日数などが事細かに決められている。段階を踏んであちらこちらへ出向かねばならず，大変にやっかいであるが，これらをクリアできる者にだけ結婚が認められるのである。

　そもそも当時の婚姻制度は有産階級を前提としており，手続きは複雑で費用も時間も掛かるようにできている。その一族の財産を相続すべき正当な次世代の再生産が目的であるから，そう簡単に結婚が認められないようなシステムになっているのである。したがって無産階級や下層労働者階級では事実婚が増加

せざるを得ない。煩雑な手続きをこなせるだけの，時間的・経済的余裕がある者だけが結婚できるのである。しかもこれらの手続きは字が読めることが大前提となるので，一定の教育レベルも要求される。その意味でも，婚姻制度は最初から庶民は対象としていないのである。

　そのせいで事実婚が増えてしまったわけであるが，国家としてはそれはそれで認めがたい。結局，20世紀には，婚姻手続の簡略化，各種証書の入手・作成の委託，費用の免除などが実施された。

　④　離婚できないことによる事実婚

　これは，結婚ができないことに起因する事実婚というよりは，当時は離婚が禁止されていたことから，現在の配偶者と離婚できないことによる重婚的な事実婚である。ナポレオン法典によって離婚が禁止されて以降，1975年の協議離婚制度成立までフランスでは基本的に離婚はできなかった。20世紀には例外的な離婚が認められたが，その際の離婚事由は3つに限定されており，その手続きも複雑であるため，事実上離婚はほぼ不可能である。

　このように結婚はしたいからといって簡単にできるものではなかったのである。むしろ各種の条件が揃わなければ婚姻制度の枠内に入ることはできない。そこでしかたなく事実婚に落ち着くことになる。上記①～④の要素をまとめると以下のとおり。

- ・　（女性の場合は）純潔であること
- ・　インセスト・タブーに抵触しないこと
- ・　クリスチャンであること
- ・　あちこちの役所に出向いて手続きをできるだけの暇とお金があること
- ・　読み書きができること
- ・　独身であること

　最後の独身規定に関してはこれから結婚をしようとする以上，一応大前提で

あろう。問題はその他5点である。一見大したことではなさそうであるが，意外とすべてをクリアすることは難しい。とりわけむやみに範囲が広い婚姻禁止親族・姻族と，経済的・時間的余裕を前提とする手続きを乗り越えるのは困難である。つまり制度の枠内に入りたくないからとった「婚姻拒否型事実婚」ではなく，あえて言えば「拒否され型事実婚」なのである。誰もがアクセスし得るものではないからこそ，結婚「できる」ということに価値が置かれ，婚姻制度そのものが特権化していくのである。逆に，単に宗教的理由ばかりでなく，結婚「できない」人たちであるからこそ，事実婚は格下の扱いを受けたり，批判の対象となったりする。

3-4 生活原理としての婚姻

　時代が現代に近づくにつれ婚姻拒否型事実婚が増加し，カップル生活のバリエーションが増えてもなお結婚の価値が強固であるのは，そもそも誰にでも許されたものではない点にある。

　例えば，既述のとおり60年代にはまだ事実婚はあまり望ましくないライフスタイルであるとみなされている。そのため，事実婚カップルも結婚指輪を用意したり披露宴を行ったりすることで，外見上はなるべく法律婚に近づけようとする[57]。

　このように，法的婚姻カップルの外観にこだわるのは，二宮（1986）によれば，事実婚カップルにとっても「婚姻は1つの規範であり，制度としての婚姻が家庭生活の安定を保障し，子の社会への参加の機会を増加させる点で，子の福祉にとって必要であることを認めている」[58]からである。つまり事実婚である事情が積極的なものであれ消極的なものであれ，それは一応自らの選択の結果ではあるが，子供の存在を考えた場合，正式の婚姻ではないということから障害が生ずるということを彼らは自覚しており，自分たちの選択の結果が子供の人生を阻害することは避けたいのである。60年代は事実婚が増加し始めた

---

57)　二宮（1986），129ページ。
58)　同上。

時代ではあるが，とりわけ子供に焦点をあてた場合，生活原理としては婚姻が正当なものであり，あるべき社会的規範であったと言える。この時代にはまだ，両親が法律婚をしていないことは子供にとっては不利な状況だったのである。フランスもまだこの頃は，子供のことを考えれば結婚を重視していた時代だったと言えよう。

　まさに今日本がこの状況にある。夫婦別姓制度の問題からもわかるように，嫡出子／非嫡出子という区別が残っており，また親（大人）の選択の結果を子供に負わせることを当然視する社会では，子供のことを考えれば，好むと好まざるとにかかわらず婚姻を選択せざるを得ず，選択できなければ排除されてしまうのである。このように婚姻制度には，その枠内に入る人間を保護するという形で，婚姻をしていない人間を差別する機能が備わっている。であるからこそ，する人もしない人も無視はできない制度であり，往々にして「する／しない」といった自由意思による選択ではなく「できる／できない」といった権利や資格，能力として語られることになるのである。

4. フランスにおけるカップル主義

　第3節では，婚姻制度から誰が排除されるのか，そのことでどのように結婚が「あるべきカップル形態」として特権化していくのかを，事実婚に焦点をあてて検討したが，婚姻制度から最も明確に厳しく排除されてきたのが同性愛者[59]たちである。そこで本節では，PaCS成立から同性婚法成立への歴史を概観することで，婚姻制度が彼らをどう排除して，その価値を保持したかを検討

---

59)　この2年ほど大変な"LGBT"流行りであり，LGBTもセクシュアル・マイノリティを指す言葉としてすっかり定着したが，筆者は相応の必要性がない限りこの用語の使用はとりあえず避けている。その理由は，①なぜこの順番なのか，②なぜHではなくGなのか，③LGBとTはそもそも根本的に抱えている問題が別物である，④LGBTと一口にまとめているが同質扱いできるものではない（例えばLGBTそれぞれが互いへの差別もあれば偏見もある），⑤性，性的指向，性自認などは様々でLGBTのみに分類できるわけではない，など。実はこれらの観点からすると「同性愛（者）」という言葉も適切ではないのだが，他に適語もないのでいわゆる「異性愛」ではない程度の意味で便宜上使用する。

第7章　個人主義大国フランスにおける〈カップル主義〉と日本における〈婚姻の価値〉　191

する。併せて，個人主義であると言われるフランスが「2人であること」にこだわる国であることにも触れたい。

4-1　なぜ同性愛は排除されるのか

　日本においては，現在のところ，婚姻は一対の男女にのみ許された「特権」であり，女性同士・男性同士の法律婚は認められていないが，2015年[60]，渋谷区をはじめとして，市町村単位で公認証発行が始まる。自治体単位のものであるため，実際の効力はさほど期待できないものの，このような動きが始まったこと自体には一定の価値があるであろう。同性カップルは次世代を生み出す可能性がないので婚姻を認めるべきではない，あるいは単に同居すれば良いだけで婚姻をする必要はない，果ては同性婚を認めれば少子化が進むといった無理解が蔓延する中で，市町村単位であっても同性婚が承認されたことは前進と言える。

　ただしそこにみられるのは「結婚こそカップルのあるべき姿」「結婚こそがゴール」という姿勢であり，これはともすると事実婚やシングルという生き方の排除にもつながることは意識しておかねばならない。

　また，そもそも渋谷区に住めるのは誰なのか，カミングアウトできるような職業・環境にあるのは誰なのか。現状，自治体単位のものでしかない，実質大して効力のないパートナーシップ条例ですら，それを享受できるのは一部の「恵まれた」人だけである。さらに，自治体単位では認めるところも出てきたのだから，婚姻法の改正までする必要はないだろう，という傾向になりかねないことも指摘しておく。

　一方フランスでは2013年春，同性婚法が成立した。一般には，1999年の末に成立したPaCSによってフランスは同性カップルに法的権利を与えたという

---

60)　同年，連邦最高裁判所が認めたことによって全米で同性婚が合法化されることになった。70年代以降，婚姻を認めるかどうかはともかく，ヨーロッパ社会が同性カップルの法的認知を始める中で，アメリカではむしろその傾向を危惧して同性愛を禁じた州もある。

192

ことになっているが，実際にはこの制度は同性カップルのみを対象としたものではなく，また彼らが望んだような法的権利を保障するものでもなかった[61]。

PaCS 成立以後，同性婚法成立以前のフランスにおけるカップル形態を大別すると，婚姻，PaCS，事実婚 の 3 種類が存在していた[62]。同性婚法成立により，このカップル形態は，婚姻（異性），同性婚，PaCS，事実婚の 4 種類になったことになる。

第 3 節で述べたように，結婚は次世代の再生産を目的とした制度であるとされている。また，小泉（2010）によれば，「婚姻は，当事者の精神的・性的安定機能，次世代（子供）の育成・社会化機能，家計を営む経済的機能を含む社会的制度である。婚姻により，当事者には様々な協力・扶助義務が生じるほか，相続，税制，社会保障などの面で配偶者として保護を受ける」[63]のである。

この，子供を持つことが目的であるという点がポイントである。これは，子供を持つことを目的としない結婚はあってはならないし，子供を持てないならば婚姻は許可されないということにつながっていく。同性婚が反対されるポイントはまさにここにある。同性同士では次世代を再生産することができないのは明白だからである。したがって，彼らは結婚に値しないというのである。

しかしながら，では，男女の結婚しているカップルの間には必ず子供があるのか，また現在の既婚者たちは，そのすべてが子供を持つことを目的に結婚したのだろうか。そもそも必ず子供を持つことを条件に婚姻が許可されるわけではないし，子供がいないからといって婚姻を取り消しにされたりはしない。したがって，子供ができないことが明白であるから同性愛者には婚姻を認めないというのは本来筋が通らないのだが，ここが，同性婚法を成立させるか否かの争点となっている。

61）　PaCS の成立過程，詳細，問題点などは北原（2011）を参照。

62）　さらに PaCS カップルは，異性カップルと同性カップルに分類することができる。そして，異性か同性かでその権利には差が設けられていた。

63）　小泉（2010），96 ページ。

第7章　個人主義大国フランスにおける〈カップル主義〉と日本における〈婚姻の価値〉　193

4-2　国家的認知拒否から PaCS へ

フランスの同性カップルたちの闘い[64]は 70 年代から始まるが，最初から結婚を望んでいたわけではない。既成社会の解体を目指していたのであって，婚姻制度にたいしてはむしろ否定的であった[65]。それが，1981 年 10 月に欧州評議会において性的指向による差別は人権侵害であるとの見解が出されたあたりから，「差異の権利」要求へとスタンスを変更し始める。はっきりと同性婚を求めるようになる転換期は，エイズの蔓延である。エイズでパートナーを失ったとき，彼らは自分たちの関係が法的裏づけがあるものではないが故に，社会的には極めて脆弱な関係であると認識することになった[66]。そして，同性婚を望むようになるのであるが，「その道のりは平坦なものではない。同性カップルの結婚や法的承認については，その是非をめぐり同性愛者の中でも激しい対立がある。婚姻は男性優位の制度であり，それに同性カップルも追従することは，性差別的な社会の容認であり，同性カップルの封じ込めにすぎないという批判的意見は古くから見られる」[67]。

こうした中，危機感を抱いた法曹界は，異性間の事実婚を婚姻に準ずるものと認めることで，同性カップルにたいする否定的態度を初めて公にした。同性パートナーに配偶者同様の権利を求める同性カップルの訴訟を棄却するにあたり，婚姻以外の形で夫婦のように生活をする 2 人の共同生活は，男性と女性からなるカップルによるものでなければならないと明言したのである。長らくフランスは，事実婚カップルには法的保護は与えない，保護と権利が欲しければ法的婚姻をせよ，という姿勢を貫いてきたのだが，同性カップルを否定するために事実婚を準婚カップルとして認めることにしたのである。こうして否定さ

---

64)　詳しい経緯は北原（2014）参照。

65)　この時期，フランスのフェミニストたちは，既存の性別役割は女性の劣位と家父長制を支えるものであると批判し，一方同性愛者たちは性別そのものが，同性愛者の排斥と家父長制を支えるものであると批判していた。さらに特定の男女一対をカップルとみなす結婚制度も家父長的であるとして否定した。

66)　赤枝（2010），163 ページ。

67)　同書，164 ページ。

れたことから，改めてカップルとしての国家的認知を求めるようになる。

　そして紆余曲折の末，最終的に成立したのが，世界でも類をみない曖昧で中途半端な PaCS である。通常，事実婚にしても同性カップルにしても，その権利保護にあたっては，それぞれ別物として，個別の制度が創設されるのだが，その点 PaCS は非常に異色である。

PaCS の特徴

> ①　性別は問わない（同性間でも異性間でも可）
> ②　成人限定
> ③　私的契約としての色合いが濃い（契約内容を自分たちで独自に決められる）
> ④　私的契約の側面が強いとはいえ，3 人以上での契約は不可
> ⑤　性的関係を前提としない

　これをもってフランスは，同性カップルにたいしても事実婚カップルにたいしても，「何らかの保護を欲するならば PaCS をせよ，しかし婚姻と同等の権利は認めない，婚姻と同等の権利を求めるならば結婚をせよ（ただしもちろん同性カップルには認めない）」と回答したのである。結局同性カップルの承認にも事実婚の承認にも至らず，婚姻とそれ以外のカップルという既存のカップル形態に，第三のカップル形態を加える結果となった。選択肢が増えたという意味では多様性のある社会と言えるが，事態が複雑化しただけで，これといって当事者にとっては得られるものはなかった。

　①　なぜ性別を問わないのか

　フランスでも，最初は，北欧流のパートナーシップ法の導入が検討されていた。現在の PaCS のように性別を問わないというものではなく，あくまで同性カップルのみを対象とした制度が検討されていたのであるが，却下となる。カトリック教徒や保守派の反対が激しかったこともあるが，ここで問題となったのが，「フランス共和国の普遍主義原則」である[68]。すべての市民に平等の権

第7章　個人主義大国フランスにおける〈カップル主義〉と日本における〈婚姻の価値〉　195

利が認められなければならないのだから，フランス市民である以上いかなる理由であっても差別することはもちろん，同時にある人種やグループなどを特化し優遇することも認められない。したがって，同性愛者のみを特化し，彼らのみを対象とした法整備など許されないというロジックである。では，男女一対にのみ特化している婚姻は普遍主義に反しないのか，ということになるが，フランスの理論からすればそれは問題ないらしい。なぜならば，同性愛者であっても「異性と」結婚する権利は等しく認められているからである。

②　成人限定であることが意味するもの

PaCS は「大人同士の契約」であることが基本である。結婚は未成年でもできるが，PaCS はあくまで契約であって，未成年者には認められない。さらには，後見人下にあるなど，法的無能力者にも認められない。

③　私的契約としてのカップル関係

PaCS は表向きは準婚制度ということにされているものの，実際にその内容を検証すると極めて私的契約に近い。「成人した2人による私的契約」が基本スタンスである。私的契約である以上，その関係は第三者には影響を及ぼさないとするのが基本である。したがって，その PaCS カップルが異性間であり，2人の間に子供が産まれたとしても，法的にはその子供はあくまで2人の契約とは関係のない第三者とみなされる。その意味で，PaCS は婚姻よりも事実婚に近い。

また，PaCS には婚姻のような法で定められた権利・義務がない。この点でも事実婚に近い。婚姻のような規定がないのであるから，契約内容は締結の際に両者で話し合って決めておく必要がある。しかし，単に契約という意味では，PaCS などなくても，私的契約は可能である。あまり意味のない制度であると評価される理由がここにある。

④　3人以上での契約はできない

---

68)　井上（2001），260ページ。「共和国の普遍主義」はおそらく「普遍主義」と聞いて想定されるものとは逆の性質を有している。長くなるので，詳細は北原（2014）参照。

さてここで注目したいのが，私的契約という側面が強いわりには，あたかも婚姻であるかのようにモノガミー原則が前提となっている点である。本来，私的契約というものは，法律や公共の福祉に反しない限り，当事者間が納得していればどのような内容であってもかまわない。また，PaCS は婚姻ではないから，互いに貞節義務はないのである。

確かに，関係者が増えれば増えるほど物事は複雑化するし，そこに愛情や執着がからめば事態はより紛糾する。人間に嫉妬心や独占欲がある限り，モノガミーは多くの人にとって前提であるのかもしれない。しかし，ポリガミーというセクシュアリティも存在するのである。PaCS 成立までには，いくつもの案が出されては廃案となったが，その過程でも論点は性別をどうするか，何をどこまで保障するかであって，モノガミーは常に前提となっていた。したがって，既婚者が PaCS をすることも，PaCS 締結者が，また別の人間と同時に PaCS をすることもできない。こういった側面だけは準婚なのである。

個人主義というわりには，婚姻にこだわるあたりもカップル主義であると言えるが，一方ポリガミーを認めないという意味でもカップル主義である。とにかく「2 人であること」にこだわるのである。

⑤　性的関係を前提としないカップル契約制度

婚姻のみならず，同性愛のためのパートナーシップ制度，事実婚など，「カップル」制度／形態というものは通常，性関係を前提としている。そもそも婚姻は，次世代再生産を目的として当事者 2 人による生殖行為に合理性と正当性を担保するものである。したがって，実際の子供の有無や性関係の有無はもちろん確認したりはしないが，婚姻を模したパートナーシップ制度や事実婚なども自ずと性関係を前提としている。

ところが，実は PaCS はその点に関しては，概念上性関係を前提としてはいない。1990 年代の初めに提案された「民事結合契約」（Contrat d'union civil, CUC）では，同性愛を敵視するカトリック教徒や伝統的家族主義者の反対を抑えて，何とか制度を創り上げるために，あえて性の問題と切り離すことが試みられたのである。とにかく「2 人」であれば何でもよい，その関係性は問わな

い，あらゆるペアを対象とするというものである。そうなると血縁や家族・親族までもが対象になり，あまりにも愚かしいということでこれ自体は却下となるのだが，以来，性関係とは切り離されて議論されることになる。

4-3　PaCS は同性カップルに何をもたらしたのか

　同性カップルは結局 PaCS で何を得られたのだろうか。そもそも同性婚か，少なくとも限りなくそれに近い権利を望んでいたにもかかわらず，提示されたのは殆どただの私的契約でしかない PaCS であったのだから，不満であるのは当然である。フランスは PaCS をもって同性カップルを認めたのではなく，むしろ婚姻の聖性と価値を守り抜いたのである。

　同性婚法が成立するまでのおよそ 10 年間，フランスにおいては，同性カップルをカップルとして法的に認める制度は PaCS しかなかった。したがって，多少なりとも国家的裏づけ，すなわち法的保障（義務も含めて）を得たいと思えば，彼らはこの制度を利用せざるを得ない。しかしながら，当事者にとっては，これはとうてい納得のいくものではなかった。そもそも彼らはそのような新しい制度，しかもよくわからない曖昧な制度を望んでいたわけではなく，権利保障の面で異性カップルとなんら遜色のない婚姻を望んでいたのである。つまり婚姻の枠組みの中に入ることを望んだのである。それにもかかわらず成立したのは婚姻とは大きく格差を設けられた PaCS であった。

　PaCS が婚姻に遙かに及ばないものであることは，憲法評議会の見解からも明らかである。制度成立当初，PaCS は違憲であるとして憲法評議会に持ち込まれた。当時の大統領ジャック・シラクも，PaCS は家族の要求に適合するものではなく，ふさわしいものではないとして，懸念を表明したが，結局，憲法評議会は合憲であるとして，反対派の訴えを棄却した。その際，憲法評議会はシラクの懸念を斥けるにあたって，PaCS は既存の民法典の身分や親権，親子関係，未成年者の権利，相続権に修正を加えるものではなく，また，男女のカップルのみに人工生殖を認めるとしている公衆保険法を変更するものでもないので，家族の在り方にいっさい影響をおよぼすことはなく，家族と PaCS は

次元の異なる問題であるとしている[69]。この合憲判決によって PaCS は無事成立したとも言えるのだが，皮肉にもその内容は，PaCS には何ら家族としての効力がないこと，男女のカップルには及ばないこと，ましてや婚姻とはまったく異なるものであることが明言されたに等しい。

　だからこそ，成立当初は同性カップルの登録の方が多かったものの，その後は，むしろ異性カップルのものとなったのである。同性カップルにとっては PaCS をしたところであまり意味はなく，むしろ，それで満足したということになっては，その後の同性婚法成立の可能性を大きく遅らせることになりかねなかったのである。したがって，あくまで同性婚を目指し，PaCS は断固拒否する姿勢もみられた。

4-4　PaCS から同性婚へ

　では，同性婚が認められないことの何が問題なのか。まず異性カップルに比べて格下のカップルとして扱われているということである。そして，格下であるが故に，より現実的・具体的な不利益がある。その最大のものが「子供を持つ権利」である。2013 年 5 月の同性婚法成立をもって，フランスの同性カップルはようやく「2 人の子」として養子を取れるようになったのである。

　では逆に，同性婚が認められることの何が問題なのか。赤枝 (2010) によれば，「同性婚を要求する立場と，それに反対する立場が激しく対立するのは，結婚が『平等』の象徴となっているからであり，単に異性カップルと同じ経済的保障を得るというだけではなく，性的マイノリティの人権の承認と強く結びついているからである。同性同士で結婚するにせよ，しないにせよ，異性愛者と同じように，まず選択の可能性が与えられるという点が重要なのである。そして，結婚とは社会の秩序にかかわっており，『あるべき市民』の再生産と考えられているからこそ，同性愛を容認しない側にとっては何としても守りきらねばならない牙城となっているのである」[70]。

---

69)　丸山 (2005)，60 ページ。

第7章　個人主義大国フランスにおける〈カップル主義〉と日本における〈婚姻の価値〉　199

　そして，フランスではこの牙城を守るために使われる理論が，キリスト教的思想に立脚した，同性であるということの「不自然さ」であり，子供ができないことが明確であるという点なのである。そして，また両親が同性であるのは子供への虐待であるとして，たとえ PaCS のように法的にカップルと認める制度であったとしても，同性カップルが「2人の子」として養子をとることや，人工授精の権利は認めないのである。

4-5　婚姻の価値

　2013年に同性婚法が成立し，養子をとる権利も認められたことにより，同性愛者にとってはとりあえずの解決がもたらされたことになるが，同性婚法はPaCS 以上に反対・排斥運動がなされている。

　フランスはそもそも家族主義の国である。現在では，事実婚は一般化しているし，PaCS もあるし，子供の半数以上が婚外子という状態であるため，表面上は家族規範の緩やかな国であるかのように見受けられるが，もともとカトリック教国であることもあり，家族の規範については極めて厳しい国であった。

　本来，フランスの家族の定義では，男女の結婚している両親とその子供たちで構成されているものであり，それ以外は家族ではない。したがって，両親が結婚していなかったり，結婚していても子供がなかったりする場合は，それは家族とは言わない。ましてや，同性カップルなどは絶対に家族の定義に入らないのである。

　同性婚法成立に際してみられた反対運動は，保守的男女規範の強化を主張し，同性カップルを排斥するものであった。また，それに伴い，伝統的家族主義・家父長主義への回帰という，同性愛以前の問題へと逆行する傾向もみられるようになった。ヨーロッパ諸国に遅れを取りながらも，ようやく同性婚法を成立させたフランスであるが，そのことにより，むしろ家族主義への回帰を強めることになったのである。

---

70)　赤枝（2010），165ページ。

200

　同性カップルについて考えると，同性パートナーシップ条例が成立し始めた現在の日本は，おそらく PaCS ができた頃のフランスと似ている。一見明るい未来が開けたようで，「ダイバーシティっぽい」のであるが，よくよく考えてみれば，具体的に何かが保障される訳でもなく，婚姻はいまだに男女のものである。今後，日本はフランスと同じ課題を抱えることになるであろう。

5. お わ り に

　本来家族を持つか持たないかは，人生の選択肢の１つであり，同時になりゆきであったり運であったりする。また家族を得るにしても，そこに必ず婚姻が介在しなければならない訳ではない。しかしながら現状の日本は夫婦を核に据えた家族が社会の基礎単位となっているため，結果的に事実婚の人やセクシュアル・マイノリティ，シングルが排除されやすい[71]。また育児や介護，あるいは災害など何かしらの困難を抱えた時に「家族の絆」が強調されるのは，国家が福祉で対応しなければならない事柄を個々の家族の「自己責任」として担わせることを目的としているからである[72]。このように日本はシングルでは生きにくい社会であるが故に，家族や結婚に過大な期待を抱き過ぎているという見方もある[73]。

　日本にしてもフランスにしても，婚姻制度には，なるべく結婚をさせて国家管理の枠内に人々を置こうとする側面（だからこそ結婚しない人を差別する）と，特権化することで排除される人間が生まれるようにする側面の二面性がある。赤枝は「結婚とは社会の秩序にかかわっており，『あるべき市民』の再生産と考えられているからこそ，同性愛を容認しない側にとっては何としても守りきらねばならない牙城となっている」[74]と指摘したが，同性愛に限らず，まさに婚姻制度特権化の本質はここにある。

71）　Sexuality No. 72（2015），69 ページ。
72）　同上。
73）　同書，67 ページ。
74）　注 70 参照。

参考文献

赤枝香奈子（2010）「同性婚・パートナーシップ制度」井上眞理子編『家族社会学を学ぶ人のために』世界思想社，153-174ページ。

浅野富美枝（2010）「未婚，晩婚，非婚の何が問題化―希望する人生選択が可能な社会へ」北九州市立男女共同参画センター「ムーブ」編『ジェンダー白書7 結婚 女と男の諸事情』明石書店，30-38ページ。

朝日新聞学芸部（1984）『家族 何が病んでいるのか』朝日新聞社。

井上たか子（2001）「パックス・家族・フェミニズム」三浦信孝編『普遍性か差異か―共和主義の臨界，フランス』藤原書店，255-273ページ。

岩志和一郎（2010）「婚姻制度―その枠組みと問題点」北九州市立男女共同参画センター「ムーブ」編『ジェンダー白書7 結婚 女と男の諸事情』明石書店，21-29ページ。

江原由美子（2000）「母親たちのダブル・バインド」目黒依子・矢澤澄子編『少子化時代のジェンダーと母親意識』新曜社，29-46ページ。

香山リカ（2010）「結婚と女性の意思―時代に振り回されないために」北九州市立男女共同参画センター「ムーブ」編『ジェンダー白書7 結婚 女と男の諸事情』明石書店，90-93ページ。

季刊 Sexuality No.72，エイデル研究所（2015）。

北原零未（2011）「フランスにおける婚姻とコンキュビナージュ」（中央大学経済研究所年報第42号）中央大学出版部，237-254ページ。

北原零未（2014）「フランスにおける同性婚法の成立と保守的家族主義への回帰」（中央大学経済研究所年報第45号）中央大学出版部。

小泉明子（2010）「法律婚と事実婚」井上眞理子編『家族社会学を学ぶ人のために』世界思想社，96-113ページ。

小関武史（2008）「パックスに見る現代フランスのパートナーシップのあり方」中野知律・越智博美編『ジェンダーから世界を読むⅡ 表象されるアイデンティティ』74-92ページ。

笹川あゆみ（2007）「夫婦別姓賛成派内の多様性―法改正推進運動は何故盛り上がらないのか―」（ジェンダー史学第10号）東海ジェンダー研究所。

笹川あゆみ（2008）「夫婦別姓法律婚を願う女性の意識調査―夫婦別姓希望者は「保守的」か？―」（国際ジェンダー学会誌第6号）国際ジェンダー学会。

佐藤典子（2005）「フランスのPacs法成立と象徴闘争としての親密関係の変容」斉藤則・佐藤雄一郎（2006），「フランスにおける「子供を持つ権利」に関する議論状況」齊藤豊治・青井秀夫編『セクシュアリティと法』東北大学出版会，195-219ページ。

瀬地山角（2010）「結婚の「きしみ」を超えて」北九州市立男女共同参画センター「ムーブ」編『ジェンダー白書7 結婚 女と男の諸事情』明石書店，10-20ページ。

竹内真純（2007）「夫のサポートが夫婦の結婚満足感を高める」永井暁子・松田茂樹編『対等な夫婦は幸せか』勁草書房，77-94ページ。

デルマ＝マルティ，ミレイユ（有地亨訳）（1974）『結婚と離婚―フランス婚姻法入

門―』。

直井道子（2000）「家意識と祖母の育児」目黒依子・矢澤澄子編『少子化時代の
　　ジェンダーと母親意識』新曜社，91-110 ページ。

永井暁子（2007）「対等な夫婦は幸せか」永井暁子・松田茂樹編『対等な夫婦は幸
　　せか』勁草書房，137-147 ページ。

二宮周平（1986）「フランスの事実婚」太田武男・溜池良夫編『事実婚の比較法的
　　研究』有斐閣，119-204 ページ

裴智恵（2007）「共働きで夫はストレスがたまるのか」永井暁子・松田茂樹編『対
　　等な夫婦は幸せか』勁草書房，63-76 ページ。

ベナバン，アラン（早川眞一郎訳）（2003）「フランス家族法における人的関係」日
　　仏法学会編『日本とフランスの家族観』有斐閣，70-80 ページ。

丸山茂（2005）「PACS―同性愛の制度的承認か？―」丸山茂『家族のメタファー
　　ジェンダー・少子化・社会』早稲田大学出版部，58-73 ページ。

丸山茂（2007）「変わりゆくフランスの家族法」植野妙実子・林瑞枝編『ジェン
　　ダーの地平』中央大学出版部，169-192 ページ。

目黒依子（2000）「女性の高学歴化とジェンダー革命の可能性」目黒依子・矢澤澄
　　子編『少子化時代のジェンダーと母親意識』新曜社，9-25 ページ。

水落正明（2007）「夫婦間での仕事と家事の交換は可能か」永井暁子・松田茂樹編
　　『対等な夫婦は幸せか』勁草書房，47-62 ページ。

矢澤澄子（2000）「「母」の変容と女性の人生設計・自立の困難」目黒依子・矢澤澄
　　子編『少子化時代のジェンダーと母親意識』新曜社，171-193 ページ。

善積京子（1997）「〈近代家族〉を超える―非法律婚カップルの声」青木書店。

Brunetti-Pons, Clotilde (2002), "Couple, concubinage et PACS. De l'émergence d'une hiérar-
　　chie des couple？", *Regards civilistes sur la loi du 15 novembre 1999 relative au con-
　　cubinage et au pacte civil de solidarité*, Paris : L. G. D. J, pp. 37-50.

Cadoret, Anne (2001), "La fiiliation de anthropologies face à l'homoparentalité", *Au-delà du
　　PaCS L'expertise familiale à l'épreuve de l'homosexualité*, Paris : Presses Universi-
　　taires de France, pp. 209-228.

Collection les guides : le concubinage vos droits（出版年記載なし）.

Dagognet, François (2001), "La famille sans la nature : une politique de la morale contre le
　　moralisme", *Au-delà du PaCS L'expertise familiale à l'épreuve de l'homosexualité*,
　　Paris : Presses Universitaires de France, pp. 79-88.

Favier, Yann (2002), "Les concubins et leurs droits sociaux", *Des concubinage Droit interne
　　Droit international Droit comparé*, Liège : Éditions Litec, pp. 241-248.

Freeman, Michael (2002), "Some reflexions on gay marriages at the beginning of the twenty
　　-first century", *Des concubinage Droit interne Droit international Droit compaé*,
　　Liège : Éditions Litec, pp. 357-374.

Fulchiron, Hugues (2002), "Couples, marriage et difference des sexe", *Des concubinage
　　Droit interne Droit international Droit comparé*, Liège : Éditions Litec, pp. 29-52.

Percin, Laurence de (2001), *Le Pacs*, Paris : Éditions de Vecchi S. A.

Percin, Laurence de (2003), *Concubinage,Pacs ou marriage, que choisir?*, Belgique : Vuibert.

Renault-Brahinsky, Corinne (2003), *Droit de la famille Concubinage, divoice, filliation Pacs et marriage*, Paris : Gualino éditeur.

Rubellin-Devichi, Jacquline (2001), *Droit de la famille*, Liège : Dalloz Action.

朝日出版社（HP, http://www.asahipress.com）。

経団連（ https : //www.keidanren.or.jp/policy/2015/037_honbun.pdf）。

厚生労働省（http://www.mhlw.go.jp/wp/hakusyo/kousei/13/dl/1-02-2.pdf）。

裁判所 Web サイト：「平成 26 年（オ）第 1023 号 損害賠償請求事件 平成 27 年 12 月 16 日 大法廷判決」全文（http : //www.courts.go.jp/app/files/hanrei_jp/546/085546_hanrei.pdf）

毎日新聞（ http://mainichi.jp/articles/20151217/ddm/001/040/163000 c）。

フランス元老院（上院）（http://www.senat.fr/basile/rechercheSeance.do）。

フランス国民議会（下院）（http://recherche.assemblee－nationale.fr/index.jsp）。

フランス法務省（HP, http://www.challenges.fr/file/436/376436.pdf）。

リクルート（http://bridal-souken.net/data/ra/renaikonkatsukekkon 2015_release.pdf）。

AFP BBC（http://www.afpbb.com/articles/−/2946454?pid=10809731）.

INSEE（HP, http://www.insee.fr/fr/default.asp）.

Legifrance（パックス条文原文）（http://www.legifrance.gouv.fr/）.

第 8 章

ジョルジュ・サンドにおける民衆の問題

大 野 一 道

1. はじめに

19 世紀前半のフランス中南部ヴレー地方には，誇るべき産業として，母から娘へと伝統的に技術が受け継がれてゆくレース織りがあった。その実情を報告する次のような文章がある。「彼女たちを搾取する商人たちの横暴で〔……〕彼女たちはみんな，決まって同じように買いたたかれる」[1]。「彼女たちが，もしも消費者と直接取引することができたなら，パリで 20 フランで売られているものを，20 スーで喜んで手渡すだろう」[2]。1 スーは 20 分の 1 フランだから，直接の生産者である女性たちに手渡される金額は，パリで売られる金額の 20 分の 1 でしかない。だから彼女らが消費者に直売できるようになったら，20 スーで売っても現在と同じ収入となるということなのだ。この差額の大半は，買い付けに来る商人たちの懐に入ってしまうということだろう。レース織りに携わる女たちがいかに搾取されているかを告発しているとも言えるこの文章は，じつは小説『ヴィルメール侯爵』(1860 年) の一節である。書いたのは

---

1) George Sand (1988), *Le Marquis de Villemer*（Les Editions de l'Aurore), p. 90. なおジョルジュ・サンド（1950）『秘められた情熱』(井上勇・小松ふみ子訳，北隆館) はこの「ヴィルメール侯爵」の翻訳であり随時参照した。

2) *Ibid*., p. 194.

ジョルジュ・サンドである。男性名のペンネームを使い，最初は主に家庭内での妻の権利の確立を求めるような小説を書き，詩人ミュッセや作曲家ショパンの恋人として世間の注目を集め，やがて『愛の妖精』などの田園小説に筆を染め，晩年はノアンの優しい奥方と呼ばれる平穏な生活を送ったという，サンドの持つ一般的イメージとはずいぶん異なるものを感じさせる一節ではないだろうか。しかしサンドには，こういった民衆の問題に関心を持ち，社会的意識を高めていった理由があったに違いない。以下，そのことについて簡単にではあるが考えてみたい。

2. サンドの書簡にみる民衆への思い

サンドの父は，何代かさかのぼればルイ 16 世と同じ先祖を持つという貴族だった。ところが母のほうはパリの小商人（こあきんど）の娘で，サンドは 2 人の間の嫡子として 1804 年パリで生まれた。それゆえこの子には父方の財産（フランス中部，森と田園に囲まれたノアンの城も含めて）の相続権も与えられていた。こんなことはフランス革命以前のフランス社会では絶対に考えられないことであり，そうした意味でサンドは文字どおり革命の子であった。それゆえ彼女にとって革命のもたらした価値の追求こそが終生の課題となるだろう。革命とは社会の仕組みの根本的変革である以上に，物の見方，考え方，価値観の転換ではなかったろうか。彼女の父モーリス・デュパン（1778-1808）が身分も財産もないソフィー・ドラボルド（1773-1837）を愛し，その愛を貫いて正式に結婚までしたという行為は，それまでの常識や慣例を破る，ある意味英雄的決断によるものだったのかもしれない。

サンド自身父のそうした行動に深く感動し，感謝の気持ちを抱いているのは間違いない。彼女が 40 代後半から 50 代前半にかけて書いた自叙伝『わが生涯の物語』（1855 年完）にも，そのことに関する詳しい記述があるが[3]，ここでは彼女が残した書簡の中から，その点に触れているものを紹介しておく。ロワー

---

3) George Sand (2004), *Histoire de ma Vie* (Quatro Gallimard) を参照したが，この作品には加藤節子訳（2005）『わが生涯の記』（全 3 巻，水声社）があり，日本語で読める。

ル渓谷にあるあの著名な城，シュノンソー城の当時城主だった年上の従兄，ル
ネ・ヴァレ・ド・ヴィルヌーヴ（1777-1863）に宛てた 1845 年 11 月の手紙であ
る。やや長くなるが，その一部を引用しておく。

「わたしの人生は，つらく厳しいけれど有益な教えに満ちた夢のように今
では思われます。とりわけそんな風に思い見させてくれるのは，ねえル
ネ，わたしの父が母や祖母に送った手紙を私がしばしば読んだからなので
す。それらの手紙は，今では暗記してしまいました。そうやって，わたし
がほとんど会ったことのないあの人物の性格を，しっかりと知るところに
までなったのです。逸脱したところや弱さのいっぱいある性格でしたが，
でもその弱さの中には何という勇気があったことでしょう。そしてあの狂
気の沙汰と思われたことの中に，何という哲学者風の理性があったことで
しょう！　父に関して最も断罪されたことの中に，偉大さとヒロイズムが
あります。結局のところ，父の結婚後数日してわたしが生まれたのです
し，父のすべての手紙の中にはわたしにたいする情熱的な父性愛が表れて
いますから，それには手紙を読むたびに感動して涙があふれてしまいま
す。わたしが，たとえ貴族的でエリート的な偏見（そんなものを持つ権利な
どわたしにはありませんが）に染まっているとしても，わたしが生まれたと
き，わたしを嫡出子として認知しようとしたことで，あのかわいそうな父
を非難しなければならないのは，他のだれよりもわたしではありません。
父は，大好きだった自分の母の心を打ち砕いてもかまわないと決意するの
に，どれほどすさまじい意志が必要だったことでしょう！　父の心は，自
分の母，愛人，娘への三つの愛の間で引き裂かれていました。」[4]

4）　George Sand (1970), *Correspondance, tome VII* (Edition de Georges Lubin, Classiques
Garnier), pp. 172-173. ジョルジュ・サンド　セレクション⑨（2013）『書簡集』（持田
明子・大野一道編・監訳，藤原書店），297 ページ。なお原書の方は以下 Lubin 何巻
目と略記，訳書の方は『書簡集』と省略して示す。

この文中，4行目で「わたしがほとんど会ったことのないあの人物」と言っているのはサンドが4歳の時亡くなった父のことである。6行目の「あの狂気の沙汰」というのは，身分ある父が平民の母と正規に結婚したことを指すだろう。「父が結婚後数日してわたしが生まれた」ということだから，いわゆるできちゃった婚の典型とも思われるが，そこに何よりも生まれ来る子への深い愛を，「情熱的な父性愛」を感じて，サンドは心打たれ感謝しているのだ。父の母（つまりサンドの祖母）は，かつてのポーランド王アウグスト2世の孫にあたる女性で，息子が平民の娘を正規の嫁にするなどということは到底許し難かったに違いない。だがこの当時すでに亡くなっていた祖父の方は，むかしルソーと大変親しかったこともあり，父はその影響もあってか，万民の自由と平等を目指す「哲学者風の理性」を身につけていたはずだ。祖母でさえも，少なくとも思想的には，祖父の影響からか随分と進歩的な考えの持ち主だったらしい。それゆえ感情ではなかなか許せなかったにせよ，そして貴族仲間における世間体といったものにも随分と悩まされたにせよ，最終的には祖母もサンドの父母の結婚を受け入れ，祖母，父，母，そして幼いサンド（本名オロール・デュパン）の4名でノアンに住むことになった。だが父が早くに死んだことから母の苦難が始まる。そして父の死んだ翌年の1809年，母はサンドの養育を祖母に託してパリへと戻ってしまう。こうしてサンドは貴族の娘として，祖母の下で育てられることになった。

　パリには母が父と知り合う前にもうけた女の子（つまりサンドの父違いの姉）が，ノアンには父が母と知り合う前に下女に生ませた男の子（つまりサンドの母違いの兄）がいた。そうした兄姉とも，いずれサンドは交わることになろう。だがそれ以前からノアンの農民の子たちと，彼女は野に出て共に遊んで育つ。貴族の娘でありながら民衆の子でもあるという彼女の意識は，こうした幼児期の体験から生じたものと考えられる。

　ところでサンドは上に紹介した手紙の，引用した箇所のさらに先の方で，次のように書いている。

「父の手紙を読んだその日，その時から，わたしはこの風変りなロマンに感動し，心躍らせ，明らかな新事実に目を開かされ，自分の両親の人生のドラマ全体に深く入り込んで，それまで教わっていたのとは違う風に世界を見ることになりました。理性，正義，そして心と霊魂の宗教は，わたしにはさらに広大でさらに高度に思える領域で姿を現してきたのです。わたしは心の底から母を許しました。なぜなら証拠を手に，母が父を愛していたことが分かりましたし，また真実の偉大な愛は，すべてを変え，高貴にし，純化するからです。わたしは父を，その英雄的無分別ゆえに崇敬しました。そして祖母のことも崇敬しました。祖母にとって母親としての愛は，信じていたことや世間の意見を乗り越えて勝利するほど，広く寛大であったのです。

　断言しますが，それはその時代の美しい一挿話であり，この三人の心の内に秘められていた歴史でもありました。王政，革命，帝政の思想的闘いをも見事に描き出しているものです。」[5]

　身分違いの結婚に踏み切ったという父の「その英雄的無分別」，そして貴族としての自らの伝統的価値観に逆らってまで，息子の思いを受け入れてやろうという祖母の「母親としての愛」が，サンドの「崇敬」の的となるのはよくわかる気がする。だが「母を許しました」と書いているのは，どういうことなのだろう。想像するに，幼くして引き離され，母親とは長じたのちにしか交われなかったサンドは，すでに貴族の娘として貴族的教養を身につけさせられており，民衆出の母はあまりにも無教養で粗野であり，深い親しみを感じることができない存在となっていたのではなかろうか。父がこんな母を愛したのはなぜなのか，納得できない時期もあったかもしれない。しかし両親の間で交わされた，真剣な愛にあふれた手紙を見つけて読んで以来，サンドには，あらゆるものに勝る愛の強さが納得できるようになったのだろう。そして民衆としての母

---

5)　*Ibid*., p. 174.　『書簡集』，298 ページ。

のすばらしさ，きっとそこに父も気づいて母を愛することになったはずの，そうした民衆の持つ人間的価値の素晴らしさにも，サンド自身気づいていったに違いないのではないだろうか。もしかしたら，サンドが長じてのち高く評価する民衆の素朴な美点は，彼女の母そのものから，最も学んだことだったのかもしれない。

　こうして彼女の生まれる前後の，彼女の父と，母と，父の母（つまり祖母）との間で展開された愛情ドラマは，「すべてを変え，高貴にし，純化する」ような，「偉大な愛」を教えてくれるものとなっていた。それは当時の人々の価値観や世界観にも絡む，「王政，革命，帝政の思想的闘いをも見事に描き出しているもの」であったというサンドの言葉は，まさに正鵠を得たものではないだろうか。

　やがて思春期サンドは祖母の下を離れ，パリに学びに出，母とも再会する。祖母も死に，やがて母も死ぬ。その間，いなか貴族と言ってよい男と結婚するが，幻滅。当時は法的に離婚が許されていなかったゆえ，裁判では別居の許可を認めてもらうという成果しか得られなかったが，こうした中で，男女間の不平等をいやというほど感じ，結婚における女性の権利を求めるような小説，例えば『アンディアナ』（1832）などを次々と発表，華々しく文壇に登場した。だがその間も，自らの出自に基づく社会的身分関係の軋轢などの問題意識を忘れ去っていた訳ではなかっただろう。フェリシテ・ド・ラムネーやピエール・ルルー[6]といった思想家たちと知り合い，社会や宗教をめぐる様々な問題を教わりながら，自らの思想をも深めていったに違いない。特に社会問題をめぐっては，サンドは殆ど常に，貴族や民衆といった身分差を越えて，人が人として自由に，平等に，友愛をこめてまじわえるような社会の実現を，一言で言えばフランス革命の理想実現を夢見みていたはずだ。そのために貴族の仲間には，民衆への侮蔑感をすて民衆の素晴らしさに気づくようにと勧め，また民衆に

---

6)　ラムネーやルルーに関しては，拙著（2011）『「民衆」の発見　ミシュレからペギーへ』藤原書店，参照。

は，よく学び自らの価値を高め誇りを抱いて生きるようにと鼓舞したのだ。以
下彼女のそうした姿勢を如実に示す書簡のいくつかを眺めてみたい。

　まず貴族仲間への手紙としては，いま引用した従兄ヴィルヌーヴへの1848
年9月6日の手紙が代表例となろう。日付からして2月革命以降の混乱にたい
し，貴族意識の強いヴィルヌーヴが，騒乱を起こす民衆への反発，反感を示す
言説をはいたことへのサンドによる反論とも考えられるもので，次のように書
いている。

　「わが親しき従兄へ。〔……〕あなたのことが好きですから，わたし，あな
　たと論争する気はありません。でも，わたしは民衆を愛しています。平等
　と友愛を欲しています。それらの価値を信じ，地上における正義と真実の
　支配を期待するため，わたしはキリストから出発します。そこにこそ，良
　き師をもっているのです。何物もけっしてそこからわたしを引き離すこと
　はないでしょう。たえずあなたに繰り返すことなど必要ないでしょうが，
　わたしは誰の血をも飲みたくはないし，わが同胞の中でも最低の者が，破
　滅し，苦しみ，恥辱にまみれることさえ望んでいません。いつも目の前に
　置いている福音書は，悪への興味や欲求をわたしに間違いなく与えないの
　です。しかしある特別な階級の権利だとか，ある種の個人の優越だとか，
　金持ちの神聖な力だとか，悲惨な状態の人たちがそうした強者に手を差し
　出す義務があって，そうでなければ滅ぶだとか，そんなことを話されると
　わたしには何一つ分からないし，わが魂は抗議の声を上げます。わたしを
　待ち構えている事件，脅威，危険，不幸がどんなものであれ，わたしは自
　らの信念を持ち続けますし，そしてわが最期のときまで，加害者に抗して
　犠牲者の側に立つでしょう。
　　わたしは信念を改めることのできない人間です。それでも愛してくださ
　い。だってあなたが，今現在の人間たちや物事について間違えていると
　思っても，わたし，あなたのことを深く愛しているのですもの。〔……〕
　　いずれにせよわたしにはお説教してくださいな。ただしそれと同じ分だ

212

け，わたしを愛しているという条件で。」[7]

　ここにはキリストとか福音書といった言葉が出てくるが，若い時代女子修道会経営の学校で学んだ影響もあってか，サンドがキリスト教界の現状に，多々飽きたらない思いや反発を感じていたにせよ，イエス・キリストの愛の教え（そして，それを直接伝えているのが福音書）こそ，人間世界の中で自由と平等と友愛とを目指す時の，最高の指針となると信じていたのは確かであろう。当時のフランス社会一般のカトリック信仰とは，ずいぶんと色合いの違う信じ方ではあったが。

　そうした彼女の信仰からすると，人間の中で「特別な階級」だけが特に「権利」を持っているとか，「ある種の個人」が特に「優越」的立場に置かれて当然だとか，「金持ち」は金があることによって「神聖な力」を持っているだとかといった俗世間の見方には，とうてい与することができない，キリストの愛の教えに反する考え方となる。ここに挙げられているような強者，社会的立場の強い者は，弱者のことがふつう見えないし，知らず知らずのうちに弱者の権利や人権をも侵害していることに気づかないものだ。ましてや弱者を侮蔑し，強者のまえに弱者は救いを求めて手を差し伸べてこなければならない存在であって，そうした行為をしないまま，例えば飢え死にしてもそれは当然の報いでしかないといった考えなど，サンドにはけっして認めることのできないものであった。

　ここで彼女が想定している強者とは，ヴィルヌーヴへの手紙ということからして，革命後もなお，様々な特権を手にしていた貴族階級をまずは意味しているであろう。ただし先に引用した同人への 1845 年 11 月の手紙には，次のような一節もあるので紹介しておく。

　「わたしが嫌いなもの，現代史の中で決して好きにならないだろう者，そ

7）　Lubin, VIII, pp. 614-616.『書簡集』，358-359 ページ。

第8章　ジョルジュ・サンドにおける民衆の問題　213

れは今日のブルジョワジーです。彼らの力や，彼らが奪取した富をそねん
でいるわけではありません。現実にいかなる階級にも属していないわたし
としては，彼らが不幸な人々を抑圧し，強欲で，恥知らずで，神を信じな
いところを憎むのです。ブルジョワジーには偉大さが欠けています。人間
的情がありませんし，詩情がありません。エスプリと知識と巧妙さだけは
持っています。そうしたものすべては，悪をなすために彼らの役に立って
います。誓って言いますが，わたしの母方の祖父は〔パリの〕メジスリー・
河岸で小鳥屋をやっていましたが，その祖父のほうが，弁護士や公証人
や，あるいは代訴人ないし代理人よりも，はるかに私は好きです。民衆は
恐るべき子供，でも善良で偉大な子供です。ブルジョワは陰険でずる賢い
無情な大人です。」[8]

　すでに当時資本主義は跳躍期をむかえており，金持ちとなったブルジョワ
ジーには，没落し始めている貴族階級よりも巨大な力が集まり始めていた。サ
ンドはそうした新興ブルジョワジーの「強欲で，恥知らずで，神を」も恐れな
いような姿勢に反感を抱き，「憎む」とまで言っているのだ。つまり金力によ
る特権を手に入れて，「人間的情」を忘れ，平気で「不幸な人々を抑圧し」搾
取する，先に引用した『ヴィルメール侯爵』の一節が暴くような行為を行う
人々こそ，「現代」における真の強者であるということにサンドは気づいてい
たのである。
　一方こうした強者の対極に置かれた弱者あるいは民衆と呼ばれる人々を，サ
ンドはどのように考えていたのだろうか。彼女にみられる第1の特徴は，そう
した人々への温かいまなざしであり思いやりである。そしてできる限り励まし
援助しようという姿勢である。その結果サンドは多くの労働者と知り合いになっ
れた。十分な教育を受ける機会を持てなかったものの，自ら向上しようと懸命
に独学し，そして非凡な才能を感じさせてくれるような若者たちと，彼女は積

8)　Lubin,VII. p. 175.『書簡集』，298 ページ。

214

極的に文通した。そうした労働者のうちの代表的な 2 人への書簡を，以下紹介
しておく。時期的には逆になるが，まずは労働者の中でサンドが最も期待した
大変知的で教養もあった金物製造工で，2 月革命期には革命政府の立場を地方
に宣伝するのに一役買ってもらおうと彼女が願った人で，反革命期に入った
1848 年 6 月には，一時不当逮捕され投獄されることにもなったジェローム＝
ピエール・ジラン（1815-1854）への 1848 年 7 月 22 日付けの手紙をみておこ
う。

「わたしにつらい思いをさせるのは〔……〕政治的世界ではなく，精神的
世界なのです。政治はそこから生じる結果でしかなく，わたしには精神的
世界がおそろしく病んで迷っていると思えるのです。人々は勇気を失く
し，信仰を失くし，真剣さも偉大さもなく，知性の光もなく，犠牲的精神
もなくしています。すべての階級においてそうなのです。おそらく種族の
本能によって，あるいは人類の中にある犠牲への生まれながらの愛によっ
て，わたしはいつも民衆を，いわば肩入れするようにつねにいつくしんで
きました。白状しますが，偏見のない愛情とは，懐疑精神がこの語に与え
た意味では，わたしの理解しない何かだからです。子どもは善悪について
明確な観念をもっていないのですが，その子どもを愛するように，わたし
は民衆をいつくしみました。子どもの考えすべては，もしも時間をかけて
善のほうへと導かれれば，善のほうへと向いてゆきうるものです。わたし
が最も気高い人を見出したのは，民衆の中です。最も真剣な愛情も，最高
に辛抱強い美徳も，そしてわたしが知性のあらゆる複雑さよりも好む心情
の素朴さを見出したのも，民衆の中なのです。子どものように民衆が暴力
的だったり，抑えなければならないいくつかの性癖をもっているのも知っ
ています。〔……〕教育を欠き，教養もない本性のあらゆる盲目的傾向に
ゆだねられた人間の犯す悪は，知っていて判断できる人間の犯す悪とは，
まったく別物のように思えるのです。〔……〕教育され教養ある階級は，
抽象的に言えば，無知な階級によって犯される悪につねに責任がある，と

いったふうにわたしには思われます。〔……〕つまり犂を引く農民や読み
書きできない労働者は，彼らの偏見や怒りにおいて，いや悪徳そのものに
おいて，我々〔教養階級〕が精神の光によって警告されている過ちや行き
過ぎに陥ったときにそうであるほどには，罪深くはないのだと。」[9]

　ここには不当逮捕されたジランへのいたわりが，単にジラン個人への慰めと
いうだけではなく，彼が代表する民衆階級そのものへの共感から生じていると
いうサンドの姿がうかがえる。彼女は子供を愛するように民衆を愛するという
のだ。子供はしつけが行き届かない状態では，暴力的だったり心無かったりと
種々の欠点を持っている。しかしちゃんとしつけられ教育されれば，子供は
「善の方へと向いてゆきうるもの」だとサンドは信じるのだ。これは，人間は
どのような人間であろうと生まれた時は子供なのだから，教育さえきちんとな
されれば，いかなる人間も善へと向かいうるということに他なるまい。逆に言
えば十全の教育を受け，十分に教養を積んだ者の犯す悪は，子供やそれに似通
う民衆の犯す悪より，さらに罪深いということだ。それゆえ，いずれにせよ大
切なのは教育であり，教育が十分に行われるか否かが，おそらく社会を理想へ
と向かわせうるか否かの要点となる。教育とは学校等の社会的システムによっ
て実施されるものばかりでなく，個人個人が自己啓発という形で実行されうる
ものでもあろう。それゆえ自ら学んで向上しようという民衆にたいし，サンド
はくりかえし励ましの言葉をかけ続けるだろう。そうしたものの代表例をもう
1つみておこう。
　トゥーロンの石工の息子で自身も石工だったシャルル・ポンシ（1821-1891）
と，サンドは1842年から文通を始めていたが，殆ど独学で文学を学び，『海洋
画』をはじめ多くの詩集を出していた彼に，1843年12月に送った手紙には次
のような文面がある。

---

9)　Lubin, VIII. pp. 549-550.『書簡集』，356-357 ページ。

216

「あなたの声によって輝き出るのは民衆なのです。あなたは民衆の栄光です。ああ！　だからつねに民衆の魂と，その精神とを代表してください。それも，いまだ大部分がそうであるところの民衆ではなく，そうあるべきものとしての民衆を代表し，そして〔……〕そうなるだろう民衆を代表してください。

　〔……〕世界にある多くの不幸が，多くの悲惨事が，わたしたちの兄弟を押しつぶし，堕落させ，品位を下げさせてしまうのを見るのは，悲しいことです。

　わたしは，わたしたちの兄弟と言います。なぜなら私は見たところ貴族階級に生まれたのですが，心情においてと同様血筋においても，民衆に深く連なっているからです。ひどく奇妙でぎくしゃくしたこの社会にあって，わたしの母は，あなたのお母さんよりも低い地位にいました。母は民衆の中でも，あなたに貴族的なタイトルを与えてくれるような，この粘り強く働く階級には属していませんでした。母は流浪する種族に，この世でボヘミアンという堕落した種族に属していました。踊り子だったのです。いえ踊り子以下のもの，パリのブールヴァールにいくつかある劇場の中でも，最低のところで端役をやっていたのです。〔……〕父が母を知ったとき，母はすでに30歳でした。そしてなんという過ちの中にいたことか。父は広い心を持っていました。この美しい女性がまだ愛せるということを知ったのです。そして自分の家族の意向に反し，ほとんど呪詛を浴びせられながらも，母と結婚したのです。」[10]

サンドのファミリー・ヒストリーはまだまだ続くのだが，民衆ポンシにたいし，自分が母の血筋によって，あなたの仲間なのだと必死に訴えている趣がある。ここで語られている母のイメージは，サンドの代表作『コンシュエロ』の中で，主人公コンシュエロの母として述べられているものと，極めて似通って

---

10)　Lubin, VI. pp. 325-328.『書簡集』，273 ページ。

いることも指摘しておこう[11]。このようにサンドにとって民衆は極めて身近な存在だったはずだが，しかし彼女の思う民衆は，野卑で無知で蒙昧といったふうに一般的に思い見られるような存在ではなく，社会的差別化を受ける以前の，人間の裸形の条件を担わされたようなそれであり，ポンシに求めるのは，そうした「あるべきものとしての」，「そうなるだろう民衆」を代表し，彼らの思いを代弁してほしいということだったに違いない。

　いずれにしても，このポンシへの呼びかけに典型的に示されているように，サンドは学び向上しようと努める学無き人々への励ましを終生忘れなかった。そこで次の項では，サンドが書いたおびただしい評論的文章の中で，民衆の問題をどうみていたかを探ってみよう。

3. 評論にみる民衆への思い

　サンドの評論集に関して現在手に入りやすいものには，主として政治や社会関係の論文を集めた，ミシェル・ペロー編『ジョルジュ・サンド―政治と論争（1843-1850）』[12]と，芸術や文学関係を集めた，クリスティーヌ・プランテ監修『批評家ジョルジュ・サンド―1833-1876』[13]の2冊がある。もちろんこれら以外にも読めるものもあるが，ここではこの2つの中から，彼女によって表明された民衆をめぐる思いのいくつかを眺めておこう。とはいえ前者が576ページ，後者は807ページにもなる大著ゆえ，詳しく考察するのは不可能であるから，最も特徴的な何点かにしぼってみていくことにする。

　ペロー編のものは，2月革命の前後およびその最中に書かれた政治的社会的評論を集めたもので，そこで取り上げられる問題の背後には，常に民衆の影が

11）　George Sand (2004), *Consuelo, La Comtesse de Rudolstat* (Editions Robert Laffont, Bouquins), pp. 290–292. ジョルジュ・サンド・セレクション③（2008）『歌姫コンシュエロ　上』藤原書店，506–510ページ。

12）　George Sand (1997), *Politique et Polémiques (1843–1850), présentation par Michelle Perrot* (Imprimerie Nationale) 以下 P.P.と略す。なお，これの抄訳（2000）『サンド―政治と論争』（持田明子訳，藤原書店）がある。

13）　*George Sand critique 1833–1876, Textes de George Sand sur la littérature présentés, édités et annotés sous la direction de Christine Planté* (Du Lérot, 2006) 以下 G.S.C.と略す。

ちらついているにせよ，民衆自体がテーマとして論じられることは殆どない。
一例として「政治と社会主義」[14]を眺めてみよう。そこにはフランス革命時の
「人権宣言」の意味を考える一節があり，次のように書かれている。「人権の定
式化をつかさどった上での大きな誤りは，〔……〕権利と義務との悪しき，か
つ間違った弁別に関わっただけでなく，人間たちの間での連帯概念の全き欠如
にも関わったということだ」[15]。これは「人権宣言」は，結果として自由で力
ある人々の人権のみを解放し，しいたげられた弱い人々には，果たすべき義務
の方のみ強要することにもなりかねなかった点を意識して述べられた言葉のよ
うに思われる。すべての人々の間で友愛が成り立っていない限り（サンドは，
「友愛」fraternité という言葉より「連帯」solidarité という言葉を，多くの場合好んだよう
であるが），万人の人権が分け隔てなく尊ばれることにはならないと彼女は信じ
たのだ。ここに強者から無視されかねない「民衆」への配慮を容易にみてとる
ことができるだろう。強い者も弱い者もなく「人間は人間と連帯している」[16]
というのがサンドの基本的認識だった。

　同書にはさらに「社会主義」というタイトルで，4つの論文が1つにまとめ
られている[17]。その一部を紹介しておこう。「いかなる人間も，生まれながら
に優位にあるということで他の人間の自由を破壊し，友愛のきずなを否定する
ようには作られていない。友愛のきずなは，最も弱い者を最も強い者に，また
最も障害ある者を最も健常なものに，そして最も頭脳の弱い者を最も知力の高
い者に，結びつけるきずなである。大いなる知性は，天からこの聖なるたまも
のを授かった人間にたいして，他の者たちを教育し改善するという，より大き

---

14)　La politique et le socialisme（P.P. 163 ページ以下）。これはもともと『アンドル県の
　　斥候兵』というサンドが創った雑誌の 1844 年 11 月 16，23，30 日号に連載されたも
　　の。なお邦訳書には訳出されていない。

15)　*Ibid*., p. 172.

16)　*Ibid*., p. 176.

17)　1848 年 4 月にサンドらによって創刊された『民衆の大義』誌に発表された4つの
　　論文が，Socialisme という題でひとまとめにされている。*Ibid*., pp. 309-332. これも訳
　　書には掲載されていない。

な義務を生じさせるのだ」[18]。こうした言葉の後，カトリックを批判するような言い方で，「カトリック教は一方の者たちに天を与え，他の者たちには地獄を与える。〔……〕いいや，人間たちの間に不平等はない。万人が同じ権利をもっている」[19]といった言葉も出てくる。さらには「至高の権利，それは平等である。したがって至高の権利は民衆の中に宿り，民衆以外の他のところには存在しえない」[20]とも主張する。そして，どこかで聞いたような言い方がその筆先から出てくるのだ。「万人が各人のために，各人が万人のために」[21]と。

　それは主として金を持ち余裕のある人たち，つまり社会的強者が，社会的に恵まれない貧しい人々，弱者のために少しでも役立とうと心を配るよう促すという形をとるだろう。そして例えば「累進税」[22]をなぜ恐れるのかといった疑問を投げかける。自分たちが安んじて眠るためにも，貧しい者たちが生きようとして，盗みや強盗や，その他の悪をなさざるを得なくなるようになるのを防ぐ，社会的救済策となるようなそうした制度こそ，金持ちたちのためになるのではないかと。

　その他この『政治と論争』には，フランス革命の理想を19世紀中葉の時代に，どうにかして甦らそうとしたサンドの生き様が，というか悪戦苦闘ぶりが，如実に読み取れる箇所が多々ある。そうした行動の基調にあるのが，上にみたような思想だったということを指摘して，次に『批評家ジョルジュ・サンド』を概観してみたい。

　そこに集められている50篇ほどの評論には，同時代の文学者やその作品を論じたものが多いが，当然それらの中には，民衆の問題を含めた社会問題を扱っているものもあるから，サンドの筆は『政治と論争』のテーマの継続，ないしは更なる展開といった色合いを帯びてくることにもなる。

18）　*Ibid*., p. 311.

19）　*Ibid*., p. 315.

20）　*Ibid*., p. 317.

21）　*Ibid*., p. 321.

22）　*Ibid*., p. 325.

220

　例えば，一時期彼女の思想的師であった革新的聖職者フェリシテ・ド・ラム
ネーの『民衆の書』を評した手紙形式の論（1838 年 1 月発表）には，次のよう
な一節がある。

　　「今日のフランス社会には，実際にはもはや 2 つの階級しか存在しません。
　ブルジョワジーと民衆です。
　　ところでブルジョワジーとは，また民衆とは何でしょう。
　　一方のものについては，ラムネー氏の本から生じてくる定義を明文化し
　て次のように言えるでしょう。民衆とは自らの労働によってのみ，また相
　対的に自らの労働に頼ってのみ，所有している者の全体であると。――ま
　た他方については，前者の第 2 の定義から演繹するに，ブルジョワジーと
　は労働せずに，あるいは自らの労働を越えて所有している者の全体であ
　る，と」[23]。

　ここには本章冒頭で引用した『ヴィルメール侯爵』の見解と相通じるもの
が，すでにあったということだろう。自らの肉体を使って働くことによってし
か生きていけない民衆と，自らの資産を運用することなどで生きていける（そ
こには他者の労働の成果をかすめ取ることも含まれるだろう）ブルジョワジーとの対
立である。こうした近代社会の基本構造を，早くからサンドは知っていたとい
うことだろう。
　社会を実際に支え，日々滞りなく生きて行けるようにしている最前線に，な
いし最基層に，常に民衆がいるのである。そのような民衆として，サンドは具
体的にはどういった人々をイメージしていたのだろうか。『批評家ジョル
ジュ・サンド』の中にある「民衆詩人たち」（1841 年 11 月）[24]では，『独立誌』
をサンドやピエール・ルルーとともに共同管理していたルイ・ヴィアルド宛て
の手紙の形で，当時の民衆詩人たち（の詩）を取り上げ，その特質を分析して

23）　*Lettre à Lerminier sur son examen critique du* Livre du Peuple. in G.S.C., p. 45.
24）　*Les Poètes populaires. Ibid* ., p. 163 以下。

いる。

そこで紹介されている詩人たちには，書簡の交換相手としてすでに引いたポンシをはじめ，ニームのパン職人（ジャン・ルブール），アジャンの罎職人（ジャック・ボエ），フォンテーヌブローの指物師（アレクシス・デュラン），リジー＝シュール＝ウルクの職工（マリ＝エレオノール・マギュ），ルーアンのインドサラサの捺染工（テオドール・ルブルトン），パリの靴職人（サビニアン・ラポワント），ディジョンのお針子（アントワネット・カレ）らがいる[25]。

フランス各地で文芸活動を始めたこうした職業の人々を，サンドは民衆の典型と考えていたのだろう。そしてそうした「民衆の中，プロレタリアの中には，あらゆる才能が，あらゆる種類の天分があります」[26]と高く評価するのだ。ただしこうした者たちの中に，農民や漁師といった1次産業に携わる人々が入っていないのは，彼女が農民らを民衆の代表者として考慮していなかったということではあるまい。たまたま文芸の作成にいそしむ者が，当時そこにはいなかったというだけのことだろう。サンドが田園小説と呼ばれる一連の作品を書くようになったところに，実は農民を代表的な民衆として，真正面から取り上げたのだと考えることさえできるだろう。が，ここではそれを指摘するだけに留める。

さてサンドが民衆詩人の作品を評する場合，その作品が，すでに名声を確立している詩人たちの作品と比べて，いかに遜色のないものであるかを説明し，そうした労働者詩人を励まし元気づけようとするのが，一般的な傾向である。彼らの向上心をさらに刺激しようというのが，彼女の意図となっているようだ。実際の例をみてみよう。

「プロレタリアの詩について心許す対話」（1842年9月）[27]には，これらの詩人にたいする次のような呼びかけが述べられている。彼らには「文学的憂鬱，怠惰の病，無用な人々の心の傷」といったものを持たないでほしい。「という

25）　*Ibid*., p. 168.

26）　*Ibid*., p. 171.

27）　*Dialogues familiers sur la poésie des prolétaires*. in G.S.C. p. 195 以下。

ことはすなわち，その言葉が力にあふれ，素朴で，そしてその動きが，私の知っているものすべてを思い出させながら，私を憔悴させることなく，その代わりに私を夢中にさせ，優しい気持ちにさせ，文明の点で若い種族にのみ属しているあの活力を，私に伝えてきてほしいということなのです」[28]と。文明のこれまでの担い手だった貴族やブルジョワジーよりも，これら民衆は明らかに若い階級であり，次の時代の文明の中心になるべき存在だと信じていたのだろう。つまりこうした「民衆の知的進歩」[29]に，社会全体が向上してゆくか下落してゆくかの分岐点を見出しているということだ。そして「民衆は，いわゆる上層階級の幸福，教養知識，徳性にとって，民衆の幸福，教養知識，徳性がどうしても必要なのだということを，まさしく証明することができるという意味において，イニシアティヴを持つことでしょう」[30]とも言っている。

　19世紀の中葉，社会の上層部を占める人々は，貴族ではなくブルジョワジーになっていたが，そのブルジョワたちが真に幸福になり人間性が豊かになるためにも，社会の大多数を占める人々民衆の，幸福や人間性の向上がどうしても必要なのだとサンドは考えるのだ。そして民衆詩人たちの詩作品を紹介しながら，彼らの「知的進歩」のあとを確認し評価するとともに，民衆を野蛮な人々とみて，「社会は野蛮人の新たな侵入によって脅かされている」[31]といったふうにみなす考えが，いかに見当外れの杞憂でしかないかを説くだろう。

　例えば「労働者詩人たち——シャルル・ポンシの新たな詩風」(1843年12月)[32]には，次のような言葉がある。「これら素朴かつ誠実な民衆詩人たちは，政治にはまったく口出ししない。彼らは多かれ少なかれ精力的に，かつ忍耐強く民衆のことを歌い続け，そしてパンと教育を，すなわち彼らが自身のために手に入れたばかりのもので，彼らの兄弟のためには獲得できなかったものを，

---

28) *Ibid*., pp. 204-205.

29) *Ibid*., p. 209.

30) *Ibid*.

31) *Ibid*., p. 210.

32) *Des ouvriers poètes*. Poésies nouvelles *de Charles Poncy*. in G.S.C. p. 265 以下。

要求しつづける」[33]。彼らに何の怖れを感じる必要があるのかということなのだ。

　サンドは，これらの詩人たちにはさらになすべきことがあると感じている。それは，この不平等な社会に平等の原理をもたらすことであり，「ただ民衆のみが，不平等によって病んで死にかかっているこの社会を，その熱狂的信念により温め刷新しなくてはならないという，聖なる火をゆだねられた者なのだ」[34]とも述べる。

　こうした見方には，広い意味での政治性もあるし，さらには，人は生まれながらに神によって平等に愛されうる存在だという信念こそ，こうした見方の中核にあるものだとしたら，そこには「1つの大いなる社会的宗教」[35]といったものも認められるかもしれない。それは，社会的特権を手にして自らに都合よい法体系を作り上げている，エゴイスティックな支配層にも学び知ってもらわねばならない，宗教の一種なのだとサンドは信じるだろう。詩人が社会の導き手となる（べき）という考えは，ロマン主義時代には珍しいことではなかったろうが，サンドもそれに倣って，民衆の現実を改善する上で，民衆詩人たちの努力に，特に期待したと思われるのだ。こういうことから，社会思想の背景に宗教的世界観や価値観の問題が隠されていることに，彼女ははっきりと気づいていたと言える。それゆえ民衆をめぐるサンドの社会思想を探ろうとする時，その宗教思想をも探求しなければならないことも確かなのだが，それはそれで大問題であり，別の機会に譲らざるを得ない。

　次は，こうした彼女の社会思想あるいは民衆観が，その小説の中でどのように描き出されているかを，そうしたテーマを取り扱った代表的作品いくつかに即して，ごくおおまかに眺めておきたい。

---

33)　*Ibid* ., p. 268.
34)　*Ibid* ., p. 269.
35)　*Ibid* ., p. 270.

4. 小説にみる民衆への思い

4-1 『フランス遍歴の職人』

1840 年に発表された『フランス遍歴の職人』をまずみておこう。これはサンドが個人的にもよく知っていた指物師アグリコル・ペルディギエ（1805-1875）の『同業職人組合の書』(1839) に触発されて書かれた面もある作品で，主人公のひとりピエールにはペルディギエの面影があるとも言われている。

粗筋を紹介しておこう。フランス中部ソーローニュ地方のヴィルプルー村に，大工のユグナン親子が住んでいた。息子のピエールは向上心に富み，フランス遍歴の旅に出かけた。各地を巡ってそこの職人組合に入って修行し，腕前をあげようとしたのである。そして 1820 年代半ばに故郷に戻ってきた。

村には日頃はパリに住んでいるヴィルプルー伯爵の城があり，その城の工事の話がユグナンの下に舞い込む。父親の方はもう体力的に無理だったので，ピエールは自分が中心になって工事するために，かつて修行したことのあるブロワの町まで働く仲間を探しに出かける。旅の途中，遍歴職人の仲間の中で一番の親友だった指物師アモーリと出会い，2 人してブロワに行く。ブロワでは彼らの属していた同業職人組合「ドゥヴォワール」で，母親代わりに世話してくれたサヴィニエンヌに再会。彼女は，彼らが離れていた間に夫を亡くし，幼子 2 人を女手一つで育てていた。アモーリはサヴィニエンヌを愛しているとピエールに打ち明けるが，恋心を彼女には打ち明けられない。ブロワでは職人たちのコンクールが催され，その間，職人組合の間でけんかが起きたりする。アモーリもピエールもけんかに巻き込まれ，2 人は別々にブロワを去って，ヴィルプルーに向かう。道中ピエールは，秘密結社カルボナリ党の党員募集委員アシル・ルフォールと出会って論争する。

アモーリの方が先にヴィルプルーに着き，父親のユグナンにピエールからの手紙を見せ，伯爵の城の仕事を受け持つことになる。やがてピエールも戻り，2 人で城の修復工事に取り掛かる。城には伯爵の孫娘で直系相続人となるイズーと，その従姉妹のジョゼフィーヌがいる。伯爵はフランス革命の掲げた

「平等の原理」を受け入れ，日曜日には村人全員に城を解放し，楽士を雇って皆にダンスをさせて楽しませるなど，民衆への理解の深い人だ。ピエールらの優れた資質をも高く評価してくれる。その感化を受け，知的なイズーは新しい社会の理想を述べるピエールと深く共感する。例えばピエールの夢の中に現れたイズーが，次のように語りかける場面がある。「私たちみんな兄弟で，みんな豊かで，そしてみんなが平等だっていうこと，おわかりにならない？」[36]と。

　一方肉感的なジョゼフィーヌは，素晴らしい彫り物をするアモーリに心を寄せ，アモーリも身分差を越えて，次第に彼女の美しさに魅せられてゆく。ジョゼフィーヌは，実は自分もある労働者の娘なのだと告白，母親の姦通を匂わしつつ，身分差など越えた愛の真実を訴えかける。

　だがその時，ヴィルプルーの城に2人の子供を伴ってサヴィニエンヌがやって来る。イズーは仕事を求めてさまようこの女に同情，城内に彼女らを住まわせてやる。アモーリは，サヴィニエンヌがやもめになったと知った時に，彼女と結婚すべきだったろうがと悔やみつつ，ジョゼフィーヌへの思いを断ち切ることができない。

　一方ピエールは，各地を遍歴中に知った現実社会の状況をイズーらに語る。産業の発達とともに，至るところで悲惨が増大しているということを。また彼はアモーリに次のように語る。「すべての労働者に共通する運命があるという感じが，ぼくの中で明らかとなってくるのさ。ぼくらすべての中で，区別と世襲的社会階級とを設け，敵対する陣営を作り出すというこの残酷な慣例は，ぼくにはますます野蛮で有害なものに思えるよ。〔……〕金持ちたちの強欲によって虐げられ，貴族たちの愚かな思い上がりによって貶められ〔……〕司祭たちの卑劣な加担によって断罪され〔……〕ぼくらは十分侮辱され，不幸にされているのではないだろうか？」[37]。こうした思想を抱くピエールにイズーは

36）　George Sand (1988), *Le Compagnon du Tour de France* (Presses universitaires de Grenoble), p. 256.

37）　*Ibid*., p. 107.

心惹かれ，ついに彼への愛を告白する。ピエールは喜びに満たされる。

イズーはヴィルプルー伯爵に自分たちが相思相愛であり，身分差を越えて結婚したいと訴える。だが伯爵は彼らの結婚をどうしても許さない。あれほど進歩的だとみなされていた伯爵も，自分の財産がいずれ一介の大工の息子のものとなると思うと，耐えきれないのだ。自分の目の黒いうちは彼らの結婚を認めることはないと述べる。彼らはそれに従うほかなかった。

城の修復も終わった。ピエールとアモーリは城を去る。伯爵はじめ城の人々はパリへと帰る。こうして身分差を越えて結ばれようとした主人公たちの愛は，すべて実ることなく終わった。

だがサンドはこの物語の結論部を考えていたようで，初版にはなかったそれがのちに発見され，今日では読めるようになっている。次のようなものだ。

翌年5月，イズーが突然村にもどってきてピエールの前に現れる。そしてジョゼフィーヌの世話をする女を探してもらえないかという。ジョゼフィーヌは某所でアモーリの子供を出産した。だが，赤子に付き添って面倒をみてくれていた女が急死したというのだった。

このような後日談を付けることで，サンドは，愛がすべての障害を乗り越えて勝利することを暗示したかったのだろうか。そしてイズーとピエールもいずれ結ばれるかもしれないということをも。この小説には，だが単に粗筋を追いかけるだけではわからない，サンドの問題意識の今日性がみられる。その2点を紹介しておく。

サヴィニエンヌが亡き夫のことを語りながら言う言葉に，「女がかせげるものは，ほんのわずかだからね」[38]というのがある。これに校訂者ルネ・ブルジョワがつけた注によると，当時の女性の給料は，同じ労働をする男性の3分の1から2だったという。男女の差別が労働の現場にも現れているという認識を，サンドが明確に持っていたことがわかろう。

もう1点，ピエールが遍歴中に感じたことを作者が語っている場面。「とき

---

38) *Ibid*., p. 154.

第 8 章　ジョルジュ・サンドにおける民衆の問題　227

おり彼は川沿いの山地を横切り，深いやぶの中をさまよった。耕作に抗うことで，人間の侵入にたいし，自然が反逆した状態で取っておかれている場所だけが，自然の力と美しさとが保たれていたところだった。人間の手が呪われてしまったというのは，つまり人間の手が支配していないところのみ大地が豊穣を見出し偉大さをまとっているというのは，いったいどうしてなのかと彼は自問した」[39]というものだ。「耕作」と訳した言葉は，フランス語では culture であり，英語と同様「文化」という意味をも持つ言葉だ。人間の文化活動，産業活動，それによる進歩や経済発展といったものを無条件で肯定するような立場に，サンドは立っていなかったことがわかる。それはまた競争原理の礼賛とは真逆の立場であることをも示す。「われわれの個人的野心は，彼らが競争とか対抗心と呼び，ぼくが盗みと殺人と呼ぶあの嫌悪すべき原理を，さらに多く罰することだよ。〔……〕一言で言えば，あの競争原理は，暴君と搾取者だけを，あるいは奴隷と強盗だけを作り出すものだ。ぼくはそのどちらにもなりたくない」[40]。これはピエールがアモーリに述べる言葉だ。これらの言葉には，ピエール・ルルーのみならずプルードンの影さえ見出されるかもしれない。しかも登場人物の人間像を深めるために使われた言葉であり，サンド自身によって十分に咀嚼され，血肉化されていることを忘れてはならないだろう。

4-2　『アンジボーの粉ひき』

　次に『アンジボーの粉ひき』(1845)をみておこう。ここでも，民衆への理解を持った身分の高い女性と，民衆の男との愛が描かれている。

　ブランシュモン男爵の夫人マルセルが 1 カ月前に夫をなくしたところから物語は始まる。夫は浮気者で，ある女をめぐる争いで決闘をし，殺されてしまったのだ。夫人はまだ 22 歳であり，以前からひそかに愛していた 24 歳の機械工アンリ・レモールにたいし，自由の身となったいま，結婚を考えてくれないか

---

39)　*Ibid*., p. 246.
40)　*Ibid*., p. 367.

とほのめかす。フランス革命がもたらした友愛と平等の理想にもえ，貴族および貴族の特権を憎んでいたアンリは，しかし彼女を拒む。

　マルセルは夫の遺産として受け取ったフランス中部，黒い谷付近にあるブランシュモンの城を，幼子エドワールを連れて見にゆく。その地は 100 年以上も前から農夫たちに使用をゆだねていて，一度も訪ねたことがなかったのだ。城に近づいたあたりで，アンジボーの粉ひきルイと出会い，彼の粉ひき小屋に案内され，ルイの母親から歓待される。

　ルイにブランシュモンまで案内され，マルセルはその地を管理している豊かな農家ブリコラン一家に引き合わされる。一家の娘ローズはかねてからルイと愛し合っているのだが，父親から，財産にあまりの差があることを理由に結婚を認めてもらえない。ここでは同じ民衆の間でも経済力の差が決定的な問題となっている。

　ブリコランは，ブランシュモンの城を夫人から買い取りたいと考えている。城には抵当がかけられていて，ブリコランは故男爵に小作料を随分と前払いして，その抵当権を肩代わりしていたというのだ。それゆえ夫人には，城を売ったとしても代金として受け取るものはあまりないという。夫人とブリコランの間で交渉が始まるが，夫人はそれがまとまるまで，しばらくは城で過ごすことにする。いまや残された財産がろくにないことがわかったのだから，「私はかつて労働者の娘や母でないことを，しばしば悔やんだものです。が，いまや私は民衆となるでしょう。あなたたちのような人々も，もう私のことを警戒する必要もないでしょう」[41] と彼女はルイに向かって言う。

　彼女らがブリコラン家から夕食に招待された時，ルイがローズと並んで席に着こうとすると，ブリコランから激しく拒絶される。ローズはマルセルに姉ルイーズの話をする。姉にも相思相愛の男がいたが，やはり財産がなかったため父親から結婚を許されず，絶望したその若者は，1830 年からフランスによる植民地戦争が始まっていたアルジェリアに志願兵として赴き，かの地で戦死し

41） George Sand (1976), *Le Meunier d'Angibault* (Editions d'aujourd'hui) , p. 93.

てしまったという。その知らせを聞いて姉は発狂し，いまも村とその周辺をさまよい歩いているのだという。

夫人はローズがルイを愛する姿に自らとアンリとの姿を重ね，自分たちの愛についてローズに語る。アンリが自分を拒むのも，富むことによって自らの理想を裏切ってしまうのを恐れてだろうと。ところでアンリはマルセルらを追って，ひそかにこの村まで来ていた。狂女ルイーズがその姿を見て，亡き恋人ポールかと思って追いかけたりする。アンリは粉ひきのルイと出会って小屋にかくまってもらっている。ルイはアンリに「はばかりながら，自分にとっては金持ちすぎる娘にぼくは恋している」[42]と打ち明ける。一方アンリもルイに，自分が金持ちの間で育てられていくうちに失った「信仰や情熱を，貧しい人々，心貧しい人々の中に探しに行こう」[43]と願っていると話す。

そんな時マルセルが，再びルイの小屋を訪ねてきてアンリを見つける。アンリは粉ひきの手伝いをして暮らしていきたいと告白する。いまやマルセルにも大した財産がないことを知り，アンリは彼女のためにも働きたいと考えるのだ。そしてルイに言う，「各人が万人のために，そして万人が各人のために働くだろう時，疲労も軽くなり，人生は美しいものになるだろう」[44]と。すでにみたサンドの評論集で使われていた言葉，「各人が万人のために」云々は，すでにこの小説の中で用いられていた。

城の売却をめぐりブリコランとマルセルの交渉がまとまりかかった時，城から火が出る。ルイーズが放火したのだ。彼女は，城を焼き尽くした火の中で死ぬ。こうしてマルセルの，またブリコランの財産が一挙に失われた。一方ルイには叔父から遺産が入る。大した額ではなかったが，彼も少しは豊かになった。ブリコランもついにローズとルイの結婚を認めざるを得ない。拒み続ければ，ローズも姉と同じように発狂してしまいそうだったからだ。マルセルとアンリも，いまや身分や財産の差を気遣わずに結婚できるだろう。エドワールも

42）　*Ibid*., p. 161.

43）　*Ibid*., p. 185.

44）　*Ibid*., p. 228.

230

アンリを父のように慕っているのだから。こうして物語は,「勤勉な労働者であると同時に教養豊かな人間に,どうして人はなれないのだろう」[45]という疑問に,いやなれるとも,といった肯定形を与える形で,階級や経済力の差をこえて結ばれる2組の家庭を暗示しながら,ハッピーエンドで終わるのである。

ルイに遺産が入るといった展開は,やや安易な解決法とみえなくもないが,サンドが主張したかったのは,もしも社会全体としての真の幸せをもとめるならば,すべての財を「盗み」の果実として敵視するようなことなく,程よい財産は人を幸せにするというごく当たり前のことを承認することだったのである。一方節度をわきまえない,他者からの収奪の結果でしかないような巨万の富といったものは,排斥されるべきだということだったのだろう。

ところで以上2作は,身分も高く教養もある女性が,身分の低い向上心豊かな男性を引き上げてゆくという構造を持ち,サンド自身の労働者詩人たちへの姿勢と重なり合うところがあると思われる。だが彼女の小説の中には,逆に身分の高い教養ある男性が,身分の低い向上心豊かな女性を引き上げてゆくという話もある。まるで彼女の父と母との場合のように,である。そうしたものの1つを次に紹介しておく。

4-3 『ナノン』

サンド最晩年の作品の1つに『ナノン』(1872) がある。これは1775年フランス中部の小村で生まれた農民の娘ナノンが,1850年,つまり75歳になった時に,自分が青春を過ごした革命期を回想して語るという形式の物語である。

彼女は5歳の時に両親を失い,大叔父に養われて育った。200人余りの小さな教区のうちでも最貧の家族で,小さいころから従兄弟たちとともに羊の世話をしていた。そんな時,村にあったヴァルクルー修道院の若い修錬士エミリアンと出会う。エミリアンは実は貴族の息子で,大金持ちの両親が長男ひとりに財産を相続させるため,次男の彼やその妹のルイーズを田舎の修道院に入れ,

---

45) *Ibid*., p. 376.

第 8 章　ジョルジュ・サンドにおける民衆の問題　231

長男をパリに連れて行ってしまっていたのだ。ナノンはそのエミリアンとしばしば会うようになる。そして様々なことを教わる。彼女の大叔父や従兄のジャックは，エミリアンを貴族の身分を忘れたはぐれ者と言って非難していた。そんな時革命が勃発する。バスティーユが奪取されたといううわさが，市（いち）の日に村中に広がる。ナノンはエミリアンに，それがどういうことなのかを尋ねる。彼はヴァルクルーの修道士たちがパリ市民の勝利を，大変不幸なことだと思っていると答える。

　村人たちは，騒動に乗じて野盗たちが襲ってくるかもしれないとおびえ，全員が修道院の中に避難した。そして修道院から，武器になると思われる物を持ちだし，三日三晩寝ずに警戒した。隣町から早馬がやってきて，野盗たちがすべての収穫を奪い，あらゆる人々を殺していると告げていたからだ。だがそうした野盗は現れず，人々は仕事を再開した。

　ナノンはエミリアンから読み書きも教えてもらった。村ではナノンの頭の良さが評判になった。1790 年 3 月，エミリアンが彼女の家にきて，「皆さんはもう自由人です！　フランス全土で農奴を廃止するという去年の政令をついに実施し，公布するという決定がなされました」[46] と教える。修道院が領主として取っていた十分の一税も，賦役とともに廃止されたとのことだった。大叔父はこの知らせに「ご主人がいなくなれば，もう生きてゆけない」[47] と悲しんだ。あまりに長いこと農奴として暮らしてきたので，他の生き方が想像もできなかったのだ。そうこうする間，修道院長が脳卒中で倒れて亡くなり，その 8 日後に大叔父も死んだ。

　エミリアンは悲しみにくれるナノンを心こめて慰める。ナノンは残された従兄弟たちと過ごしながら，エミリアンに社会のことも教わってゆく。そう，新しい時代がやってきたのだ。エミリアンは次第に革命の理想に共感してゆく。1791 年春，国有財産が売り出されることになる。ヴァルクルー修道院も売り

---

46)　George Sand (2005), *Nanon* (Christian Pirot), p. 71.

47)　*Ibid* ., p. 72.

出され，コストジュー氏がそれを買い取った。売り出された土地を買い取る農民も出てきた。ナノンはすでに16歳，美人ではないが才覚にあふれ，いくらかの土地も手に入れ，財産を少しずつ築いてゆく。一方エミリアンはコストジュー氏の援助を得て，女子修道院にいた妹ルイーズと，老僕のデュモンを連れて戻ってくる。だが革命のせいで地位や財産を奪われた人々によって，その年の秋，新しい戦争が引き起こされそうだといううわさが広がる。エミリアンは革命を守るため，父や兄とも戦うことになるかもしれないと考える。

　ルイ16世のヴァレンヌ逃亡で事態は大きく動く。次第に恐怖政治が近づいてくる。コストジュー氏の下に革命に理解を示す新しい修道院長がやってきた。その人からナノンとエミリアンは次のような話を聞く。「キリスト教世界を救うため」と称して，サン＝バルテルミーの虐殺が起きたように，「革命の大義を救うため」[48]と称して，穏健派への迫害がなされているのだと。やがてエミリアンはジャコバンを批判するようになる。その結果，反革命の嫌疑をかけられ捕ってしまう。ナノンは彼を救うためにコストジューに助力を求めるが，彼にも何もできない。そこでナノンはデュモンの手助けを得ながら，男装してエミリアンの救出に向かい，ついにそれに成功する。

　革命の嵐を避け，3人で無人の地でしばらく暮らす。エミリアンは考える。「革命の大義は，それでもそれ自体では良いものなのだ。〔……〕たぶんロベスピエール，クートン，そしてサン＝ジュストは，これらの人的犠牲の後に友愛満ちた平和があるといまだ夢見ているのだが，それは間違っている。汚れた手をして，祭壇を清めることはできないのだから」[49]。つまり革命の大義は間違っていないが，その手段が間違っていると。彼は祖国を守る戦いへと赴く。戦争から戻ったらナノンと結婚すると言い残して。ナノンは侯爵の彼と農民の自分が結婚できるはずがないと思っている。そして故郷へと戻る。

　ひどく寒い冬が来る。飢餓が広がる。エミリアンはオランダまで戦いに行

48）　*Ibid*., p. 122.

49）　*Ibid*., p. 193.

き，右腕を失って帰ってくる。ナノンは献身的に手当する。愛し合う 2 人は身分差を越えて，ついに結婚する。彼らは 5 人の子供に恵まれ，幸せに暮らしたという。こうしてこの物語は，ひとりの女性の波乱万丈の生き様をつたえるとともに，フランス革命期の農民たちの心理や信条を生き生きと伝えるものとなる。

またこの最晩年の作品の中で，サンドは自らの革命観や社会思想のかなりの部分を作中人物たちに託して表明しているとも感じられる。それは自ら学び向上しようという理想的民衆像をも，見事に描き出しているのだ。

4-4 『アントワーヌ氏の罪』ほか

ところで男の方が先に啓発された状態にあり，そのパートナーとして導かれるのが女という『ナノン』に現れた構造は，それぞれの身分，つまり貴族と民衆といった身分の組み合わせが変形している他の作品，1 例を挙げれば『アントワーヌ氏の罪』(Le Péché de Monsieur Antoine, 1847) でもみられるものだ。そこでは，フランス中部で工場を営む大金持ちのブルジョワ，ヴィクトール・カルドネの息子エミールが，父とは逆に労働者への理解と共感を持っていて，父と対立している。その一方エミールは，没落貴族アントワーヌ氏の娘ジルベルトが貧しいゆえに十分な教養を身につけられないでいるのを知って，彼女に学びの機会を与えるよう援助し，その知的向上を助け，最終的には彼女と結婚するというのがこの物語だ。これは当時のフランスにあって，ブルジョワの方が貴族よりも権勢をふるい，社会的にも上位に立っていた事実を反映するものだろう。

その他いくつもの作品で，サンドは，登場人物の社会的立場に様々な差異があるにせよ，基本的には，こうした差異を乗り越えてゆく男女の愛の物語を展開するだろう。例えば『ヴィルメール侯爵』も，自分たちの特権を反省する経済的には豊かなヴィルメール侯爵と，没落貴族の娘で自ら働くことで生きてゆく貧しいカロリーヌとの愛の物語に他ならない。ヴィルメール侯爵は貴族の過去を探る本を書いているが，カロリーヌの言葉を借りると，その中で，かつて

234

ヴレー地方を支配していた「ポリニャックの昔の領主たちは，その地方の至るところで，『鬼』や『青髭』の伝説にふさわしい思い出や伝統を残した。それら封建時代の暴君たちは，そこを通りかかった者から金品を強奪し，教会を荒らしまわり，修道士たちを虐殺し，女たちを誘拐し，村々に火を放ち，そうしたことを，父から息子へと何世紀にもわたってやった」[50]と述べているという。侯爵によれば，こうした支配階級としての貴族の過去の残虐性に，現在の子孫たちが罪を背負う必要はないはずだが，しかし先祖の犯した野蛮行為を贖うことにはなったのであり，それは受け入れねばならないのだ。これが革命後の貴族たちの状況であり，彼のそうした歴史認識に基づく自覚が，19世紀の当時，かつての封建領主に代わって社会の支配層となった強欲商人や資本家により，冒頭で引いたような民衆搾取が行われているという現実を，彼に，そしてその後カロリーヌに気づかせることになったのだろう。

　書簡や評論に述べられているような直接的な形ではないにせよ，これらの創作作品においても，サンドは，その基本思想をぶれることなく表明し続けたと評価できるだろう。同様の作品はまだまだあるが，ここでは以上に留める。

5. お わ り に

　これまでみてきたように，サンドが民衆に求めた基本姿勢は，身分の高い者や力ある者と相対してもけっして臆することのなく，人間としての誇りを持てということだった。シャルル・ポンシは，自らの詩集『それぞれの仕事の歌』（1850）への作者序文の中で，サンドの手紙からの引用として次のような言葉を紹介している。「どんな種類の仕事をも，詩的な美しいものにし，気高いものにする」には，「金持ちには労働者を尊重するように，貧しい労働者には自らの人間的尊厳を失わないように教える」[51]ことが大切なのだと。サンドが嫌ったのは，社会的強者の前でへいこらする民衆だし，ましてや社会的弱者の前で高慢ちきに相手を見下すブルジョワなどの権勢ある人々だった。彼女が書

50）　*Op. cit*., p. 207.

51）　G.S.C., p. 408.

いた中編に『パリへの一瞥』(1844) という作品があるが，そこの一節を引用しておこう。

「わたしはパリを憎みます。なぜならパリは，その最前線が贅沢と貧困の町だからです。〔……〕わたしは平等の支配を夢見ています。それなのに〔……〕ここでは極端にまで推し進められた不平等の，横柄かつ冷笑的是認が見られるのです」[52]。そしてこうした状態が起きるのは，何よりも「ごく少数の金持ちたちの分別を欠くエゴイズム」[53]のせいなのだという。力ある者には，エゴイズムを少しは捨てよと訴え，力なきものには，大いに学んで向上せよと勧め，そうした人々が学べるような環境を何よりも準備せよと訴え続けたのがサンドだった。「社会的均衡の問題に取り組まねばならない時，第1のポイントとなるのは，無償でそして世俗的な，つまりリベラルな教育ということです」[54]。この1872年の言葉からも，彼女の信念が終生変わらなかったことがわかる。社会に向かって，こうした具体的とも言える提言をしていたサンドだったが，「サンド的思索の中で大きく欠けているものは経済に関するものだ」[55]という批判があることも承知しておこう。

つまりジェラール・ペイレが言うように，サンドにあっては「社会集団への，また経済的活動への女性のコミットメントは，常に教育と知識を経由して行く」[56]からであろう。しかしサンドが経済学者でも社会学者でもなかったことを思えば，彼女が時に社会的経済的問題への鋭い指摘をしたとしても，それにたいする解決策は，文化的ないし文学的形でしか提起できなかったというのは，むしろ当然だったのではないだろうか。彼女が様々な場で語った理想，

---

52) George Sand (2011), *Coup d'oeil général sur Paris*, in *Nouvelles 1831-1853* (Editions Paleo), p. 151.

53) *Ibid.*, p. 149.

54) George Sand (2005), *La Révolution pour l'Idéal* (1872) in *Impressions et Souvenirs*, (*Des femmes* Antoinette Fouque), p. 219.

55) Gérard Chalaye (2002), *Politique,social et religieux chez George Sand*, in *Dans la tradition de Péguy, textes réunis par Jean-François Durand* (Université Monpellier III), p. 109.

56) Gérard Peylet (2011), *Education et marginalité dans l'oeuvre de George Sand*, in *Péguy au coeur : de George Sand à Jean Giono*, (Klincksieck), p. 33.

人々が自由でいながらよりいっそうの平等を実現した社会，そうしたものを，種々の形での差別や格差を越えて，人間的愛や連帯の中で求めようとしたその姿勢は，いまなお学ぶべきものであろう。言い換えればサンドは，社会の持つ様々な問題を，学問的にというよりも自らの全人格をかけて受け止め，常に人間としてそれらの超克を求めた作家だったのであり，その点でも評価されるべき作家だったのである。

　付記　本章執筆にあたり，持田明子九州産業大学名誉教授から貴重な資料をお借りしました。御礼申し上げます。

参 考 文 献

Hamon, Bernard (2001), *George Sand et la Politique* (L'Harmattan).

Hamon, Bernard (2005), *George Sand face aux Eglises* (L'Harmattan).

Larnac, Jean (1947), *George Sand révolutionnaire* (Editions hier et aujourd'hui).

Pailleron, Marie-Louise (1953), *George Sand et les Hommes de 48* (Grasset).

Reid, Martine (2013), *George Sand* (Gallimard, folio).

Romantismes et Socialismes en Europe (*1800−1848*)*, Actes du Colloque de Lille* (*1987*), (Didier Erudition, 1988).

Vergnioux, Alain (2014), *George Sand et l'Éducation populaire* (Lambert-Lucas).

第 9 章

クレティアン・ド・トロワ作『聖杯の物語』
前半における「血の滴る槍」の謎

渡 邉 浩 司

1. はじめに

　中世ヨーロッパに創り出された数多くの文学神話の中でも，「聖杯神話」
(mythe du Graal) は異彩を放っている[1]。「聖杯」という言葉が指すのは，慣例
によると，キリストが最後の晩餐で用い，なおかつアリマタヤのヨセフが十字
架上のキリストの血を受けた杯である[2]。しかしながら，「聖杯」に相当する
古フランス語「グラアル」(graal) がキリスト受難の聖遺物として理解される
ようになったのは，ロベール・ド・ボロン (Robert de Boron) が 1200 年頃に著
した『聖杯由来の物語』(*Le Roman de l'Estoire dou Graal*)[3] からであり，元来「グ

---

1) 「聖杯神話」については，240 点のカラー図版を収録したフィリップ・ヴァルテー
ル著『聖杯アルバム』(Walter, P. (2009), *Album du Graal*, Paris : Gallimard) を参照。な
おヨーロッパにおける「聖杯伝説」については，第 24 回日本ケルト学会の「フォー
ラム・オン」で，フランス，ウェールズ，アイルランド・スキタイ，ドイツ，イベ
リア半島という多角的な視点から検討する機会があった。渡邉浩司ほか (2005)「聖
杯伝説―その起源と展開を再考する」(『ケルティック・フォーラム』第 8 号，29-41
ページ) を参照。
2) 　アリマタヤのヨセフについては，横山安由美 (2002)『中世アーサー王物語群にお
けるアリマタヤのヨセフ像の形成』(渓水社) を参照。
3) 　邦訳は，松原秀一・天沢退二郎・原野昇編 (2013)『フランス中世文学名作選』
(白水社) 所収，ロベール・ド・ボロン (横山安由美訳)『聖杯由来の物語』を参照。

ラアル」は深口の大きな食器を指す普通名詞に過ぎなかった[4]。不可思議なオブジェとしての「グラアル」の実質的な初出は，クレティアン・ド・トロワ（Chrétien de Troyes)[5]の遺作『ペルスヴァルまたは聖杯の物語』(以下『聖杯の物語』と略記)（Perceval ou Le Conte du Graal)[6]（1182年頃）であり，「グラアル」は主人公ペルスヴァルが漁夫王の館で目撃する一連の不可思議なオブジェの1つだった。『聖杯の物語』によると，館での夕食前と夕食中に，ペルスヴァルの前を通過した謎の行列では，ひとりの小姓が先端から血の滴る「槍」(lance)，美しい乙女が黄金製の「グラアル」(graal)，別の乙女が銀の「肉切板」(tailloir)を持っていた。1978年に公開されたエリック・ロメール（Eric Rohmer）監督の『ペルスヴァル・ル・ガロワ』(Perceval le Gallois)（邦題は『聖杯伝説』）は，物語前半の山場をなすこの行列の場面を見事に映像化している。

「槍」，「グラアル」，「肉切板」という3つのオブジェが順に登場するこの行列の解釈については，「錬金術的解釈」，「カバラ的解釈」，「精神分析学的解釈」を別にすれば，ジャン・フラピエ（Jean Frappier）が『聖杯の神話』で総括した

---

4) ジャン・フラピエ（天沢退二郎訳）(1990)『聖杯の神話』筑摩書房，第1章「『聖杯の物語』とは何か 〈グラアル〉という語の意味」を参照。

5) この物語作家のカタカナ表記は，最近の慣例に従い，本章ではクレチアン・ド・トロワではなく，クレティアン・ド・トロワとする。クレティアンについては，渡邉浩司 (2007)「クレティアン・ド・トロワ」（原野昇編『フランス中世文学を学ぶ人のために』世界思想社，53-62ページ），および渡邉浩司 (2002)『クレティアン・ド・トロワ研究序説—修辞学的研究から神話学的研究へ』（中央大学出版部）を参照。

6) 本章での『聖杯の物語』の引用には，ガリマール出版から1994年に刊行されたプレイヤッド版『クレティアン・ド・トロワ全集』(Poirion, D. (dir.) (1994), Chrétien de Troyes, Œuvres complètes, Paris : Gallimard, Bibliothèque de la Pléiade) 所収，ダニエル・ポワリヨン（Daniel Poirion）による校訂本を用いる。『聖杯の物語』を伝える写本は15点あるが，ポワリヨンは作品の校訂にあたり，ギヨ・ド・プロヴァン（Guiot de Provins）という名の写字生による，8960行からなるフランス国立図書館794写本（通称A写本，13世紀前半）を基底写本とし，ベルン市立図書館354写本（通称B写本，14世紀初め），フランス国立図書館1450写本（通称R写本，13世紀前半）と同図書館12576写本（通称T写本，13世紀後半）の3写本を調整準拠写本に用いた。A写本には49カ所の追加（物語前半に12カ所，物語後半に37カ所）がなされ，全体で9234行になっている。『フランス中世文学集2』（白水社，1994年）所収，天沢退二郎による邦訳（クレティアン・ド・トロワ『ペルスヴァルまたは聖杯の物語』）は，T写本を底本としている。

第9章　クレティアン・ド・トロワ作『聖杯の物語』前半における「血の滴る槍」の謎　239

ように，これまで「キリスト教起源説」，「異教儀式説」，「ケルト起源説」という3つの説が大勢を占めてきた[7]。これに対して，近年注目を集めているのは，ジョルジュ・デュメジル（Georges Dumézil）の理論に依拠した神話学的な解釈である[8]。それによれば「グラアル」を含む一連のオブジェは，インド＝ヨーロッパ語族の神話伝承に属する「王家の神器」（talismans royaux）ということになる[9]。このように「グラアル」の行列については盛んに論じられてきたが，どの解釈を取る場合にも研究者たちの関心が「グラアル」に集中してきたことは否定できない。本章では，行列の中で「グラアル」とともに重要な位置を占めている「血の滴る槍」の謎に，フィリップ・ヴァルテール（Philippe Walter）が提唱する季節神話と暦の観点から迫ってみたい[10]。

2.『聖杯の物語』前半の時間上の枠組み

デュメジルが指摘するように，民族・宗教的な神話なら何であれ，それに形態と意味を授けてくれるのは，儀礼的な時間の枠組みである[11]。ペルスヴァルが漁夫王の館で目撃する「槍」についても，その先端から血が滴る現象は常

---

7)　前掲書，フラピエ『聖杯の神話』，第8章「聖杯神話の起源，および『聖杯の物語』における驚異的オブジェの象徴性」を参照。

8)　吉田敦彦（2008）「比較神話学と口承文芸」（日本口承文芸学会編『シリーズことばの世界　第1巻　つたえる』三弥井書店，225-235ページ）を参照。

9)　渡邉浩司（2006）「ペルスヴァルに授けられた剣と刀鍛冶トレビュシェットの謎――クレチアン・ド・トロワ作『聖杯の物語』再読」（『続　剣と愛と――中世ロマニアの文学』中央大学出版部，169-217ページ），および渡邉浩司（2008）「クレチアン・ド・トロワ『聖杯の物語』におけるトレビュシェットの謎――「続編」群およびヴェーレント伝説との比較から」（中央大学人文科学研究所『人文研紀要』第62号，233-272ページ）を参照。

10)　フィリップ・ヴァルテールの数多くの著作と学術論文のうち，本章で導きの糸となるのは，国家博士論文『時間の記憶』（Walter, P. (1989), *La Mémoire du temps. Fêtes et calendriers de Chrétien de Troyes à* La Mort Artu, Paris : Champion），独創的な『聖杯の物語』論である『ペルスヴァル，漁夫と聖杯』（Walter, P. (2004), *Perceval, le pêcheur et le Graal*, Paris : Imago），および学術論文「黄金・銀・鉄（中世の祭り「ロガシオン」の説明神話）」（Walter, P. (1993), «L'or, l'argent et le fer (étiologie d'une fête médiévale : les Rogations», *Le Moyen Age*, 99, pp. 41-59) である。

11)　Dumézil, G. (1935-1936) «Temps et mythes», *Recherches philosophiques*, 5, pp. 235-251.

時起こるのではなく，1年の任意の時期に起こるのでもなく，毎年決まった時期に認められるものだと想定できる。『聖杯の物語』前半では，ペルスヴァルがこの現象を漁夫王の館で目撃している。そのため，まずはペルスヴァルが館を訪問した時期を特定する必要がある。幸いクレティアン・ド・トロワは『聖杯の物語』全編にわたって，時間の特定を可能にしてくれる目印を張り巡らしている[12]。まずは物語の冒頭に注目してみよう。

> Ce fu au tans qu'arbre florissent,
>
> Fueillent boschaige, pré verdissent,
>
> Et cil oisel an lor latin
>
> Dolcemant chantent au matin
>
> Et tote riens de joie anflame, (vv. 69-73)
>
> それは木々が花咲き，森に葉が茂り，牧場が緑にもえ，鳥たちが朝になるとそれぞれに自分の言葉で優しく囀りうたい，万物が喜びで燃え上がる季節だった。

　これは，トルバドゥール（troubadour）（南仏詩人）が駆使した，春の到来を寿ぐ定型表現（トポス）である。「最古のトルバドゥール」と言われるアキテーヌ公ギヨーム9世（Guillaume IX d'Aquitaine）（1071年生まれ）は，恋愛詩の1つをこう歌い出している。

> Ab la dolchor del temps novel
>
> Foillo li bosc, e li aucel
>
> Chanton chascus en lor lati
>
> Segon lo vers del novel chan ;
>
> やわらかい春の日ざしの中で

12）　Walter, P., *La Mémoire du temps, op. cit.*, pp. 107-111.

第 9 章　クレティアン・ド・トロワ作『聖杯の物語』前半における「血の滴る槍」の謎　241

　　森は若葉に覆われ，鳥たちは

　　おのがじし囀りうたう

　　新しい歌の節から節へ[13]。

中内訳で「春」と「鳥たちはおのがじし囀りうたう」に相当する部分は，原文ではそれぞれ「新しい時節（'temps novel'）」と「鳥たちはそれぞれに自分のラテン語（'lati'）で囀る」となっているが，『聖杯の物語』冒頭の詩行も，文字通りには「鳥たちが（……）自分のラテン語（'latin'）で優しく囀りうたう」となっている。

　これに対しジョフレ・リュデル（Jaufré Rudel）（1130 年頃-1170 年頃に活躍）は，まだ見たことのない女性を愛するという「遠くの恋」（'amor de lonh'）をテーマにした詩を，次のように歌い始めている。

　　Lanquan li jorn son lonc e may,

　　m'es belhs dous chans d'auzelhs de lonh ;

　　e quan mi suy partitz de lay,

　　remembra'm d'un'amor de lonh ;

　　5 月に　日の長くなるころ

　　遠くの鳥の歌が　私には心地よい

　　そして私は　そこから出発してきたとき

　　遠くの恋を　思い出す[14]

この詩では冒頭で「5 月」（'may'）という時間上の枠組みが明示され，心地よい鳥の囀りのモチーフも使われている。トルヴェール(trouvère)(北仏詩人)として

---

13)　中内克昌（2009）『アキテーヌ公ギヨーム 9 世　最古のトルバドゥールの人と作品』九州大学出版会，119-121 ページ。

14)　瀬戸直彦編（2003）『トルバドゥール詞華集』大学書林，168-169 ページ。ジョフレ・リュデル（ジャウフレ・リュデル）のテクストは，フランス国立図書館 856 番写本（C 写本）による。

242

のクレティアンは，明らかにこうしたトルバドゥールの詩的伝統を踏襲しているため，『聖杯の物語』の筋書きは 5 月初めに始まると考えることができる。

　物語前半によると，騎士になる決意を固めて「荒れ森」（'Gaste Forest', v. 75）から出立したペルスヴァルは，ゴルヌマン・ド・ゴオール（Gornemant de Goort）の下で騎士道を学び，麗しのブランシュフルール（Blanchefleur）（「白い花」の意）を敵の攻撃から救った後で，漁夫王の館へ迎え入れられる。ブランシュフルールの仇敵だったクラマドゥー（Clamadeu）とその家令アンガンゲロン（Anguin-guerron）[15]は，ペルスヴァルとの対戦で敗れると，アーサー王宮廷へ赴くことを命じられる。物語によるとアーサー王宮廷へ先に到着していたアンガンゲロンが，遅れてやって来たクラマドゥーと宮廷で再会したのは，ちょうど「聖霊降臨祭」（'Pantecoste', v. 2787）のことだったという。この祭りは「復活祭」から 50 日目にあたるが，「復活祭」自体が「春分後の最初の満月の次の日曜日」に行われる移動祝日（西方教会では 3 月 22 日から 4 月 25 日）であるため，「聖霊降臨祭」は 5 月初旬から 6 月上旬にかけての日曜日に行われる。

　一方でブランシュフルールを危難から救ったペルスヴァルは，「荒れ森」に残してきた母のことが心配になり出立する。ペルスヴァルが城市の外へ出ると，そこには彼との別れを悲しむ僧侶や尼僧たちの群れが，「まるでキリスト昇天祭の日のような」（'Com s'il fust jor d'Acenssion', v. 2942）行列をなしていたと物語は述べる。ここに出てくる「キリスト昇天祭」は「復活祭」から 40 日後にあたる，キリストの昇天を記念する祝日である。この直後にペルスヴァルは漁夫王と出会って館へ招待される以上，『聖杯の物語』前半の筋書きは，5 月初めから 6 月にかけての時期に位置づけることができる。

3．赤褐色の月

『聖杯の物語』前半の筋書きが展開するのは，畑に植えられた作物にとって特に危険な時期である。それは「赤褐色の月」（lune rousse）と呼ばれる月が姿

15）　フランス国立図書館 12576 写本（T 写本）には，アンジジュロン（Engygeron (s), Engi-gerons）またはアンギジュロン（Enguigeron (s)）という異本が見つかる。

第 9 章　クレティアン・ド・トロワ作『聖杯の物語』前半における「血の滴る槍」の謎　243

を見せる時期である[16]。この月は 4 月の「復活祭」の頃から満ち始め，4 月末
から 5 月初めにかけて満月になる月を指す。この時期の月が「赤褐色」(roux，
女性形は rousse) と形容されるのは，この月が晩霜や北風を招いて作物を「赤褐
色」に枯らす危険があると考えられていたからである。

3-1　ロビガリア祭

「赤褐色の月」という名で知られるこの月が原因とされる霜害は，古代ロー
マの時代から知られており，中世ヨーロッパでも重視されたプリニウス (Gaius
Plinius Secundus) (23-79 年) は，その『博物誌』(*Naturalis Historiae*) 第 18 巻 68 章
の中で，次のように説明している。

> Plerique dixere rorem inustum sole acri frugibus robiginis causam esse et carbun-
> culi vitibus, quod ex parte falsum arbitror, omnemque uredinem frigore tantum
> constare sole innoxio. id manifestum fiet adtendentibus ; nam primum omnium
> non hoc evenire nisi noctibus et ante solis ardorem deprehenditur, totumque lunari
> ratione constat, quoniam talis iniuria non fit nisi interlunio plenave luna, hoc est
> praevalente[17].
>
> 大多数の人々は，燃える太陽の焦がした露が，穀物の赤錆病 (robigo) や
> ブドウの炭疽病 (carbunculus) の原因だと述べたが，それは一部間違って
> いると私は思う。胴枯れ病 (uredo) はどれも寒さのみによるのであり，太
> 陽に罪はない。このことは，事実を注意深くみれば明らかになる。何より
> もまずこの病が起こるのは夜間に限られ，太陽が熱を持たない時のことで
> あり，もっぱら月の影響によっている。というのも，こうした損害が起こ
> るのは新月か満月の時だけであり，いずれも月の影響力が最も強い時期に

---

16)　「赤褐色の月」をめぐる伝承については，ベルナール・クーセの著作 (Coussée, B.
　　(1996), *Le mystère de la lune rousse*, Raimbeaucourt) を参照。

17)　Rackham, H. (trad.) (1950), Pliny, *Natural History*, Volume V, Books 17-19, Harvard Uni-
　　versity Press (Loeb Classical Library), p. 362.

244

あたる。

プリニウスはさらに『博物誌』第 18 巻 69 章において，作物のために恐れなければならぬ時期に定められた祭りとして，ロビガリア（Robigalia），フロラリア（Floralia），ウィナリア（Vinalia）という 3 つの祭りに触れている[18]（以下同様，ラテン語のカタカナ表記では，原則として長音を無視する）。このうち特に重要なのは，ローマ第 2 代王ヌマ（Numa）が治世 11 年目に創設したとされるロビガリア祭である。4 月 25 日に行われていたこの祭りの名が，作物を枯らすとされた「赤錆病」（robigo）と関連づけられているからである。「赤錆病」は「うどん粉病」（英語では powdery mildew，フランス語では oïdium または maladie du blanc）に相当する，ブドウ・麦類・野菜などを襲う深刻な病害であり，プリニウスは「銅枯れ病」（uredo）[19] という語も同義で用いているようである。

ロビガリア祭については，古代ローマの詩人オウィディウス（Ovidius）（前 43 年–後 17 年）も『祭暦』（*Fasti*）第 4 巻の中で詳しく取り上げている。その記述によると，古代ローマではロビゴ（Robigo）という名の女神が作物に害をもたらすと考えられていたため，4 月 25 日になるとクイリヌス神官が香とワインと羊の臓物と犬の臓物を捧げ，ロビゴをなだめたという。神官がロビゴ女神にたいし，

Nec teneras segetes sed durum amplectere ferrum

Quodque potest alios perdere, perde prior[20]. (vv. 923–924)

どうか柔らかな畑作物ではなく，固い鉄を包んで下さい。他の者を壊す力のあるものから先に壊すがよろしい[21]。

---

18) *Ibid*., p. 368.

19) ラテン語の「ウレド」（uredo）は，麦の病害の 1 つ「黒穂病」（フランス語では nielle または charbon）を指す（Ernout, A. et Meillet, A. (2001), *Dictionnaire étymologique de la langue latine*, Paris : Klincksieck, p. 755）。

20) Schilling, R. (éd. et trad.) (1993), Ovide, *Les Fastes*, Tome II, Livres IV–VI, Paris : Les Belles Lettres, p. 38.

第 9 章　クレティアン・ド・トロワ作『聖杯の物語』前半における「血の滴る槍」の謎　245

と訴えかけたのは,「赤錆」を人間生活に必要不可欠な「柔らかな畑作物」('teneras segetes') でなく, 人を傷つける「固い鉄」('durum ferrum') =「武器」に移してもらうためだった。「ロビゴ」は普通名詞では「赤錆」を指し, 転じて春の時期に錆のような粉が葉を覆って作物を枯らす病気, 先述の「うどん粉病」を意味するようになった。古代ローマではこの病気をもたらす存在が,「赤錆」に他ならない女神ロビゴで表されていたのである。

3-2　「豊作祈願祭」のドラゴン

ヨーロッパでは中世期になると,「赤褐色の月」をめぐる信仰は「豊作祈願祭」とともに受け継がれた。これは, 必ず木曜日に来る「キリスト昇天祭」前の 3 日間, つまり月曜から水曜まで行われる祭りで, フランス語では「ロガシオン」(Rogations) と呼ばれる。移動祝日である「復活祭」の 40 日後にあたり, 4 月 28 日から 6 月 1 日までの時期に来る「キリスト昇天祭」は, ほぼ 5 月の祝祭日と考えてよい。

13 世紀にヤコブス・デ・ウォラギネ (Jacobus de Voragine)(1230 頃-1298 年)が編纂した『黄金伝説』(*Legenda aurea*)(1261-1267 年頃)によれば, フランス南東部の町ヴィエンヌ (Vienne) で 5 世紀に起きた出来事が, この祭りを始める契機になったとされている[22]。ヴィエンヌでは大地震が起こり, 夜間には怪しげな声や物音が聞こえたりしたばかりか,「復活祭」には悪霊が野獣たちに入り込んで人々を食い殺すという災厄に見舞われたという。そこでヴィエンヌの司教マメール (Mamert)(ラテン語名マメルトゥス Mamertus)が, 3 日間にわたる断食を人々に指示し, 祈願行列の実施を定めたところ, 災厄が収まったと語られている。511 年に開催されたオルレアン公会議では, それ以後「ロガシオン」と呼ばれるようになったこの祭りを, ガリアのすべての教会に広めるよう取り決め, 816 年には教皇レオ 3 世がローマでこの慣例を行うことにし, 教会

---

21)　オウィディウス (高橋宏幸訳)(1994)『祭暦』国文社, 179 ページ。
22)　ヤコブス・デ・ウォラギネ (前田敬作・山口裕訳)(1984)『黄金伝説 2』人文書院, 201-205 ページ。

全体に認めさせている[23]。

　ヤコブス・デ・ウォラギネによると，人々は十字架を背負い，鐘を打ち鳴らし，旗を掲げて行進したが，場所によってはドラゴンを担ぐ行列も存在した。「豊作祈願祭」に登場するドラゴンの似姿やハリボテは，フランスでは場所ごとに名前が異なり，メッス（Metz）ではグラウリ（Graoully）（写真9-1），ポワティエ（Poitiers）ではグラン・グール（Grand'Goule）（「大きな口」）（写真9-2），ルーアン（Rouen）ではガルグイユ（Gargouille），トロワ（Troyes）ではシェールサレ（Chairsallée）（「塩漬けの肉」）と呼ばれ，それぞれが地元の聖人によって制圧される[24]。グラウリは聖クレマン（Clément），グラン・グールは聖女ラドゴンド（Radegonde），ガルグイユは聖ロマン（Romain），シェールサレは聖ルー

写真9-1　メッスの聖エティエンヌ教会内に吊るされたグラウリ　木製（15世紀）

（出所）筆者撮影．

23）　フィリップ・ヴァルテール（渡邉浩司・渡邉裕美子訳）（2007）『中世の祝祭　伝説・神話・起源』原書房，175ページ．
24）　マリ゠フランス・グースカン（樋口淳訳）（1991）『フランスの祭りと暦　5月の女王とドラゴン』（原書房）を参照．ちなみにヴィクトル・ユゴーは『クロムウェル・

第 9 章　クレティアン・ド・トロワ作『聖杯の物語』前半における「血の滴る槍」の謎　247

写真 9-2　ポワティエのサント゠クロワ博物館が所蔵するグラン・グール
ジャン・ガルゴ作，彩色木製（1677 年）

（出所）筆者撮影。

(Loup) によって手なづけられたとされている。パリ・ノートルダム大聖堂の西側正面にある 3 つの門(ポルタイユ)のうち，向かって右側の「聖アンナの門」の中央の中柱(トリュモー)には，ドラゴン退治を行う聖マルセル (Marsel)（4 世紀のパリ司教）の彫像（写真 9-3，写真 9-4）が見つかるが，このドラゴンも同じ範疇に属している。

　キリスト教的な解釈によれば，聖人によるドラゴン退治は，異教にたいするキリスト教の勝利を象徴する。しかし，前キリスト教時代の考え方によれば，「豊作祈願祭」のドラゴンは，水を飲み込むことで作物の成長を妨げる恐ろし

序文』の中で，行進で引き回されたドラゴンのうち，ガルグイユ，グラウリ，シェールサレの他に，モンレリ (Montlhéry) のドレ (drée) とタラスコン (Tarascon) のタラスク (Tarasque) にも触れている（西節夫ほか訳 (2001)『ヴィクトル・ユゴー文学館』第 10 巻，潮出版社，18 ページ）。またフランソワ・ラブレーは『第 4 の書』(Quart Livre) 第 59 章で，「メッスの町を練り歩く，聖クレマンが退治したドラゴン」に触れているが，これは 1564 年にラブレーがメッス滞在中に目撃したグラウリのことだと思われる（ラブレー，宮下志朗訳 (2009)『第 4 の書』ちくま文庫，484 ページ）。

写真9-3　聖マルセルによるドラゴン退治　パリ・ノートルダム大聖堂の西側正面「聖アンナ門」

（出所）筆者撮影。

い神獣だったと考えられる[25]。例えば，インド＝ヨーロッパ神話に属する古代インドのヴェーダ神話によると，インドラ（Indra）が倒す蛇ヴリトラ

25）こうしたドラゴンの似姿やハリボテは「豊作祈願祭」の他に，「夏の土用」（7月22日－8月23日）の時期にも行進で引き回されることがあった。酷暑の時期も早春と同じく，作物にとっては危険な時期だったからである。例えば，パリの聖マルセル（Marsel）が制圧したとされるドラゴンのハリボテは，7月26日の祭りに姿を見せたという。聖マルセルとドラゴンについては，ジャック・ル・ゴフ（加納修訳）（2006）『もうひとつの中世のために』白水社，第13章「中世の教会文化と民俗文化――パリの聖マルセルと龍」を参照。一方で，南フランスの町タラスコンで昔から行わ

第 9 章　クレティアン・ド・トロワ作『聖杯の物語』前半における「血の滴る槍」の謎　249

写真 9-4　聖マルセルによるドラゴン退治（細部）

（出所）筆者撮影。

（Vritra）（「障害」）は，山の中に水を隠して旱魃や悪天候を引き起こす存在だと考えられた[26]。インドラによるヴリトラ殺害は結果的に，水の解放をもたらしたのである。こうしたインド＝ヨーロッパ世界の異教的な思想を「豊作祈願

───────────

れている「タラスク祭」（Fêtes de la Tarasque）も，その日取りは早春ではない。これは，聖女マルト（Marthe）によるタラスク退治を記念して始められた祭りであり，現在では毎年 6 月の最終日曜日がクライマックスとなっている。それでも元来は，聖女マルトの祝日である 7 月 29 日に行われていたと考えられる。この推測が正しければ，タラスクは「夏の土用」を具現する怪物ということになる。タラスク祭については，1992 年に現地調査を行った蔵持の論考を参照（蔵持不三也（1996）「タラスク再考」『ヨーロッパの祝祭』河出書房新社，所収）。

26）　辻直四郎訳（1970）『リグ・ヴェーダ讃歌』（岩波文庫，150-185 ページ）を参照。

祭」のドラゴンが受け継いでいるとすれば，作物の生育に不可欠な水を支配するドラゴンをうまくなだめ，水を確保することが祭りの本来の目的だったと推測できる。「豊作祈願祭」のドラゴンは言わば，古代ローマのロビガリア祭で人々がなだめようとした「赤錆」の女神ロビゴに相当する。

3-3　暦の上での裏づけ

　キリスト教の暦では4月29日に，シトー会の2人の修道院長ロベール・ド・モレーム（Robert de Molesme）とロベール・ド・ブリュージュ（Robert de Bruges または Robert Gruthuysen）の祝日が記載されている[27]。この2人のロベールの祝日が，「豊作祈願祭（ロガシオン）」の最も早く来る時期（4月28日）に近いのは偶然ではない。移動祝日である「豊作祈願祭」の日取りの枠内にある5月15日にはロベール・ド・ビンゲン（Robert de Bingen），5月21日にはロベールの名に近いロビュスティアン（Robustien）という名の，ミラノ出身の謎に包まれた殉教者の祝日が見つかる[28]。

　ロベールという名の人物は，12世紀末から13世紀にかけて書かれた中世フランスの作品『悪魔のロベール』（*Robert le Diable*）[29]では，「悪魔の息子」として青年期には悪逆非道ぶりを見せるが，こうしたロベールの姿は人々にとっての災厄に他ならない。暦の観点からみれば，4月末に祝日を持つロベールは，「ロガシオン」で人々がなだめようとしたドラゴンや，「ロビガリア祭」でクイリヌス神官がなだめようとした女神ロビゴに相当する，「自然災害の一形態」と「神話上の破壊的な力」を具現しているのである[30]。ロベール（Robert），ロガシオン（Rogations）のドラゴン，ロビガリア祭のロビゴ（Robigo）はいずれも，豊穣にたいして大きな打撃を与え得る神話的存在を雛形にしていると考えられる。その神話的存在はおそらく，インド＝ヨーロッパ起源の3つ首怪物で

27）　Walter, P., «L'or, l'argent et le fer», article cité, p. 50.
28）　*Ibid.*, p. 50.
29）　邦訳は，『フランス中世文学集3』（白水社，1991年）所収，天沢退二郎訳『悪魔のロベール』を参照。
30）　ヴァルテール，前掲書『中世の祝祭』，180ページ。

第 9 章　クレティアン・ド・トロワ作『聖杯の物語』前半における「血の滴る槍」の謎　251

あり，Ro で始まる名前で呼ばれていた可能性がある[31]。ヴィエンヌ司教マ
メールが人々に求めた断食の「3 日間」という期間には，怪物の「3 つ首」の
記憶が残されているのかもしれない。

　暦の上で 4 月 30 日に祝日を持つ聖キラン（Quirin）も，「赤褐色の月」とい
う季節的文脈では重要な意味を持ってくる。聖キランのモデルに相当する人物
は，ローマ皇帝トラヤヌス時代の護民官クイリヌス（Quirinus）であり，投獄さ
れていたローマ教皇アレクサンデル 1 世の番を任されていたが，それを機にキ
リスト教へ改宗し，120 年に殉教したとされる[32]。キリスト教の暦の中でこの
キラン（クイリヌス）の祝日が 4 月 30 日に置かれているのは，クイリヌス神官
が儀礼を取り仕切ったロビガリア祭（4 月 25 日）の記憶を受け継いでいるため
であろう[33]。この聖キランは一方で，フランス・ロレーヌ地方のモゼル（Mo-
selle）県にあるサン＝キラン（Saint-Quirin）村にもその名を残している。中世期
から 20 世紀の初頭に至るまで，この村では聖人の祝日に多くの巡礼者を集め
ていたが，それは聖キランが腺病に霊験あらたかな聖人だと考えられていたた
めである[34]。

　ところで古代ローマでは，クイリヌス（Quirinus）はユピテル（Jupiter）およ

31）　Cf. Coussée, B., *op. cit*., p. 15.

32）　Baudoin, J. (2006), *Grand livre des saints. Culte et iconographie en Occident*, Nonette ：
　　　Editions Créer, p. 411.

33）　一方で，クイリヌスがローマを創建したロムルス（Romulus）と同一視されてきた
　　　ことも，キランの祝日とロビガリア祭の暦上の接近を説明する傍証となる。なぜな
　　　らロムルスがローマを創建した 4 月 21 日は，ロビガリア祭に近いからである。ロビ
　　　ガリア祭の中世ヨーロッパ版にあたる「豊作祈願祭（ロガシオン）」は，「キリスト
　　　昇天祭」前の 3 日間に行われる移動祝日であるが，日取りの枠内にある 5 月 24 日に
　　　はキリスト教の暦に，ロガシアン（Rogatien）とドナシアン（Donatien）の祝日が見
　　　つかる。このペアをなす聖人は，ロムルスとレムス（Remus）という双子にまつわる
　　　古い創建神話の記憶を留めているのかもしれない（ヴァルテール，前掲書『中世の
　　　祝祭』，178-179 ページ）。

34）　サン＝キラン村で行われていた巡礼については，1989 年 4 月 12 日にフィリップ・
　　　ヴァルテールが元村長（当時 82 歳）から行ったインタヴューを参照（Walter, P.
　　　(1990), «Le chêne de saint Quirin», *Revue lorraine populauire*, 92, pp. 202-203）。聖キラン
　　　と腺病との関連は，漁夫王の病だけでなく，5 月 1 日を祝日に持つ聖マルクー（Mar-
　　　cou）（または聖マルクール Marcoul）をも想起させる。聖マルクーは瘰癧を治す聖人

びマルス（Mars）とともに 3 主神の一角を占めていたとされる[35]。それぞれの神の役割については，ユピテルが王権と宗教，マルスが戦闘を司ったのに対し，クイリヌスの管轄は農業だったと考えられる[36]。つまりクイリヌスは，デュメジルが提唱したインド＝ヨーロッパ語族の 3 機能のうち，第 3 機能（生産性・豊穣性）を具現する神格だったのである。したがって，作物への危害を起こしかねない女神ロビゴをなだめるためのロビガリア祭で，クイリヌス神官が儀礼を取り仕切ったことは理に適っている。

聖キランの祝日（4 月 30 日）は，ロビガリア祭（4 月 25 日）に近いだけでなく，移動祝日である「豊作祈願祭」の日取りの枠内にも収まっている。ここで注目すべきは，「豊作祈願祭」の制定に貢献したヴィエンヌの司教マメール（475年没）である。キリスト教の暦によると，後に列聖されたマメール（Mamert）の祝日は 5 月 11 日に置かれ，5 月 12 日には聖パンクラース（Pancrace），5 月 13日には聖セルヴェ（Servais）の祝日が認められる。この 3 人が民間伝承で「氷の聖人たち」（saints de glace）と呼ばれていたのは，5 月のこの時期に「寒の戻り」が認められてきたためである[37]。気象学的な根拠はまったくないものの，

として知られていた。マルク・ブロック（Marc Bloch）が『王の奇跡』（*Les Rois thaumaturges*）（邦訳は井上泰男・渡邊昌美訳（1998），刀水書房）で明らかにしたように，ランス（Reims）で聖別式を挙げたフランスの国王は，コルブニー（Corbeny）にある聖マルクールの聖遺物を所蔵する教会へ出向いて祈りを捧げたという。それにより，フランスの国王が瘰癧の治癒能力を授かったと考えられている。一方で，民間伝承では昔から「7 番目の息子」が治癒能力を持っていると考えられ，聖マルクールの伝承と結びついていった。『聖杯の物語』のペルスヴァルは 3 人兄弟の末子であるが，彼の中世ウェールズ版ペレドゥル（Peredur）は 7 人兄弟の末子であることから，ペルスヴァルにも漁夫王の病を治す力が元来備わっていたのかもしれない（Walter, P., *La Mémoire du temps, op. cit*., p. 512）。

35) 高津春繁（1960）『ギリシア・ローマ神話事典』岩波書店，111 ページ。

36) 典礼暦の最古の祝祭サイクルに見つかる「クイリナリア祭」（Quirinalia）には，クイリヌスの名が見え隠れしている。この祭りが行われた 2 月 17 日が，穀物の焙煎に捧げられた「フォルナカリア祭」（Fornacalia）の最終日に一致していることは，クイリヌスが繁栄と豊穣を司る神だと考えられた根拠になる（イヴ・ボンヌフォワ編，金光仁三郎主幹（2001）『世界神話大事典』大修館書店，578 ページ）。

37) ジョルジュ・ビドー・ド・リール（堀田郷弘・野池恵子訳）（1996）『フランス文化誌事典』原書房，305–309 ページ。

聖マメールの祝日から3日間続くと考えられていた一時的な気温の低下は，「赤褐色の月」が招く霜害を人々に連想させていたに違いない。こうした気象学的な信仰は，聖マメールの祝日のちょうど半年後にあたる11月11日にも認められる。この日は聖マルタン（Martin）の祝日であるが，民間伝承によると，冬の始まるこの時期には一時的に「小春日和」（フランス語では「聖マルタンの夏（l'été de la Saint-Martin）」）が観測されると考えられていた[38]。このように，季節外れの寒波や暑気の到来は，気象学的な根拠を持たないものの，暦の上では特定の聖人の祝日と結びつけられてきたのである。

4. ブランシュフルールと「天幕の乙女」

ここまで「赤褐色の月」を中心に検討してきた季節神話的な観点から，筋書きが5月に展開する『聖杯の物語』前半を読み直してみると，ペルスヴァルが旅の途中で遭遇する女性に救いの手を差し伸べる2つのエピソードは，思いもよらぬ意味を帯び始める。

4-1 ブランシュフルールとクラマドゥー

まずはペルスヴァルが漁夫王の館訪問に先立って，苦境に立たされていたブランシュフルールを助けたエピソードに注目してみよう。ゴルヌマンの下で武具の使い方を学んだペルスヴァルが次に訪れたのは，ゴルヌマンの姪にあたるブランシュフルールの居城ボールペール（Beaurepaire）だった。夜が近づいていたため，宿を求めようとして城門を越えたペルスヴァルは，絶食と不眠のた

---

38)　「聖マルタンの夏は続く，3日とちょっとの間」（L'été de la Saint-Martin dure trois jours et un brin.）というフランスの諺があるが，これは11月11日から13日までの3日間に，一時的な気温の上昇が起こると考えられていたことを表している。この現象についても，「氷の聖人たち」と同じく，気象学的な根拠がある訳ではない。民間伝承によると，軍人だったマルタンが，ピカルディー地方の町アミアンで半裸の貧しい物乞い（実はキリスト）に出会い，自分のマントを切り裂きその半分を男にかけてやった日が11月11日であり，この慈悲深い行為を記念して，神が毎年同じ時期に晴天を約束したことが「聖マルタンの夏」の起源なのだという（ビドー・ド・リール，前掲書，572ページ）。

めに苦しげな表情をした4人の召使いと出会う。

　　　Et s'il ot bien defors trovee

　　　Le terre gaste et escovee,

　　　Dedanz rien ne li amanda,

　　　Que par tot la ou il ala

　　　Trova anhermies les rues

　　　Et les meisons viez, decheües,

　　　Qu'home ne fame n'i avoit. (vv. 1749-1755)

つまり彼（＝ペルスヴァル）は，城の外で領土が荒れ果て，大きな被害を受けていたことを認めたが，城の中でも状況がそれ以上によい訳ではなかった。彼が通り過ぎていくところはどこでも，街路にはひとけがなく，古びた家々は崩れかかり，男も女も見当たらなかった。

　町に荒廃をもたらしたのは，群島国の王クラマドゥー（'Clamadeu des Illes', v. 2005）であり，ブランシュフルールをその領土ごと奪おうとして，町を攻囲していた。兵糧攻めに苦しんでいた町の人々は，飢餓のため降伏寸前だった。そこでペルスヴァルは到着の翌日に，まずはクラマドゥーの執事騎士アンガンゲロンとの決闘を制し，その後クラマドゥーをも打ち負かすのである。ペルスヴァルに行った誓約にしたがって，クラマドゥーはアーサー王宮廷に赴き，その身柄を王に委ねることになる。

　先述のとおり，クラマドゥーが宮廷に到着するのは「聖霊降臨祭」当日であることから，クラマドゥーがペルスヴァルと決闘を行った時期はまさしく，「キリスト昇天祭」前の3日間に行われる「豊作祈願祭」の頃に相当する。したがって，ペルスヴァルが行ったアンガンゲロンおよびクラマドゥーとの戦いは，「豊作祈願祭」のドラゴンに相当する3つ首怪物との神話的戦いを，物語の形で表現したものだと言えるだろう。アンガンゲロンとクラマドゥーが怪物の持つ3つ首のうちの2つに相当するとすれば，3つ目の首に相当するもう1

第9章　クレティアン・ド・トロワ作『聖杯の物語』前半における「血の滴る槍」の謎　255

人の敵が欠けていることになるが，物語では3人の敵（3重の敵）が2人の敵という形に弱められたのかもしれない[39]。

「豊作祈願祭」に相当するフランス語「ロガシオン」（Rogations）のラテン名は「ロガティオネス」（Rogationes）であり，その名は「懇願する」を意味する動詞「ロガーレ」（rogare）に由来する。ドラゴンが具現する「赤褐色の月」の脅威を回避するために，神に「懇願する」のが「豊作祈願祭」の眼目だからである。こうした季節的文脈によると，ブランシュフルールの居城を荒廃に追いやっていた群島国の王クラマドゥー（Clamadeu）の名が，「神に懇願する（clamer à Dieu）」を指すのは偶然ではない[40]。主人公ペルスヴァルに敵対する側の首領の名が皮肉にも，「ロガシオン（ロガティオネス）」を喚起する名として用いられているのである。

4-2　「天幕の乙女」とオルグイユー・ド・ラ・ランド

漁夫王の館を後にしたペルスヴァルは道中で，やせ馬に跨った若い貴婦人に出会う。それは物語の冒頭で，母の館から出立したペルスヴァルが森の中で出会った「天幕の乙女」（la Demoiselle de la Tente）だった。この場面で語り手が描く乙女の外見描写には，見過ごすことのできない一節が含まれている。

A neuz et a grosses costures

De leus an leus ert atachiee,

Et sa char si fu dehachiee

39）　インド＝ヨーロッパの戦士と3つ首怪物との戦いでは，英雄が3人の敵と戦うとか，同じ相手と3回（または3日）戦うという形を取ることもある。クレティアン・ド・トロワの『ランスロまたは荷車の騎士』で，王妃グニエーヴル（Guenièvre）を誘拐したゴール（Gorre）国の王子メレアガン（Méléagant）とランスロが3度戦うケースでは，メレアガンが3つ首怪物の役割を演じている。また先述した『悪魔のロベール』の中で主人公が「白銀の騎士」として，ローマを襲うトルコ軍を3度にわたって撃退する筋書きにも，こうした神話的なシナリオが見え隠れしている（渡邉，前掲書『クレチアン・ド・トロワ研究序説』，259-261ページを参照）。

40）　Walter, P., « L'or, l'argent et le fer», article cité, p. 56.

Ausi con s'il fust fet de jarse,

Que ele l'ot crevee et arse

De noif, de gresle et de gelee. (vv. 3724-29)

結んだり，粗っぽく縫い合わせたりして，服にはところどころに継ぎ当て
がなされていた。また乙女の肌は，まるで刃針で刺されたかのように，ひ
び割れていた。雪や雹や霜のせいで，ひびが入ったり，焦がされたりした
ためである。

このように「天幕の乙女」の肌を襲った「雪」('noif')，「雹」('gresle') および
「霜」('gelee') はまさしく，春先に作物を「赤褐色」に枯らす原因に他ならな
い[41]。

　そもそも「天幕の乙女」が過酷な仕打ちを受けることになったのは，物語冒
頭のペルスヴァルがあまりにも無邪気だったためである。出立前に母から受け
た助言を文字どおりに理解したペルスヴァルは，出会った「天幕の乙女」に接
吻した後，乙女から指輪を奪い取り，涙に暮れる乙女をそのままにして逃げ出
していく。そのため，天幕へ戻って来た乙女の恋人は，乙女の貞節を疑い，乙
女をぼろ着のまま馬に乗せ，自らは乙女から指輪を奪った男への仕返しを目論
むのだった。この嫉妬深い騎士はオルグイユー・ド・ラ・ランド（L'Orgueilleux

41）　フランス国立図書館 12576 写本（T 写本）では，ポワリヨンが底本とした同図書
　　館 794 写本（A 写本）の「雪や雹や霜のせいで」（'De noif, de geste et de gelee', v.
　　3729）という詩行に，「熱さと日焼けと霜のせいで」（'De caut, de halle et de gelee'）と
　　いう異本が見つかる。「日焼け」と訳した halle は，「肌を褐色に焼いたり，かさかさ
　　にしたりする，陽光，乾燥した空気や風」を指す言葉である。halle の異本 hasle は，
　　クレティアン・ド・トロワの現存第 2 作『クリジェス』（Cligès）のエピローグにも
　　出てくる。それはコンスタンティノープル皇帝の皇后に対する猜疑心を表した詩行，
　　「皇帝は皇后を常に部屋へ閉じ込めておくが，それは日焼け防止のためというより不
　　信感のためである」（'Toz jorz la fet garder en chanbre / Plus por peor que por le hasle,' vv.
　　6762-63）の中である（『クリジェス』のテクストは，前掲書，プレイヤッド版『ク
　　レティアン・ド・トロワ全集』所収，フィリップ・ヴァルテールの校訂本による）。
　　中世期には，皇后のような身分の高い女性は，乳白色の肌を保つことが求められ，
　　肌を陽光にさらすことを避けていたと考えられる。

de la Lande）（「広野の傲慢男」）と呼ばれていた。ペルスヴァルとの決闘に敗れたオルグイユーは，恋人の乙女を完全に許すという条件を受け入れ，アーサー王宮廷に赴き，恋人に行った不当な仕打ちを人々の前で披露することになる。

物語の筋書きによれば，オルグイユー・ド・ラ・ランドは嫉妬が高じて病的な振舞に及ぶ騎士を演じており，当該エピソードは現存するクレティアン・ド・トロワの全作品の中で唯一，恋の嫉妬を描いたものとして重要である[42]。しかしながらこのエピソードを季節神話的な観点から読み直せば，オルグイユーは「赤褐色の月」を，恋人にあたる「天幕の乙女」はその被害を受ける作物を表象していると言えるだろう。

5. 「荒れ地」のテーマ

『聖杯の物語』前半の鍵となるのは，漁夫王の館でペルスヴァルが「グラアル」の行列に立ち会う場面である。その折にペルスヴァルは，先にゴルヌマンから受けた「口数多き者は，罪を犯す」（‘Qui trop parole pechié fet’, v. 1654）という忠告を鵜のみにし，心に浮かんだ「槍」と「グラアル」に関する質問を控えてしまう[43]。そのため，漁夫王の支配する王国にとって不幸な結果を招くことになる。

5-1　ペルスヴァルの従姉の証言

こうした経緯を説明してくれるのが，漁夫王の館訪問の翌日に，ペルスヴァルが道中で出会った従姉である。館でペルスヴァルが何1つ質問をしなかったことを確認した従姉は，こう述べている。

---

42)　フラピエ，前掲書『聖杯の神話』，139 ページ。

43)　ゴルヌマン（Gornemant）という名は，「ゴル」と「ヌマン」からなっている。このうち「ゴル」（Gol）は「喉」（gorge）とともに「言葉」（parole）を喚起し，「ヌマン」（nemant）は言葉遊びにより，「嘘をつく」（mentir）という動詞の否定形（ne ment）を表している。したがってゴルヌマンは「嘘をつかぬ人」であり，言葉を慎むようにという彼の忠告の本当の意味を，ペルスヴァルはよく理解すべきだったのである（Walter, P. (2014), *Dictionnaire de mythologie arthurienne*, Paris : Imago, p. 190）。

Ha! Percevax maleüreus,

Com fus or mesavantureus,

Qant tu tot ce n'as demandé,

Que tant eüsses amandé

Le boen roi qui est maheigniez

Que toz eüst regaaigniez

Ses manbres et terre tenist.

Ensi granz biens en avenist !

Mes or saches bien que enui

En avandra toi et autrui. (vv. 3583-92)

ああ，不運なペルスヴァルよ。そのときのお前は，何てついてなかったの
でしょう，さっきのことをすべて尋ねなかったとは。そうしていれば，不
具の身である勇敢な王さまを，すっかり癒してあげられたのに。それに王
さまは身体もすっかり元どおりになり，領土を治めることができたのに。
ほかにもたくさん良いことが起きたのに。でもこれからは，あなたにも他
の人たちにも災いが襲ってくることになるのよ。

　ペルスヴァルの従姉はさらに，この王が「漁夫王長者」（'le riche Roi Pescheor',
v. 3495）と呼ばれていることを明らかにし，その異名の理由をこう説明してい
る。

Mes il fu an une bataille

Navrez et mahaigniez sanz faille

Si que il aidier ne se pot.

Il fu feruz d'un javelot

Par mi les hanches amedos,

S'an est aüz si angoissos

Qu'il ne puet a cheval monter. (vv. 3509-15)

ところが彼は，ある戦いで怪我を負い，間違いなく不具の身になり，自分で動くことができなくなってしまったのです。つまり彼は，両腿の間を短槍で突かれ，傷があまりにも痛むため，馬に乗ることができないのです。

乗馬のできない王には狩猟が叶わず，唯一の気晴らしとして，一艘の舟に乗せてもらって釣り針で漁をしていたため，「漁夫王」と呼ばれるようになったのだという。ペルスヴァルの従姉の話の中で重要なのは，漁夫王が両腿の間に負った怪我が，王の身体の自由を奪っただけでなく，王国全体にも災厄を招いたとされる点である。漁夫王が受けた怪我は「苦しみの一撃」（Coup Douloureux）と呼ばれ，「ケルト起源説」を提唱したジャン・マルクス（Jean Marx）によれば，こうした怪我を招く槍の祖型は「王家の神器」に属する必中の飛び道具だと考えられる[44]。

5-2　ペルスヴァルの母の証言

王の怪我と王国を襲う災厄とのつながりは，実は『聖杯の物語』冒頭から別の形で示唆されていた。アーサー王宮廷を目指して出発する決意を固めたペルスヴァルに，母は身の上話を披露するが，それによると海上の群島のどの島でも（'An totes les Isles de mer', v. 419）ペルスヴァルの父ほど恐れられ敬われた騎士はいなかった。それでも勇者が落ちぶれるのは世の常であると前置きし，母は息子にこう述べている。

> Vostre peres, si nel savez,
>
> Fu par mi les janbes navrez
>
> Si que il mahaigna del cors.
>
> Sa granz terre, ses granz tresors,
>
> Que il avoit come prodom,

44）　Marx, J.(1952), *La légende arthurienne et le Graal*, Paris : Presses Universitaires de France, p. 167.

Ala tot a perdicion,

Si cheï an grant povreté. (vv. 435-441)

お前は知らないけれど，お父さまは両脚の間に怪我を負ったため，完全に
不具の身となってしまわれたのよ。智勇に優れた人として所有していた広
い領土も莫大な財産も，すべてなくなっていき，お父さまは極貧に陥って
しまわれたのです。

Les terres furent essilliees

Et les povres genz avilliees,

Si s'an foï qui foïr pot.

Vostre peres cest manoir ot

Ici an ceste forest gaste ;

Ne pot foïr, mes a grant haste

An litiere aporter se fist,

Qu'aillors ne sot ou il foïst. (vv. 447-454)

領土はすっかり荒らされ，貧しい人々は辱められました。逃げることので
きた者は逃げました。お前のお父さまはこの荒れ森に，この館を持ってお
られました。自分では逃げることができなかったので，急いで担架でここ
まで運んでもらったのです。他には逃げ場がなかったからです。

　ペルスヴァルの母が披露した話によると，彼の父は漁夫王と同じように怪我
を負い，身体の自由を奪われたことがわかる。本章で『聖杯の物語』のテクス
トとして用いているポワリヨン版は，フランス国立図書館 794 写本（A 写本）
を底本としており，怪我を負った箇所は漁夫王が「両腿の間」（'Par mi les hanches
amedos', v. 3513），ペルスヴァルの父が「両脚の間」（'par mi les janbes', v. 436）と
なっている。しかしながら，モンペリエ医学部図書館 H. 249 写本（M 写本，13
世紀後半），フランス国立図書館 1429 写本（Q 写本，13 世紀後半），同図書館 1450
写本（R 写本，13 世紀前半），同図書館 12577 写本（U 写本，14 世紀前半）の 4 写
本によると，ペルスヴァルの父は漁夫王と同じく「両腿」（'hanches'）の間に怪

我を負ったことになっている。ポワリヨンが指摘するように，語り手は 2 人が下半身に負った怪我により生殖能力を失ったことを，遠回しに表現したのだろう[45]。その結果として，それぞれの領土が「荒れ地」(Terre Gaste) と化してしまったのだとされる。ところで王国の荒廃は，『聖杯の物語』冒頭，ペルスヴァルが新しい季節に登場する場面を想起させる。語り手は名を明かすことなく，ペルスヴァルを「人里離れた荒れ森に住む，やもめの貴婦人の息子」('li filz a la veve dame / De la Gaste Forest soutainne', vv. 74-75) として登場させている。この「荒れ森」('Gaste Forest') のイメージは，ペルスヴァルの父が負った怪我と領国の荒廃を想起させるばかりか，後に言及される漁夫王を襲った同じ命運をも予告していると言えるだろう[46]。

5-3 「醜い乙女」の証言

一連の冒険を終えたペルスヴァルが，ようやくアーサー王宮廷に迎え入れられ，祝宴が始まり，その 3 日目に登場する「醜い乙女」(la Demoiselle Hideuse) は，ペルスヴァルが漁夫王の館で見せた沈黙が招いた帰結を，より詳細に述べている点で重要である。「醜い乙女」は，「頭の後ろは禿げ，前は髪がふさふさの」('chauve / Derrieres et devant chevelue')「運命の女神」('Fortune') (vv. 4646-47) に出会いながら取り逃がしてしまったペルスヴァルを，次のように詰っている。

> Chiés le Roi Pescheor alas,
> Si veïs la lance qui sainne,
> Et si te fu lors si grant painne
> D'ovrir ta boche et de parler

---

45) *Chrétien de Troyes, Œuvres complètes, op. cit.*, p. 1329 (note 1 à propos de la p. 696).

46) ロラン・ギエノが想定するように，幽霊である漁夫王が，亡くなったペルスヴァルの父の分身として「異界」に逗留し，ペルスヴァルによる復讐の成就を待ち望んでいたというのが，クレティアンの時代に流布していた民間伝承の本来の筋書きだったのかもしれない (Guyénot, L. (2010), *La lance qui saigne. Métatextes et hypertextes du* Conte du Graal *de Chrétien de Troyes*, Paris : Honoré Champion, pp. 81-113)。

Que tu ne poïs demander

Por coi cele gote de sanc

Saut par la pointe del fer blanc !

Et le graal que tu veïs,

Ne demandas ne anqueïs

Quel riche home l'an an servoit. (vv. 4652-4661)

お前は漁夫王の館に行って，血の滴る槍を目にした。ところが，お前はその時，なかなか口を開けて喋ることができず，結局は訊くことができなかった，なぜその血の滴が白刃の穂先からほとばしり出るのかを。それにお前は，目にしたグラアルについても，それを使ってどんな立派な方に給仕をするのか，尋ねることも訊くこともしなかった。

En mal eür tant te teüsses,

Que, se tu demandé eüsses,

Li riches rois qui si s'esmaie

Fust ores gariz de sa plaie

Et si tenist sa terre an pes,

Dom il ne tanra point ja mes.

Et sez tu qu'il an avandra

Del roi qui terre ne tandra,

Ne n'iert de sa plaie gariz ?

Dames an perdront lor mariz,

Terres an seront essilliees

Et puceles desconselliees,

Qui orfelines remandront,

Et maint chevalier an morront,

Et tuit avront le mal par toi. (vv. 4669-4683)

お前は折悪しく口を閉ざしてしまった。というのも，もしお前が質問をしていたら，あれほどに悩みの深い富める王さまは，怪我がすっかり治り，

第 9 章　クレティアン・ド・トロワ作『聖杯の物語』前半における「血の滴る槍」の謎　263

領土を平和に支配していたからだ。しかし王さまは二度と領土を支配でき
ないだろう。それにお前は，王さまが領土を支配できず，負った怪我が治
らなかったら，何が起こるのかわかっているのか？　そのために貴婦人た
ちは夫を失った挙句に土地を荒らされ，乙女たちは保護者を失って孤児に
なり，多くの騎士がそのために命を落とすことになるが，こうした不幸は
すべてお前のせいで起こるのさ。

　漁夫王の館を後にした日にペルスヴァルが出会った従姉は，ペルスヴァルが
「槍」と「グラアル」についての質問を控えたことで，不具の身のままの漁夫
王が王国を支配できないだけでなく，ペルスヴァルや他の人たちにも「災い」
（'enui', v. 3591）が襲ってくるだろうと述べていた。その「災い」とは，「醜い乙
女」の説明によれば，貴婦人たちが夫を失って領土を荒らされ，乙女たちが孤
児のままに留まり，騎士たちが亡くなることだとわかる[47]。

　未完に終わった『聖杯の物語』は 2 人の主人公を持ち，ペルスヴァルとアー
サー王の甥ゴーヴァン（Gauvain）がそれぞれ主役となる前半と後半の中間点に
来るのが，アーサー王宮廷へ「醜い乙女」がやって来るエピソードである。ケ
ルト神話の遺産を重視する研究者たちはこの「醜い乙女」の雛形として，アイ
ルランド神話に登場する「支配権」を具現する女神を想定してきた[48]。これ

---

47)　『聖杯の物語』後半では，死者の国を思わせる「不可思議の城」へ入り込んだゴー
　　ヴァンが，「不可思議の寝台」（'li liz de la Mervoille', v. 7805）での冒険を完遂し，城
　　に掛けられていた魔法を解除する。それによりゴーヴァンは，城に住む貴婦人たち，
　　乙女たち，小姓たちに幸福を約束する新しい城主となる。夫に先立たれた貴婦人た
　　ちは領地を不当に奪われ，孤児の乙女たちは結婚を望み，小姓たちは騎士叙任を心
　　待ちにしていたという。こうした状況はまさしく，『聖杯の物語』前半に認められ
　　る，漁夫王の領国を襲った災厄の裏返しである。ゴーヴァンとは逆に，ペルスヴァ
　　ルは「グラアル」の行列を前にして沈黙を貫いたことで，我知らず試練に失敗した
　　のである。ゴーヴァンに備わる「太陽英雄」としての側面については，渡邉浩司
　　（2016）「ゴーヴァンの異界への旅─クレティアン・ド・トロワ作『聖杯の物語』後
　　半再読」（『アーサー王物語研究　源流から現代まで』中央大学出版部，所収）を参
　　照。

48)　フラピエ，前掲書『聖杯の神話』，152 ページ。なおアイルランドの女神について
　　は，渡邉浩司（2015）「ケルトの女神」（松村一男・森雅子・沖田瑞穂編『世界女神

264

に対し，季節神話的な観点からみれば，「血の滴る槍」を王国の荒廃と関連づけている「醜い乙女」は，古代ローマのロビガリア祭で供物を捧げられる女神ロビゴに匹敵する，「赤褐色の月」の化身だと想定することも可能であろう。

6. 赤錆の神話

ここまで『聖杯の物語』前半を「赤褐色の月」という季節的文脈から読み直してきた。それにより，ペルスヴァルが漁夫王の館を訪問したのは，作物が「赤錆病」の被害を受ける危険のある早春にあたること，さらにはペルスヴァルの父および漁夫王を襲った「苦しみの一撃」とそれぞれの王国の荒廃とが密接な関連を持つことを確認した。こうした文脈に立つと，ペルスヴァルが目撃した「槍」の先端から滴る「血」は，何を意味することになるのだろうか。

6-1　赤錆としての血

ここで改めて漁夫王の館でペルスヴァルが目撃した「グラアル」の行列の最初の部分に注目してみよう。

> Que qu'il parloient d'un et d'el,
>
> Uns valsez d'une chanbre vint,
>
> Qui une blanche lance tint
>
> Anpoigniee par le mileu,
>
> Si passa par entre le feu
>
> Et ces qui el lit se seoient,
>
> Et tuit cil de leanz veoient
>
> La lance blanche et le fer blanc ;
>
> S'issoit une gote de sanc
>
> Del fer de la lance an somet

大事典』原書房，334-389 ページ）中，339-352 ページを参照。

第 9 章　クレティアン・ド・トロワ作『聖杯の物語』前半における「血の滴る槍」の謎　265

Et jusqu'a la main au vaslet

Coloit cele gote vermoille. (vv. 3190-3201)

2 人（＝漁夫王とペルスヴァル）があれこれ話をしていると，1 人の小姓が
ある部屋から，白い槍の中ほどをつかんでやって来て，炉の火と寝台に
座っている 2 人の間を通り過ぎた。するとその場に居合わせた人はみな，
白い槍と白い穂尖を目にした。一滴の血が槍の穂尖の天辺から出て，小姓
の手までその真紅の滴が流れ落ちた。

　この後に登場する「グラアル」の「黄金」（or）と，「肉切板」の「銀」（ar-
gent）には何の変化も認められないのに対し，「槍」の「穂尖」＝「鉄」（fer）
からは「血」の滴が流れ出ている。この「槍」とその「穂尖」にはいずれも
「白い」（blanc）という形容語が添えられているが，この「槍」を柄の部分のみ
が白く塗られた槍だと考えることはできない。通常の槍は柄の部分が木製で穂
尖だけが鉄製であるが，ペルスヴァルが目にした「槍」は，「グラアル」や
「肉切板」と同じく不可思議なオブジェであるため，全体が輝く「鉄」の代物
だと考えなければならない。したがってこの「槍」に添えられた「白い」とい
う形容詞が喚起するのは，語源にあたるゲルマン語（フランク語）blank の語義
（「輝かしい」）なのである。この「槍」は，クレティアン・ド・トロワの『ラン
スロまたは荷車の騎士』(Lancelot ou Le Chevalier de la Charrette)（1177–1181 年頃）[49]
の中で，主人公ランスロが冥界を思わせるゴール国へ行くために通過する，
「槍 2 本分ほどの長さのある」（'avoit deus lances de lonc', v. 3031），「磨かれた白い
剣の」（'D'une espee forbie et blanche', v. 3028）橋を想起させる[50]。
　デュメジルの説[51]を踏襲しながらジョエル＝アンリ・グリスヴァルド（Joël

---

49)　『ランスロまたは荷車の騎士』のテクストは，前掲書，プレイヤッド版『クレティ
　　アン・ド・トロワ全集』所収，ダニエル・ポワリヨンの校訂本による。なお邦訳は
　　『フランス中世文学集 2』（白水社，1994 年）所収の神沢栄三訳を参照。

50)　Walter, P., La Mémoire du temps, op. cit., p. 511.

51)　丸山静・前田耕作編（2001）『デュメジル・コレクション 1』（ちくま学芸文庫）所
　　収，ジョルジュ・デュメジル（川角信夫・神野公男・道家佐一・山根重男訳）『ユピ

Henri Grisward）が提案したように[52]，ペルスヴァルが目撃した 3 つの品のうち，「グラアル」が第 1 機能（主権性・神聖性），「槍」が第 2 機能（戦闘性・力強さ），「肉切板」が第 3 機能（生産性・豊穣性）を象徴し，全体が漁夫王の所有する「王家の神器」だとすれば，「槍」だけが「血」を流すことは特別な意味を持ってくる。確かに，武具としての「槍」に注目すれば，先端から流れ出る「血」は，漁夫王の傷口から流れ出る「血」を喚起することになるだろう。しかしながら，本章で試みてきたように，季節神話的な観点からみると，『聖杯の物語』前半の時間的枠組みである 5 月に「槍」が「血」を流すことは，古代ローマのロビガリア祭で人々が女神ロビゴに，「赤錆」を「作物」ではなく「武器」につけるよう願い出ることに対応する。つまり，ペルスヴァルが目にした「槍」の「穂尖」＝「鉄」から流れ出た「血」は，春先の作物を台無しにする恐れのある「赤錆」をも喚起するのである[53]。

　そもそも漁夫王は「投槍」（‘javelot’）の一撃によって体の自由を奪われたために，領国の荒廃を招くことになった（ペルスヴァルの父も同じように怪我を負ったと推測できる）。こうした「苦しみの一撃」と王国の荒廃との関連には，イギリスの人類学者ジェームズ・フレーザー（James G. Frazer）（1890-1936 年）が『金枝篇』（*The Golden Bough*）[54]で明らかにしたように，人間・家畜・植物の豊穣を左右するとされた王が病気になると，すべてが不毛になるという思想が見え隠れしている。『聖杯の物語』はこうした思想に，「赤褐色の月」をめぐる伝承を重ね合わせていると言えるだろう。「血の滴る槍」は，王の流血を招く武具であるのと同時に，「血」が喚起する「赤錆」により，王国を不毛にする可能性も秘めているのである。

テル・マルス・クイリヌス』を参照。

52）　Grisward, J. -H. (1979), «Des talismans fonctionnels des Scythes au cortège du Graal», dans : J. -C. Rivière et al, *Georges Dumézil à la découverte des Indo-Européens*, Paris : Copernic, pp. 205-211.

53）　Walter, P., *Perceval, le pêcheur et le Graal, op. cit.*, p. 167.

54）　フレーザー（永橋卓介簡訳）（1952-1953）『金枝篇』全 5 巻（岩波文庫）を参照。

6-2 「真紅の騎士」

　こうした季節的文脈に立つと，『聖杯の物語』前半でアーサー王宮廷を訪ねたペルスヴァルが初めてみせる武勇伝は，重要な意味を持ってくるように思われる。それは「真紅の騎士」(Chevalier Vermeil) との戦いである。「真紅の騎士」とは，ペルスヴァルがアーサー王宮廷に到着する直前に，宮廷で王から黄金の盃を奪って，盃のワインを王妃にぶちまけ，王の領土を要求するという暴挙に出た「カンクロワの森の」(ʼDe la forest de Quinqueroiʼ, v. 951) 騎士である[55]。宮廷から出て来たこの騎士がまとう「真紅の」甲冑に魅了されたペルスヴァルは，侮辱されて放心状態にあったアーサー王を宮廷で見届けてから外へ出ると，待ち受けていた「真紅の騎士」と対戦する。そしてお得意の投槍で相手を倒すと，その真紅の甲冑を自分のものにしてしまうのである。

　このエピソードを字義どおりに読めば，騎士道に則った決闘の慣例を知らぬペルスヴァルが，慣れ親しんだ故郷の「荒れ森」で使っていた「投槍」(javelot) で，獲物を仕留めるかのごとくに騎士を殺してしまうという，無邪気な主人公の姿を描いたものだと解釈できるだろう。しかしながら，季節神話的な解釈に従えば，「真紅の騎士」は「赤錆」を喚起する「真紅の滴」(ʼgote vermoilleʼ, v. 3201) が流れ出る「槍」を予告する存在だと考えられる。なぜならこの騎士は，まとう甲冑の「真紅」色により作物に打撃を与える「赤錆」＝「血」を喚起するばかりか，宮廷でアーサー王に無礼を働くことで王国の脅威となっているからである[56]。その意味では，『聖杯の物語』前半に登場しペルスヴァルにより制圧される群島国の王クラマドゥーやオルグイユー・ド・ラ・ランドも，「真紅の騎士」と同じく，軍事的な意味での脅威であると同時に，不作をもたらす5月の「赤錆病」(「うどん粉病」)という脅威をも喚起している

55）「カンクロワ」(Quinqueroi) は「5番目の王」という意味である。この名前が喚起するのは，かつてアイルランドを構成していた5つの王国の中央を占めていた，タラ (Tara) を首府とする5番目の王国である。「真紅の騎士」は「5番目の王」，つまり「王の中の王」として，アーサー王の権威に異を唱えたと考えられる（Walter, P., *Dictionnaire de mythologie arthurienne, op. cit*., pp. 111–112）。

56）　Walter, P., «Lʼor, lʼargent et le fer», article cité, p. 55.

と言えるだろう。

7. おわりに

ペルスヴァルが漁夫王の館で「グラアル」,「肉切板」とともに目撃した「血の滴る槍」については,これまで様々な解釈が提案されてきた。「キリスト教起源説」によれば,十字架上のキリストの脇腹を刺したとされる「聖槍」[57],「異教儀式説」によれば,女性器を象徴する「グラアル」とペアをなす男性器の象徴[58],「ケルト起源説」によれば,英雄たち(ルグ Lug, オイングス Oengus, マク・ケーフト Mac Cécht, ケルトハル Celtchar など)が操る驚くべき復讐と破壊の武器[59],「神話学的解釈」によれば,「王家の神器」のうち「剣」[60]とともに第2機能(戦闘性)を象徴する武具という具合である。ごく最近ではロラン・ギエノ(Laurent Guyénot)が斬新な『聖杯の物語』論[61]を刊行し,死者(幽霊)をめぐる民間伝承およびキリスト教的な解釈の両面から,クレティアンと同時代の読者=聴衆が『聖杯の物語』の筋書きをどう理解していたかを検討しているが,「血の滴る槍」の解釈については,これまで提出されてきた諸説の枠内に留まったままである。

---

57) 『ヨハネによる福音書』19, 34 によれば,「兵士の1人」がイエスの脇腹を「槍」で刺したと記されているのみで,兵士の身元は明かされていない。この兵士がローマの百卒長(歩兵百名で編成される百人隊の隊長)ロンギヌス(Longinus)とされたのは,新約外典の『ニコデモによる福音書』(*Evangelium Nicodemi*)の第1部『ピラト行伝』(*Gesta Pilati*)が最初だと考えられている。ヤコブス・デ・ウォラギネの『黄金伝説』第47章には,「聖ロンギヌス」が収録されている。それによると,キリストの脇腹を刺した槍を伝って落ちてきたキリストの血が,偶然ロンギヌスの眼に入ると,弱っていた彼の眼がたちまち視力を回復したという(ヤコブス・デ・ウォラギネ,前田敬作・今村孝訳(1979)『黄金伝説1』人文書院, 466-467 ページ)。

58) 「異教儀礼説」については,J.L.ウェストン(丸小哲雄訳)(1981)『祭祀からロマンスへ』法政大学出版局,を参照。

59) Marx, J., *op. cit.*, pp. 129-135.

60) ペルスヴァルに漁夫王から授けられた剣については,フランス語による拙稿,Watanabe, K. (2010), «Trébuchet, Wieland et Reginn. Le mythe du forgeron dans la tradition indo-européenne» (dans : Bayard, F. et Guillaume, A. (dir), *Formes et difformités médiévales. Hommage à Claude Lecouteux*, Paris : PUPS, pp. 233-243) を参照。

61) Guyénot, L., *op. cit.*, pp.115-141 et pp. 177-202.

第 9 章　クレティアン・ド・トロワ作『聖杯の物語』前半における「血の滴る槍」の謎　269

　これにたいして本章では，デュメジルの提唱したインド＝ヨーロッパ語族の
3 機能のうち，「血の滴る槍」が第 2 機能（戦闘性・力強さ）のみならず，第 3
機能（生産性・豊穣性）とも深い関連を持っていることを確認した。季節神話的
な観点からみると，「槍」の先端から流れる「血」は「赤錆」と等価であり，
それは「鉄」製の武具のみならず「作物」にも打撃を与えかねない。「赤褐色
の月」の時期に筋書きが展開する『聖杯の物語』前半では，アーサー王に無礼
を働く「真紅の騎士」，ブランシュフルールの居城を攻めるクラマドゥー，「天
幕の乙女」に不当な仕打ちを行うオルグイユー・ド・ラ・ランドは，青年期に
人々に危害を加えた「悪魔のロベール」と同じく，早春の作物に打撃を与える
「赤錆病」をも喚起する。

　一方で，春先に「赤錆病」が蔓延して畑の作物が壊滅することは，『聖杯の
物語』前半で 3 人の女性（ペルスヴァルの母と従姉，「醜い乙女」）が相次いで触れ
る「荒れ地」のテーマとも不可分である。物語によると，漁夫王は下半身に
「苦しみの一撃」を受けて不具の身となり，そのために領国が荒廃してしまっ
たという（おそらくペルスヴァルの父も同じ運命を辿った）。したがって，ペルス
ヴァルが漁夫王の館で目撃した「槍」の先端から滴る「血」は，漁夫王（およ
びペルスヴァルの父）の傷口から流れ出た「血」のみならず，王国を荒廃させた
「赤錆」をも喚起していたと考えられる。ペルスヴァルに期待されていたのは，
「荒れ地」と化していた漁夫王の王国に豊穣と繁栄を取り戻させる，文化英雄
としての役割だったのではないだろうか。そもそもペルスヴァルは，「王家の
神器」に他ならない「グラアル」の行列への立ち合いを許されたことで，漁夫
王の後継者としての資格を認められていた。それにもかかわらず，通過儀礼の
途上にあったこの時点では，「血の滴る槍」と「グラアル」についての質問を
控えることで，我知らず試練に失敗してしまうのである[62]。

---

62)　ペルスヴァルが発すべき「質問」については，渡邉浩司（2013）「エナダンとゴー
　　ヴァンの小人への変身（『アーサー王の最初の武勲』824-836 節）」（篠田知和基編
　　『神話・象徴・図像 III』楽瑯書院，83-112 ページ）中，97-100 ページを参照。

第 10 章

リアリズムの挫折
——フランス映画史再考——

伊 藤 洋 司

1. は じ め に

「写真映像の存在論」はアンドレ・バザンの映画理論の核心に触れる名高い
テクストである。「絵画と比べての写真の独創性は，それ故その本質的な客観
性にある。〔…〕初めて，最初の物体とその表象の間にもうひとつの物体以外
の何も介在しない。初めて，外部世界のイメージは人間の創造的な介入なし
に，厳格な決定論に従って自動的に形成されるのだ。」[1]1945 年に発表されたこ
のテクストで，バザンはこのように写真と絵画を比較したうえで，映画の特質
について次のように要約する。「〔…〕映画は，写真の客観性の時間における完
成のように思われる。」[2]つまり，絵画は人間の介入のために主観的であるが，

---

1) André Bazin (1958), «Ontologie de l'image photographique», dans *Qu'est-ce que le cinéma ? I* : ontologie et langage, Les Éditions du Cerf, coll. «7ᵉ Art», p. 15. アンドレ・バザンの
テクストの翻訳に際しては，次の 2 つの日本語訳を参考にした。アンドレ・バザン
(2008)『小海永二翻訳撰集 4 映画とは何か』小海永二訳，丸善。アンドレ・バザン
(2015)『映画とは何か』野崎歓・大原宣久・谷本道昭訳，岩波書店，岩波文庫，上
下巻。ただし，後者については全訳ではないので，該当するテクストが訳されてい
る時のみ参考にした。

2) Bazin, «Ontologie de l'image photographique», dans *Qu'est-ce que le cinéma ? I* : ontolo-gie et langage, p. 16.

映画と写真は「本質的な客観性」を持ち，しかも映画と写真を比べるならば，時間の再現性という点で映画の客観性の方が完成されているということだ。バザンはさらに翌年の「完全映画の神話」において，「完全なリアリズムの，世界のその姿どおりの再創造の」[3]神話が映画の発明を導いたと述べる。先に述べた客観性はリアリズムの条件であり，映画はこの客観性に基づく「完全なリアリズム」によって世界の「再創造」を目指す。これがバザンの提示したリアリズムの美学の骨格である。バザンが長回しや画面の深さを称揚したことは有名だが，そうした姿勢はこのリアリズムの美学から導かれている[4]。

　20世紀フランスの映画批評史の中で，アンドレ・バザンの名前は神話的な位置を占めている。この地位は，彼の著したテクストそのものよりもむしろ，『カイエ・デュ・シネマ』誌の編集長として彼がヌーヴェル・ヴァーグの監督たちを育てたことに由来すると言える。とはいえ，バザンのリアリズムの美学がヌーヴェル・ヴァーグの監督たちやその後の世代の多くの監督たちに重大な影響を与えたことは間違いない。

　だが，バザンのリアリズムの美学は果たして21世紀においても本当に価値を持ち得るのだろうか。彼の美学は明らかな限界を持っているのではないか。そもそも，リアリズムは映画美学においていかなる価値を持っているのだろうか。バザン独自のリアリズムに限定することなく，フランスにおけるリアリズムの美学全般に目を向けることにしよう。そしてそのために，19世紀末から21世紀初めまでのフランス映画史全体を大雑把ながら振り返ることにしたい。

2.　サイレント期

フランスのリュミエール兄弟とともに映画史が始まったことは，映画がリア

---

3)　Bazin, «Le Mythe du cinéma total», dans *Ibid*., p. 25.
4)　アンドレ・バザンの映画批評とリアリズムの美学については，伊藤洋司（2015）「バザン，ゴダール，ドゥルーズ」『中央評論』中央大学出版部，第293号，81–94ページですでに論じている。また，蓮實重彦と伊藤洋司の対談において，前者はバザンの映画批評を本稿とは異なる視点から論じて，批判している。蓮實重彦（2015）『映画時評 2012–2014』講談社，331–335ページを参照せよ。

リズムとの強い結びつきの下で誕生したことを示すようだ。リュミエール兄弟が数多く製作した映画はどれもドキュメンタリーで，世界中の様々な光景をカメラで収めたものだからだ。確かに，1895年12月のグラン・カフェでの上映会ではバザン的なリアリズムが観客の興味を惹きつけたのだろう。白黒で音もないとはいえ，1分弱の光景を記録するリュミエール映画がリアリズムの観点から画期的だったことは明らかである。だが，忘れてはならないのは，リュミエール映画にも演出が明確に存在していることだ。例えば，1896年1月に上映された有名な「ラ・シオタ駅への列車の到着」では，列車に乗らず，誰かを出迎えることもせずに，駅のプラットホームを行き来する女性たちがいる[5]。つまり彼女たちはこの短篇のために演技をしているのだ。リュミエール映画は単なる現実の光景の記録ではない。計算された演出の下に作り出された見世物でもあるのだ。

　しかも，映画は誕生後すぐにメディアの性格を変えていった。ただちにジョルジュ・メリエスが登場し，1896年にはすでにトリック映画によって幻想的な物語を語って，アンチリアリズムの美学を追求し始めていた。だが，アンドレ・バザンは「二重焼付けの生と死」で次のように述べる。「メリエスと彼の『月世界旅行』は，リュミエールと彼の『ラ・シオタ駅への列車の到着』に反論しにやってきたのではない。一方は他方なしには考えられない。〔…〕映画における幻想的なものは，写真のイメージの抗し難いリアリズムによってしか可能にならない。」[6]これは，バザンの原理主義的な姿勢がもたらした歪んだ認識に他ならない。フィクションの力の過小評価は意図的なものだろうが，許し難いことに変わりはない。

---

[5]　1995年10月から翌年5月にかけて巡回された上映会『光の生誕　リュミエール！』のカタログに基づく指摘であるが，同カタログによれば彼女たちはリュミエール家の女性たちである。朝日新聞社文化企画局（古賀太・津田真希子）編（1995）『光の生誕　リュミエール！』朝日新聞社，リュミエール兄弟協会，63ページを参照せよ。

[6]　Bazin, «Vie et mort de la surimpression», dans *Qu'est-ce que le cinéma ? I* : ontologie et langage, p. 27.

さらに，映画は長くて複雑な物語を語る術を磨いていき，1910年代中頃には長篇物語映画を普通に製作できるようになった。リュミエール兄弟が撮ったワンショットの短いドキュメンタリーから遠ざかって，映画は演出と編集により複雑なフィクションを構築するメディアとなったのだ。もちろん，こうした長篇物語映画の中にもリアリズムという観点で注目に値する試みは存在する。例えば，ルイ・フイヤードの『吸血ギャング団』を思い出そう。第一次世界大戦の勃発とともにフランスの映画産業は急速に衰退し，撮影所も荒れ果ててしまうが，1915年から16年にかけて公開されたゴーモン社のこの連続活劇では，パリ郊外で撮影された屋外の場面の生々しい映像がとても印象的である。しかしながら，第9話「毒の人」で全身黒タイツ姿のイルマ・ヴェップが建物の壁をよじ登っていく場面のように，ロケーション撮影のリアリズムが絶えず異化されていることを見逃してはならない。犯罪組織の不気味な活動によりパリ郊外の光景が変貌し，幻想性さえ帯びる。フイヤードの美学の本質は純粋なリアリズムではなく，リアリズムと幻想性の融合にあるのだ。

　1920年代にフランスは優れた長篇物語映画を数多く生み出した。だがその一方で，短くて物語性の希薄なアバンギャルド映画もまた隆盛を極めた。とはいえ，画面の視覚的効果を追求するこの映画もまた，リュミエール映画のリアリズムからは明らかに遠いものだ。例えば，アンリ・ショメットの『純粋映画の五分間』(1926) などのいわゆる純粋映画は，具象的な映像をもとにしながら抽象的な表現を目指した。つまり，純粋映画の純粋さとは現実の再現とは異なるものなのだ。ルイス・ブニュエルの『アンダルシアの犬』(1928) を代表とするシュレアリスムの試みも，人間の無意識に関わるものであり，実在世界の再現を目指すものではまったくない。アバンギャルド映画はドキュメンタリーも対象とするが，1930年に公開されたジャン・ヴィゴの『ニースについて』などは，実在世界の客観的な再現には明らかに何の関心も持っていない。

3．黄　金　期

　1920年代末に，映画は音声を手に入れ，実在世界の再現性に関して大きく

前進した。1930 年代はフランス映画にとって黄金期となるが，ここでリアリズムは 20 年代よりも重要な役割を果たしているようにみえる。実際，この時期の中心的な流派は詩的リアリズムと呼ばれている。しかしながら，この流派もまた純粋なリアリズムからはほど遠い。詩的リアリズムとは一言で言えばポエジーとリアリズムの共存だが，このポエジー，言い換えれば抒情の存在自体がリアリズムから厳格さを奪っている。しかも実を言えば，詩的リアリズムでは多くの場合，人生観や世界観におけるペシミズムがリアリズムを装っているに過ぎない。実質的には，このペシミズムの巧みな美化が詩的リアリズムと呼ばれているのだ[7]。これはこの流派の美学的価値を否定することにはならない。作り物の美学として評価しなければならないということなのだ。実際，詩的リアリズムにおいて撮影は基本的にセットで行われ，例えば，マルセル・カルネの『北ホテル』(1938) に登場するパリのサン・マルタン運河は，アレクサンドル・トローネルが作ったオープン・セットである。

　音声の獲得という点を別にすれば，1930 年代のフランス映画におけるリアリズムの最も重要な試みは，ジャン・ヴィゴやジャン・ルノワールという詩的リアリズムの枠組みを超えた監督の作品に見出すことができる。ジャン・ヴィゴの『新学期・操行ゼロ』(1933) と『アタラント号』(1934)，さらにジャン・ルノワールの『牝犬』(1931) や『素晴らしき放浪者』(1932) などでは，ロケーション撮影で現実のパリが捉えられ，その生々しさが当時のフランス映画の中で際立っているのだ。

　ただし，ジャン・ヴィゴは純粋なリアリズムに興味を示したことなど一度もない。中篇『新学期・操行ゼロ』に溢れる画面の過剰な視覚的効果は，文体をリアリズムとは完全に異なる地平に導いている。子供たちが夜の共同寝室で暴動を起こす場面での，舞い散る枕の羽毛を捉えるスローモーションは強烈な幻想性を示している。遺作で唯一の長篇となった『アタラント号』では視覚的効果の過剰さは弱まるが，それでもリアリズムとは異なる抒情性が画面に溢れ，

---

7)　中条省平（2003)『フランス映画史の誘惑』集英社新書，87 ページを参照せよ。

新婚の夫がセーヌ川に飛び込む場面での水中撮影には幻想性が醸し出されている。ルイ・フイヤードのように日常的な表象を幻想的な要素によって異化するのではなく，日常的な表象の中に潜む幻想的なものを露にすること。撮影を一貫して担当したボリス・カウフマンの資質も大きく影響しているのだろうが，ジャン・ヴィゴの美学はこのような操作に基づいていると言える。

　ジャン・ルノワールは，ジャン・ヴィゴよりも遥かに純粋にリアリズムを追求している。実際，現地の素人を多く起用しつつ南仏でロケーション撮影された『トニ』（1935）はリアリズムの映画史を語る上で欠かせない作品の1つだ。1936年に撮影され，1946年に公開されたルノワールの中篇『ピクニック』では，ロワン川の水が流れ，川面に雨が降り，岸辺の草木が陽光に煌めき，風に揺れる。その鮮烈なリアリズムに目がくらむようだ。

　だがそれにもかかわらず，ジャン・ルノワールの映画美学をリアリズムと規定するには無理がある。例えば，『素晴らしき放浪者』のセーヌ川の場面を思い出そう。浮浪者のブーデュが河岸を歩き，ポンデザールの柵を乗り越えて川へ飛び込む様子は，書店主レスタンゴワの望遠鏡越しの主観ショットとして，アイリスのような黒い円形の枠の中に示される。だが，ショットによってカメラの位置が異なっており，特にブーデュが柵を乗り越えるショットはレスタンゴワのいる部屋の窓から見える眺めでは明らかにあり得ない。ロケーション撮影によるパリ中心部の映像は，このように非合理的なフィクションの形式の下で提示されているのだ。そもそもこの場面において注目すべきなのは，ロケーション撮影の生々しい映像それ自体よりもむしろ，階級の異なる2人の人物の出会いにおける，ロケーション撮影の映像とセット撮影の映像の大胆な接続である。『牝犬』と同様，『素晴らしき放浪者』では，室内の場面はセットで，屋外の場面は実景で撮影された。ビヤンクール撮影所で撮られた映像とセーヌ川の河岸で撮られた映像が，レスタンゴワの窓越しの視線に基づく切り返しによって結びつけられているのだ。2人の出会いはリアリズムではなく，出鱈目さを露にしたフィクションの美学に基づいて描かれている。ジャン・ルノワールのリアリズムの美学は確かに重要な機能を担い，しばしば前面に出てきてい

第10章　リアリズムの挫折　277

るが，本質的には作り物の美学の枠組みの中で成立しているものである。

　4.　ヌーヴェル・ヴァーグ

　困難な戦争期を経てフランス映画は1950年代に安定期に入る。リアリズム
の美学はいくつかの例外を除いてそれほど強調されず，ジャック・ベッケルや
ドイツ出身のマックス・オフュルスの映画が示すように，映画は作り物である
という意識に明確に基づく語りが目立ってくる。これは1930年代の美学の否
定ではなく，あくまで延長線上にあるものだ。

　フランス映画史における真に新しい美学の登場は1950年代末に始まるヌー
ヴェル・ヴァーグを待たなければならない。アンドレ・バザンの影響下にあっ
たこの運動において，リアリズムは当然美学的に重要な役割を果たした。ここ
でリアリズムは具体的にはロケーション撮影の効果を指すことに注意しよう。
この点で，ヌーヴェル・ヴァーグはイタリアのネオレアリスモと同様，ルイ・
フイヤードやジャン・ヴィゴ，ジャン・ルノワール，さらには『賭博師ボブ』
(1955) でモンマルトルをアンリ・ドカに撮らせたジャン＝ピエール・メル
ヴィルなどの影響を受けている。ジャン＝リュック・ゴダールの『勝手にしや
がれ』(1960) は音声こそ技術的な問題のためアフレコだったが，通行人の多
いパリの路上で即興撮影を行って，かつてなく生々しい映像をカメラに収める
ことに成功した。フランス映画ではロケーション撮影はそれまで例外的なもの
だったが，ヌーヴェル・ヴァーグを契機に一般的な撮影方式となったのだ。

　しかし，ロケーション撮影に基づく明白なリアリズムの傾向にもかかわら
ず，ヌーヴェル・ヴァーグには，アンドレ・バザンに逆らうようなアンチリア
リズムの傾向もまた同時に存在している。そもそもヌーヴェル・ヴァーグを代
表する監督であるジャン＝リュック・ゴダールが，監督業に乗り出す前の1952
年にすでに「古典的デクパージュの擁護と顕揚」というテクストを『カイエ・
デュ・シネマ』誌に発表して，バザン的なリアリズムに反抗していた。バザン
はリアリズムの美学のために長回しと画面に深さを与える引きのショットを称
揚したが，ゴダールはこのテクストで，長回しに対してショットの繋ぎを，引

きのショットに対して寄りのショットを擁護した。ゴダールはけっして長回しや引きのショットを否定していた訳ではない。実際，彼の映画では，人の顔を壁の前に示すような平面的な引きのショットと奥行きの深い引きのショットが共存する。『気狂いピエロ』(1965) のマリアンヌのアパルトマンとそれに続く逃避行の開始のように，長回しと短いショットの編集も共存する。つまり，リアリズムという美学上の理念が映画の可能性を狭めてしまうことに，ゴダールは批判的なのだ。2014 年の『さらば，愛の言葉よ』の冒頭で，「想像力を欠く者は皆，現実に逃避する」という字幕が掲げられるように，彼はリアリズムにたいして一貫して批判的である。『勝手にしやがれ』でもすでに，編集が決定的に重要な役割を果たしていた。ゴダールは演出と編集によってフィクションを入念に構築する監督なのだ。

　ジャック・リヴェットもまた，単なるリアリズムの監督ではまったくない。リヴェットの映画の醍醐味は，ロケーション撮影で捉えられる生々しいパリがいかにして幻想的なものに変質していくかという点にある。『セリーヌとジュリーは舟でゆく』(1974) と『北の橋』(1981) は同じ構造の物語を語り，どちらの映画でも，2 人の女性が日常的なパリの風景のなかに陰謀を嗅ぎつけその謎を探っていくが，裏に隠された真実が明らかになったと思った時には，実は現実感覚を失って幻想の中に溺れている。前者には『吸血ギャング団』のミュジドラの引用があるが，リヴェットの映画は，リアリズムと幻想性を融合させるルイ・フイヤードの美学をある面で継承していると言える。

　フランソワ・トリュフォーはロケーション撮影のリアリズムに自伝的なリアリズムを重ね合わせ，ある時期，確かにヌーヴェル・ヴァーグの中でリアリズムに最も忠実な監督だった。だがその自伝的作品は次第に現実の経験と虚構の戯れの場となっていった。トリュフォーの映画さえも徐々にリアリズムから距離を取り，虚構性を露にしていったのだ。

5. ポスト・ヌーヴェル・ヴァーグ

1960 年代末から 1970 年代前半にかけて登場したポスト・ヌーヴェル・

ヴァーグの監督たちは，ヌーヴェル・ヴァーグの影響を強く受け，そこから抜け出すのに苦労した[8]。ジャン・ユスターシュこそは，ヌーヴェル・ヴァーグとそのリアリズムの圧倒的な影響力に最も苦しんだ監督である。『ママと娼婦』(1973) はジャン゠ピエール・レオが主演で三角関係についての自伝的物語を語るという点で，フランソワ・トリュフォーの作品を想起させずにはおかない。だが『ママと娼婦』で，ユスターシュはトリュフォーよりも遥かに徹底したやり方でリアリズムを追求した。ユスターシュは自分の愛人たちの言葉を密かに録音してそれを台詞にし，自分の経験を実際の場所で再現して撮影したのだ。こうして，この作品はフランス映画史におけるリアリズムの最も重要な企ての1つとなった。ただし，これほどまでに大胆な試みが明らかにしたのはリアリズムの本質的な虚構性に他ならない。『ママと娼婦』は現実の出来事に似ているがそれとは異なるフィクションであり，ユスターシュによるリアリズムの探究は再現という行為それ自体が孕む虚構性を見つめる作業にならざるを得なかった。二部構成の中篇『不愉快な話』(1977) で，ユスターシュは覗きに関する男の語りと俳優によるその語りの再現を併置したが，ここでリアリズムは通常の意味ではもはや機能せず，フィクションの根源についての問いを浮上させる装置となった。このようにして，ユスターシュはヌーヴェル・ヴァーグとそのリアリズムの影響に苦しみながらも独自の稀有な地平に至ろうとしたが，その探究は苦難に満ち，1981年のピストル自殺によって幕を下ろすこととなった。

　フィリップ・ガレルもヌーヴェル・ヴァーグの影響を真正面から受けたが，1960年代末にアンディ・ウォーホルのファクトリーの人々と交流を持つことで，ヌーヴェル・ヴァーグとそのリアリズムから距離を置くことができた。例えば，『内なる傷痕』(1972) はヌーヴェル・ヴァーグの街路のリアリズムから遠く離れて，時代も国もわからない砂漠や雪原を匿名の男女がひたすら彷徨う

---

8)　ポスト・ヌーヴェル・ヴァーグの監督たちの困難については，蓮實重彦が興味深い指摘を行っている。蓮實重彦 (1991)『映画に目が眩んで』中央公論社，539-543ページを参照せよ。

様子を描いた。物語性が希薄で実験色の強い作風は，パリのヌーヴェル・ヴァーグよりもニューヨークのアンダーグラウンドに近いものだ。しかしながら，『秘密の子供』(1979) 以降，ガレルもまた自伝的なリアリズムに拘り始める。父親のモーリス・ガレルや息子のルイ・ガレルを俳優に起用しながら，彼は過去の愛や五月革命の記憶に囚われた映画を撮り続けた。例えば，『ギターはもう聞こえない』(1991) はかつての妻であるニコとの日々をとても繊細に描いて素晴らしい。だが，その作品世界は反復を繰り返すうちに次第に単調になっていかざるを得なかった。結局のところ，ガレルもユスターシュが苦しんだのと同じ不幸を背負うことになったのだ。

　ジャック・ドワイヨンこそはヌーヴェル・ヴァーグの影響から最も自由だった監督だろう。『ラ・ピラート』(1984) で，彼は当時の伴侶だったジェーン・バーキンと彼女の兄のアンドリュー・バーキンを俳優に起用しながら，ひとりの女をめぐって四人の男女が右往左往するヒステリックで異様な人間関係の物語を語った。この物語は極めて人工的で，リアリズムから遠い。つまり，ドワイヨンは私的な要素を用いながらも自伝的リアリズムとは縁を切って，虚構性を露にした出鱈目な物語を構築することに専念したのだ。映画の虚構性に関する明確な意識とリアリズムに対する距離こそが，ユスターシュとガレルに対するドワイヨンの徹底的な優位を生み出したのである。

6. 80 年代以降

　1980 年代に入ると，ジャン゠ジャック・ベネックスとリュック・ベッソン，レオス・カラックスを中心とするいわゆる BBC の世代が登場したが，この世代の監督たちはユスターシュやガレルのリアリズムから背を向けて，人工的なアンチリアリズムの美学を追求した。技巧的で形式主義的なベネックスの『ディーバ』(1981) はこの世代の典型的な作品だろう。同時代のパリを舞台にしているとはいえ，屋内空間の人工性は際立っている。壁にポップ・アートが描かれ，床にスクラップ・カーの並ぶロフトで主人公のジュールは生活し，ゴロディッシュの住むアパルトマンの大きな部屋も，剥き出しの風呂桶が端に置

かれたがらんどうの空間である。2本の録音テープをめぐって2人組の殺し屋やオペラ歌手が交錯する物語も非日常的だ。『ディーバ』のこうした人工的な空間や物語は，ユスターシュの『ママと娼婦』の日常的な空間や物語と対照的である。画面作りの点でも，前者の視覚的装飾性と後者の視覚的禁欲がはっきりと対立している。また，ベッソンの『サブウェイ』(1985) も，パリのメトロの奥深くに住む若者たちを描いて，『ディーバ』と同質の美学を提示している。

　レオス・カラックスは確かにリアリズムの資質に恵まれている。実際，長篇第1作『ボーイ・ミーツ・ガール』(1984) における白黒で示されたパリの生々しい街路や人物の繊細な情感は，この世代の他の監督にはないものだ。しかし，ラストシーンではクロースアップの斬新な使用や特異な時間処理，アパルトマンの窓ガラスの演出などによって画面の視覚的効果が過剰となり，人工的な美学がすでにはっきりと示されている。第2作『汚れた血』(1986) で，カラックスはこの人工的な美学を早くも全面的に展開する。愛なき性行為により感染する病気が蔓延する近未来のパリが舞台となって，ロケーション撮影によって捉えられたパリの街路を異化している。描写もこの美学に忠実で，例えば出だしでは，アレックスと恋人のリーズの台詞を発する口元が巧妙に隠されることにより，画面と音の結びつきが弱められ，リアリズムが軽減されている。さらに『ホーリー・モーターズ』(2012) では，パリの街全体が映画の撮影のための舞台と化すが，そこはあり得ない出来事が連続する空間で，現実のパリとはまるで違う異世界のように見える。『ボーイ・ミーツ・ガール』のリアリズムではなく，『ホーリー・モーターズ』のこうしたアンチリアリズムこそが，レオス・カラックスの映画美学の本質なのである。

　1980年代のアンチリアリズムの傾向にたいする反動として，1990年代後半にはリアリズムの回帰が起こる。オリヴィエ・アサヤスは『感傷的な運命』(2000) の全篇を手持ちカメラが絶えず動くショットで構成したが，これはドキュメンタリーのような調子を作品に与えている。こうした傾向は，デンマークのドグマ95と呼ばれる運動やベルギーのジャン＝ピエール＆リュック・ダ

ルデンヌの一連の試みなど，ヨーロッパの他の国の動きと関係づけて捉えることができる。しかし，ドグマ95の実践は長く続かないし，ダルデンヌ兄弟も徐々に文体を柔軟なものにしていかざるを得ない。フランスにおけるリアリズムの回帰も，2000年代に入ると次第に曖昧になっていく。アサヤスは作品ごとに意図的に文体を変え，『アクトレス～女たちの舞台～』(2014)において，アンチリアリズムとは異なるレヴェルで映画の虚構性を真正面から見つめることになる。一方，アラン・ギロディやセルジュ・ボゾンのように，リアリズムとは明らかに異なる様式性を持った監督が活躍し出す。ギヨーム・ブラックの『やさしい人』(2013)はリアリズムのさらなる回帰を告げているのだろうか。ただし，『アクトレス～女たちの舞台～』と同様，この作品も編集による大胆な省略によって，映画の本質がフィクションの創出にあることを示している。

7. おわりに

かつてフランス映画史におけるリアリズムの重要な試みは常にロケーション撮影であった。ヌーヴェル・ヴァーグ以降，ロケーション撮影が一般的になるとリアリズムの探究は別の側面に移る。ある時それは自伝性であり，またある時それはドキュメンタリー調である。いずれにせよ，これらはどれも完全なリ

『やさしい人』

Ⓒ 2013 RECTANGLE PRODUCTIONS-WILD BUNCH-FRANCE 3 CINEMA.

第 10 章　リアリズムの挫折　283

アリズムからはほど遠い。つまり，実在世界の完全な再現ではあり得ないのだ。しかも，手持ちカメラを用いるドキュメンタリー調のリアリズムは，アンドレ・バザンが提唱したリアリズムとはまったく異なる。バザンはカメラによる世界の客観的な表象を追求したが，ドキュメンタリー調のリアリズムは表象の主観性を強調し，例えば手ぶれの画面によって観客にその場に居合せたような臨場感をもたらそうとする。いずれにせよ，ジャン・ユスターシュのような特異な例を除けば，フランス映画においてリアリズムは常に，フィクションをより適切に構築するための恣意的な約束事だった。そしてリアリズムを追求する試みはいつも限界に直面し挫折してきたのだ。

　そもそもバザンが志向したような完全なリアリズムは不可能である。バザンより遥か以前に，ベル・バラージュは『映画の精神』において，「［…］客観性もまた，一定の視点で意識的に呼び起こされうる一つの印象にすぎない。このようにして映像に表現される即物性も，観察者の持つある主観的な態度である。」[9]と述べて，映像は主観性を逃れられないと主張していた。「写真映像の存在論」で主張された「本質的な客観性」は幻想に過ぎない。

　ただし，アンドレ・バザンにとって完全映画という概念はあくまでカントの言う統制的理念であるのだから，完全なリアリズムや完全映画が不可能だと主張してもそれだけでバザンの美学を乗り越えたことにはならない。そのためには，フィクションという映画の本質がこの美学によって軽視されていることを的確に指摘しなければならない。スタンリー・カヴェルはバザンの美学を受け継ぎながら，彼と同じ過ちを犯してしまっている。『眼に映る世界』で，カヴェルはグリーンバーグのモダニズムの美学を意識しつつ，映画の物理的基盤

---

9)　ベル・バラージュ（1984）『映画の青春』佐々木基一，高村宏訳，創樹社，51 ページ。傍点は原文どおり。バラージュはこの主張にもかかわらず，純粋な客観性が絶対映画においては存在すると別の箇所で述べているが，これは明らかに論理的な破綻である。同書，132-134 ページを参照せよ。バラージュは後に『映画の理論』において，「絶対映画のこのようなスタイルは，疑いもなく，極端な主観主義から生まれたものである。」（バラージュ（1970）『映画の理論』佐々木基一訳，學藝書林，163 ページ）と訂正する。

を「連続した自動的な世界の投射」[10]とした。この指摘それ自体が大きく間違っている訳ではないが，カヴェルはこの点に原理主義的に拘ることによって，映画のフィクションという本質を捉え損ねているのだ[11]。

　ユセフ・イシャグプールはこのような過ちを免れている。『ル・シネマ』で，彼は「バザンは現実の顕現の限界を知っている。」[12]と述べて，「〔…〕映画の存在論的リアリズムはイリュージョンである。」[13]と的確に指摘する。そして，このようなリアリズムの限界を踏まえたうえで，映画において重要なことは，「現実とフィクションの二領野を，言いかえれば，映画の本質をなす二重の性質—現実のイマージュであり同時にイマージュの現実であると言う性質」[14]を維持することだと結論する。これはバランスの取れた議論のようにみえる。しかし，実際はそうではない。現実のイマージュは現実ではなくフィクションであり，映画の映像はすべてフィクションだからだ。リアリズムに基づく映像もドキュメンタリーの映像もフィクションの一形式に過ぎない。イマージュの現実と言っても，映画の映像は錯覚であるという事実があるだけで実在世界のことではない。そもそも映像に限らず，実在世界の純粋無垢な表象というもの自体があり得ず，あらゆる表象はこの意味でフィクションである。この虚構性こそが映画の本質であり，「二重の性質」というのはまやかしだ。確かにカメラによる撮影は世界の投射であるが，歪んだ投射であり，この歪みこそが決定的なのである。

　それではなぜ，映画史は繰り返しリアリズムを求めてきたのだろうか。フラ

---

10)　スタンリー・カヴェル（2012）『目に映る世界　映画の存在論についての考察』石原陽一郎訳，法政大学出版局，叢書・ウニベルシタス，116 ページ。傍点は原文どおり。

11)　カヴェルはこのような批判にたいして反論を試みているが，それにもかかわらず，彼のフィクションについての理解は十分であるとはまったく言えない。同書，299-301 ページを参照せよ。

12)　ユセフ・イシャグプール（2002）『ル・シネマ　映画の歴史と理論』三好信子訳，新曜社，122 ページ。

13)　同書，123 ページ。

14)　同書，136 ページ。

ンス映画であれ他の国の映画であれ，殆どの作品は不完全なリアリズムに程度
の差こそあれ頼っている。これはリアリズムが共同体の財産だからだ。人が知
覚するのは実在世界そのものではなく，その表象である。だが，表象は知覚す
る人によってすべて異なっている。ここからリアリズムの必要が生じる。つま
り，共同体の成員が共有すると信じるリアルなものというフィクションが必要
になるのだ。リアリズムは共同体にとって必要不可欠であり，映画もある程度
これに頼らざるを得ない。とはいえ，リアリズムは制度的なものであり，その
実質は絶えず変化する。本当にすべての成員に共有される訳でもなく，曖昧な
ものでしかない。

　リアリズムもフィクションの一形式であり，映画の本質はフィクションにあ
る。したがって，リアリズムも含めたフィクション全体に関する美学的探究が
進められなければならない。かつてはこのような探究は多く行われていた。ア
ンドレ・バザンが登場する以前に，ルドルフ・アルンハイムは『芸術としての
映画』において，「映画は機械的にリアリティを再現するだけ」[15]という見解
に反論し，映画は実在世界の再現とはとても言えず，まさにこのことによって
映画は芸術になり得ると主張した[16]。まさにこれは，バザンの美学と明確に
対立するフィクションの美学である。ジャン・ミトリもバザンの美学に執拗に
異を唱えながらフィクションの美学を探究した。だがこれらは，21世紀初頭
からみれば残念ながらやや素朴で，粗雑な要素を多く含んでいる。リアリズム
の本当らしさを活用しながらも，本質的には出鱈目なフィクションを構築する
映画の美学を，正面から見つめ直さなければならない。

　付記　なお，この小論は2014-2015年度中央大学特定課題研究費によって実現した。

---

15) ルドルフ・アルンハイム（1960）『芸術としての映画』志賀信夫訳，みすず書房，
　　8ページ。
16) したがって，アルンハイムの考えでは，完全映画がもし実現するならば，映画と
　　いう表現形式の性質は大きく変わることになる。同書，145-150ページを参照せよ。

執筆者紹介（執筆順）

広瀬義朗　客員研究員（東京都立産業技術高等専門学校ものづくり工学科准教授）

五十畑浩平　客員研究員（名城大学経営学部准教授）

小澤裕香　客員研究員（金沢大学人間社会研究域経済学経営学系准教授）

OGINO SEELEMANN Isabelle　客員研究員（中央大学文学部兼任講師）

宮本　悟　研究員（中央大学経済学部教授）

泉　慎一　客員研究員（佐倉市役所職員）

北原零未　客員研究員（大妻女子大学比較文化学部非常勤講師）

大野一道　客員研究員（中央大学名誉教授）

渡邉浩司　研究員（中央大学経済学部教授）

伊藤洋司　研究員（中央大学経済学部教授）

フランス─経済・社会・文化の実相
中央大学経済研究所研究叢書　66

2016 年 9 月 5 日　発行

編著者　　宮　本　　　悟
発行者　　中　央　大　学　出　版　部
代表者　神　﨑　茂　治

東京都八王子市東中野 742-1

発行所　中　央　大　学　出　版　部

電話 042(674)2351　FAX 042(674)2354

ⓒ2016　宮本　悟　　　ISBN 978-4-8057-2260-2　　　藤原印刷

本書の無断複写は，著作権法上の例外を除き，禁じられています。
複写される場合は，その都度，当発行所の許諾を得てください。

中央大学経済研究所研究叢書

6. 歴 史 研 究 と 国 際 的 契 機　　中央大学経済研究所編 A 5 判　1400 円

7. 戦 後 の 日 本 経 済──高度成長とその評価──　中央大学経済研究所編 A 5 判　3000 円

8. 中 小 企 業 の 階 層 構 造──日立製作所下請企業構造の実態分析──　中央大学経済研究所編 A 5 判　3200 円

9. 農 業 の 構 造 変 化 と 労 働 市 場　中央大学経済研究所編 A 5 判　3200 円

10. 歴 史 研 究 と 階 級 的 契 機　中央大学経済研究所編 A 5 判　2000 円

11. 構 造 変 動 下 の 日 本 経 済──産業構造の実態と政策──　中央大学経済研究所編 A 5 判　2400 円

12. 兼 業 農 家 の 労 働 と 生 活・社 会 保 障──伊那地域の農業と電子機器工業実態分析──　中央大学経済研究所編 A 5 判　4500 円　〈品 切〉

13. ア ジ ア の 経 済 成 長 と 構 造 変 動　中央大学経済研究所編 A 5 判　3000 円

14. 日 本 経 済 と 福 祉 の 計 量 的 分 析　中央大学経済研究所編 A 5 判　2600 円

15. 社 会 主 義 経 済 の 現 状 分 析　中央大学 研究所編 A 5 判　3000 円

16. 低 成 長・構 造 変 動 下 の 日 本 経 済　中央大学経済研究所編 A 5 判　3000 円

17. ME 技術革新下の下請工業と農村変貌　中央大学経済研究所編 A 5 判　3500 円

18. 日 本 資 本 主 義 の 歴 史 と 現 状　中央大学経済研究所編 A 5 判　2800 円

19. 歴 史 に お け る 文 化 と 社 会　中央大学経済研究所編 A 5 判　2000 円

20. 地 方 中 核 都 市 の 産 業 活 性 化──八戸　中央大学経済研究所編 A 5 判　3000 円

中央大学経済研究所研究叢書

21.	自動車産業の国際化と生産システム	中央大学経済研究所編 A 5 判	2500 円
22.	ケ イ ン ズ 経 済 学 の 再 検 討	中央大学経済研究所編 A 5 判	2600 円
23.	AGING of THE JAPANESE ECONOMY	中央大学経済研究所編 菊判	2800 円
24.	日 本 の 国 際 経 済 政 策	中央大学経済研究所編 A 5 判	2500 円
25.	体 制 転 換 ──市場経済への道──	中央大学経済研究所編 A 5 判	2500 円
26.	「地域労働市場」の変容と農家生活保障 ──伊那農家 10 年の軌跡から──	中央大学経済研究所編 A 5 判	3600 円
27.	構造転換下のフランス自動車産業 ──管理方式の「ジャパナイゼーション」──	中央大学経済研究所編 A 5 判	2900 円
28.	環 境 の 変 化 と 会 計 情 報 ──ミクロ会計とマクロ会計の連環──	中央大学経済研究所編 A 5 判	2800 円
29.	アジアの台頭と日本の役割	中央大学経済研究所編 A 5 判	2700 円
30.	社 会 保 障 と 生 活 最 低 限 ──国際動向を踏まえて──	中央大学経済研究所編 A 5 判	2900 円 〈品 切〉
31.	市 場 経 済 移 行 政 策 と 経 済 発 展 ──現状と課題──	中央大学経済研究所編 A 5 判	2800 円 〈品 切〉
32.	戦 後 日 本 資 本 主 義 ──展開過程と現況──	中央大学経済研究所編 A 5 判	4500 円
33.	現 代 財 政 危 機 と 公 信 用	中央大学経済研究所編 A 5 判	3500 円
34.	現 代 資 本 主 義 と 労 働 価 値 論	中央大学経済研究所編 A 5 判	2600 円
35.	APEC 地 域 主 義 と 世 界 経 済	今川・坂本・長谷川編著 A 5 判	3100 円

中央大学経済研究所研究叢書

36.	ミクロ環境会計とマクロ環境会計	A5判	小口好昭編著 3200円
37.	現代経営戦略の潮流と課題	A5判	林・高橋編著 3500円
38.	環境激変に立ち向かう日本自動車産業 ——グローバリゼーションさなかのカスタマー・サプライヤー関係——	A5判	池田・中川編著 3200円
39.	フランス―経済・社会・文化の位相	A5判	佐藤　清編著 3500円
40.	アジア経済のゆくえ ——成長・環境・公正——	A5判	井村・深町・田村編 3400円
41.	現代経済システムと公共政策	A5判	中野　守編 4500円
42.	現代日本資本主義	A5判	一井・鳥居編著 4000円
43.	功利主義と社会改革の諸思想	A5判	音無通宏編著 6500円
44.	分権化財政の新展開	A5判	片桐・御船・横山編著 3900円
45.	非典型労働と社会保障	A5判	古郡鞆子編著 2600円
46.	制度改革と経済政策	A5判	飯島・谷口・中野編著 4500円
47.	会計領域の拡大と会計概念フレームワーク	A5判	河野・小口編著 3400円
48.	グローバル化財政の新展開	A5判	片桐・御船・横山編著 4700円
49.	グローバル資本主義の構造分析	A5判	一井　昭編 3600円
50.	フランス―経済・社会・文化の諸相	A5判	佐藤　清編著 3800円
51.	功利主義と政策思想の展開	A5判	音無通宏編著 6900円
52.	東アジアの地域協力と経済・通貨統合	A5判	塩見・中條・田中編著 3800円

中央大学経済研究所研究叢書

53.	現 代 経 営 戦 略 の 展 開	A 5 判	高橋・林編著 3700 円
54.	Ａ Ｐ Ｅ Ｃ の 市 場 統 合	A 5 判	長谷川聰哲編著 2600 円
55.	人口減少下の制度改革と地域政策	A 5 判	塩見・山﨑編著 4200 円
56.	世 界 経 済 の 新 潮 流	A 5 判	田中・林編著 4300 円

——グローバリゼーション，地域経済統合，
経済格差に注目して——

57.	グローバリゼーションと日本資本主義	A 5 判	鳥居・佐藤編著 3800 円
58.	高 齢 社 会 の 労 働 市 場 分 析	A 5 判	松浦　司編著 3500 円
59.	現代リスク社会と3・11複合災害の経済分析	A 5 判	塩見・谷口編著 3900 円
60.	金 融 危 機 後 の 世 界 経 済 の 課 題	A 5 判	中條・小森谷編著 4000 円
61.	会 計 と 社 会	A 5 判	小口好昭編著 5200 円

——ミクロ会計・メソ会計・マクロ会計の視点から——

62.	変化の中の国民生活と社会政策の課題	A 5 判	鷲谷　徹編著 4000 円
63.	日本経済の再成と新たな国際関係	A 5 判	中央大学経済研究所編 5300 円

（中央大学経済研究所創立50周年記念）

64.	格 差 対 応 財 政 の 新 展 開	A 5 判	片桐・御船・横山編著 5000 円
65.	経 済 成 長 と 経 済 政 策	A 5 判	中央大学経済研究所 経済政策研究部会編 3900 円

＊価格は本体価格です．別途消費税が必要です．